SOCIO
LO
GIE

In memoriam
François Chazel (1937-2022)

Généralement, notre milieu professionnel rend hommage aux collègues dont le travail a été fortement identifié à un domaine de la connaissance, à la sociologie d'un champ particulier. Il rend aussi hommage à celles et à ceux qui ont construit une théorie, qui ont été des intellectuels autant que des chercheurs. Une vie de travail peut être ainsi résumée aux quelques livres qui ont marqué notre monde professionnel et parfois au-delà. Dans ce paysage, François Chazel a été un sociologue singulier : il a publié beaucoup d'articles et peu de livres, il n'a guère fait de recherches empiriques et s'il a consacré sa vie à la théorie sociologique, il n'a pas développé sa propre théorie. Et pourtant, François Chazel a joué un rôle essentiel dans l'histoire de notre discipline.

Cette position singulière tenait sans doute à un caractère et à un style intellectuel. Attaché aux terres protestantes de l'Ardèche, normalien, agrégé de lettres classiques et lecteur rigoureux, François Chazel n'aimait pas tout ce qui peut s'apparenter à « l'esbroufe » intellectuelle et scientifique, aux « ruptures » autoproclamées, aux indignations convenues et aux pseudo innovations qui ne reposent souvent que sur l'ignorance d'une tradition sociologique qu'il connaissait parfaitement. Intellectuellement austère, François Chazel n'aimait rien tant que la théorie sociologique, non pour en faire l'histoire et pour étaler une érudition impressionnante, mais pour discuter des conditions mêmes de la construction d'une théorie sociologique susceptible d'être mise en œuvre dans des recherches empiriques.

François Chazel est entré dans la sociologie au milieu des années 1960, au temps des grands débats et des grandes combinatoires entre le fonctionnalisme, le structuralisme et le marxisme. Sur ce champ de bataille, il a choisi une position singulière en travaillant sur l'œuvre de Talcott Parsons dont l'aura déclinait déjà aux États-Unis. Mais il n'a été ni parsonien, ni anti-parsonien ; ce qui l'intéressait, c'était le travail même de Parsons et les conditions de formation d'une théorie sociologique ambitionnant d'être une théorie générale, c'est-à-dire une théorie intégrée de l'acteur et du système (*La Théorie analytique de la société dans l'œuvre de Talcott Parsons*, Payot, 1974, Presses de l'université Paris Sorbonne, 2011). Son jugement sur Parsons a été nettement plus réservé dans ses préfaces à *Sociétés. Essais sur leur évolution comparée*, et à *Le Système des sociétés modernes* (Plon, 1973) où le fonctionnalisme et l'évolutionnisme de Parsons ne trouvaient pas grâce à ses yeux.

François Chazel a été professeur à Bordeaux quand la sociologie française était dominée par les Écoles attachées aux noms de Boudon, Bourdieu, Crozier et Touraine, et, il faut bien le dire, quand la majorité des étudiants étaient plus ou moins radicalement marxistes. Dans ce contexte, plutôt que de prendre parti et de faire la guerre, François Chazel a choisi de défendre les méthodes en expliquant qu'une méthode digne de ce nom est toujours une théorie latente, et qu'une théorie sans méthode est un simple exercice de style. En fait, les recueils de textes publiés à cette époque pouvaient apparaître comme des défenses élémentaires d'une sociologie professionnelle n'ignorant pas ce qui se passait de l'autre côté de l'Atlantique. Avec Boudon et Lazarsfeld (*L'Analyse des processus sociaux*, Mouton, 1970), avec son ami Pierre Birnbaum (*Théorie sociologique*, Puf, 1975 ; *Sociologie politique*, Armand Colin, 1978), avec Jacques Commaille (*Normes juridiques et régulation sociale*, LGDJ, 1991), François Chazel a publié des *readers* que nul étudiant voulant apprendre le métier de sociologue ne pouvait ignorer. L'un de ces recueils, *Sociologie politique*, a probablement contribué à désenclaver la science politique française trop enfermée dans les facultés de Droit en l'ouvrant vers les mobilisations collectives, les mouvements sociaux et les révolutions. Pierre Birnbaum et François Chazel n'ont pas été seulement des passeurs permettant aux sociologues français d'accéder à des recherches et à des théories longtemps ignorées en France ; ils ont élargi et renouvelé les recherches sur les mobilisations collectives en nous familiarisant avec les travaux d'Olson, de Smelser, de Tilly... et de beaucoup d'autres.

À l'ombre des grands débats et des grandes querelles, François Chazel a défendu une conception professionnelle de la théorie sociologique, avec une érudition et une rigueur qui ont impressionné et parfois intimidé ses étudiants tenus de beaucoup lire et de ne pas céder aux modes. Au fond, c'est ce qu'on attend d'un professeur plus que d'un maître ; il a laissé ses étudiants libres de leurs choix, sous réserve de ne pas dire de « bêtises » et de prouver ce qu'ils disaient. Nommé à la Sorbonne en 1989, François Chazel a poursuivi son travail de bénédictin, au meilleur sens du terme, en se rapprochant de son ami Raymond Boudon sans en être pour autant le disciple. Il s'est alors consacré à l'œuvre de Max Weber afin de reposer encore et toujours la question des conditions de formation d'une théorie sociologique. Sa contribution a visé pour une bonne part à dresser un bilan des travaux de Weber consacrés à la sociologie de la domination et à la politique, mais son intérêt profond pour Weber a été surtout de mettre en évidence en quoi ce dernier a construit une démarche et une perspective d'analyse spécifiquement sociologiques n'ignorant certainement pas les autres sciences sociales mais apportant un autre regard et d'autres explications. De la même manière que Michel Lallement a montré que la sociologie économique de Weber voulait analyser la vie économique autrement que ne le faisait la science économique, François Chazel s'est intéressé à la sociologie du droit de Weber permettant de comprendre et d'expliquer le fonctionnement des sociétés modernes. Sociologue de l'action, François Chazel est resté marqué par celui des « pères fondateurs » qui, à ses yeux, a su combiner la subjectivité de l'acteur et l'étude des structures sociales, montrant ainsi clairement que la compréhension est bien une dimension de l'explication en sociologie.

Par la lecture serrée des « classiques », le travail de François Chazel a voulu convaincre de la spécificité de la démarche sociologique et de son apport. Si la théorie était si vitale à ses yeux, c'était pour éviter que la sociologie ne soit qu'un style de littérature sociale, qu'un stock de techniques ou qu'une forme dégradée de philosophie sociale. Lecteur minutieux, François Chazel a longtemps été membre du comité de rédaction de la *Revue française de sociologie* et de *L'Année sociologique*. La rigueur et l'ascétisme même de François Chazel participaient de ce qu'il appelait la défense de la discipline : nous pourrions dire aujourd'hui de sa survie. Sa lucidité et son exigence nous manqueront.

François Dubet

In memoriam
Margaret Maruani (1954-2022)

Margaret Maruani, sociologue, directrice de recherche émérite au CNRS, pionnière des études sur les liens entre logiques de genre et évolutions du monde du travail, est décédée le 4 août 2022, à l'âge de 68 ans. Elle laisse une œuvre imposante, qui rayonne au-delà des frontières de la France et de sa discipline et continue à susciter des débats, grâce notamment à la revue qu'elle a fondée en 1999, *Travail, genre et sociétés*.

Je mentionnerai ici quelques dimensions qui me paraissent centrales de ses apports et de sa personnalité [1].

La première dimension est celle de son féminisme. Nous nous interrogions souvent, entre nous, sur la genèse de nos convictions féministes : tardive pour certaines (dont je suis !), très précoce pour Margaret Maruani qui les inscrit dans son enfance tunisienne, pays « où la domination masculine était triomphante ». Le couple de ses parents échappait pourtant au machisme ambiant, elle le qualifie même d'improbable : son père était juif tunisien, avocat. Sa mère était allemande et catholique, de sept ans plus âgée, et mère d'une petite fille quand son père l'a rencontrée après la guerre et épousée, imposant ces choix à leurs deux familles, en Tunisie et en Allemagne. Elle souligne l'importance des figures de femmes fortes dans sa famille : sa mère tout d'abord, professeure d'allemand, qu'elle décrit comme « une sorte de brise-glace » que rien n'arrêtait ; sa grand-mère paternelle ensuite : mère de neuf enfants, lettrée, veuve et chef de famille assez jeune, qui lui montrait en cachette les poèmes en arabe qu'elle écrivait. Ces deux modèles de femmes lui ont transmis l'importance des études et du combat contre les injustices, de genre mais aussi de race. Elle dit avoir subi les violences du racisme, quand elle est arrivée de sa Tunisie natale à Paris à l'âge de treize ans, en 1967, avec sa famille qui fuyait les actes antisémites. On la traitait de « maghrébine, d'africaine ». Son père, « un homme généreux et chaleureux », considérait aussi les études comme « sacrées, que l'on soit fille ou garçon », et lui a transmis l'idéal d'égalité. On retrouve ces héritages familiaux dans la personnalité de Margaret : l'énergie, la générosité, l'amour de la vie et une détermination sans faille pour mener à bien ses projets scientifiques, individuels et collectifs, le feu et la glace !

Sa liste de publications suscite l'admiration et un peu d'envie : mais comment parvenait-elle à écrire et publier autant de livres, chez des éditeurs reconnus ? C'est d'autant plus remarquable que son parcours n'est pas linéaire et que les questions de genre intéressaient peu les sciences humaines et sociales dans les années où elle a commencé à publier et à postuler au CNRS : elle y entre en 1983, cinq ans après sa première candidature. Après son baccalauréat, passé en 1970, elle fait des études d'allemand et commence une thèse sur les femmes sous le IIIe Reich. En 1973, elle entre à Sciences Po tout en continuant sa thèse d'allemand, découvre la sociologie, renonce à sa thèse d'allemand. Mais elle poursuit le fil de ses questions sur le travail et le chômage des femmes : sous le régime nazi, les femmes mariées devaient se consacrer à la famille et n'avaient pas le droit de travailler ni de s'inscrire au chômage. Elle a poursuivi ces analyses du chômage féminin et de sa sous-estimation plus ou moins systématique selon les pays et les époques tout au long de ses chantiers de recherche, lui consacrant un ouvrage complet en 2002 (*Les Mécomptes du chômage*, Bayard).

La médaille d'argent du CNRS, reçue en 2014, récompense sa production scientifique impressionnante et son engagement collectif dans la reconnaissance des questions de genre, longtemps laissées dans l'ombre des sciences humaines et sociales, notamment en sociologie, sa discipline, et au-delà au sein des instances académiques, dont le CNRS.

1. Je m'appuie ici sur le parcours biographique qu'elle a retracé dans la revue *Travail, genre et sociétés*, à partir d'un entretien avec Jacqueline Laufer et Hyacinthe Ravet : numéro 46, novembre 2021, p. 5-25. Je renvoie les lecteurs et lectrices à la lecture de ce parcours pour des éléments non repris.

Son imagination théorique s'exprime en particulier dans ses distinctions conceptuelles entre travail, emploi, métiers... qu'elle développe seule ou avec d'autres dans de nombreux ouvrages : avec Chantal Nicole, *Au labeur des dames, métiers masculins, emplois féminins* (Syros, 1989), avec Emmanuèle Reynaud, *Sociologie de l'emploi* (La Découverte, 1993), ou seule dans *Travail et emploi des femmes* (La Découverte, 2000). Cette réflexion sur les concepts va de pair avec une grande exigence empirique. Elle a toujours soumis ses hypothèses de recherche à la validation par l'enquête, par entretiens et statistique. Un fil rouge qu'elle a suivi toute sa vie est la centralité du travail dans le mouvement d'émancipation des femmes et dans l'égalité entre les sexes, mais les femmes ont dû se battre inlassablement pour le faire reconnaître. Cette quête d'émancipation par le travail rémunéré est visible dans la progression continue des taux d'activité des femmes, dans tous les pays, depuis les années 1960, qui va de pair avec la progression de leur niveau d'éducation. Cette vision non misérabiliste des dynamiques de genre, que Margaret développait aussi dans son attention aux luttes sociales des femmes, mobilisait les chercheuses et chercheurs soucieux d'aller au-delà des mécanismes de reproduction des inégalités, dans toutes les disciplines des sciences sociales : en économie comme en histoire et en sciences politiques. Les intitulés de ses ouvrages, individuels ou collectifs, témoignent de cette place centrale du travail : de la publication issue de sa thèse soutenue sous la direction de Jean-Daniel Reynaud, *Les Syndicats à l'épreuve du féminisme* (Syros, 1979) au dernier ouvrage collectif issu d'un colloque fêtant les vingt ans du GDR Mage (Groupement de recherche Marché du travail et genre), *Je travaille donc je suis. Perspectives féministes* (La Découverte, 2018) en passant par *Les Nouvelles Frontières de l'inégalité* (La Découverte/Syros, 1998) ou *Travail et genre dans le monde. L'État des savoirs* (La Découverte, 2013) ou encore des ouvrages explorant des mondes du travail originaux, tels les mondes de l'art (*Le Genre à l'œuvre*, trois volumes, Réceptions, Créations, Représentations, co-dirigé avec Marie Buscatto, Marie Leontsini, Bruno Péquignot et Hyacinthe Ravet sous le pseudonyme Mélody JanRé, L'Harmattan, 2012).

Une autre piste d'explication de cette étonnante fécondité éditoriale est la facilité d'écriture de Margaret Maruani et son obstination à laisser des traces écrites des colloques, journées d'études ou de cours, à l'exemple de ceux organisés auprès des normalien·nes de Cachan qui préparaient l'agrégation de sciences sociales à la fin des années 1990 (avec Jacqueline Laufer et Catherine Marry (dir.), *Masculin féminin, Questions pour les sciences de l'homme*, Puf, 2001). Elle aimait écrire et insistait sur l'importance de ne céder ni sur la rigueur de la pensée ni sur la fluidité de l'écriture, pour être lu·e au-delà de notre petit monde.

Ce plaisir de l'écriture est un atout précieux dans nos métiers ! Elle en a généreusement fait bénéficier les générations de chercheur·es qu'elle a rassemblées autour d'elle. C'était très rassurant de s'engager avec elle sur un projet de colloque et d'ouvrage collectif : nous savions qu'il aboutirait, les éditeurs aussi ! Elle donnait beaucoup d'elle-même mais savait aussi faire confiance, nous poussant les unes et les autres dans nos propres travaux.

C'est ce que j'ai vécu avec d'autres, notamment avec Jacqueline Laufer, dans le projet de création du Groupement de recherche Marché du travail et genre (Mage) en 1995 et les nombreux colloques et ouvrages qui en sont issus. Une autre dimension de ce travail collectif autour de Margaret était son caractère joyeux : le sérieux des discussions allait toujours de pair avec des activités festives.

Le Mage a été une aventure passionnante car le réseau s'appuyait sur des personnalités étrangères ou ouvertes sur l'étranger, qui ont offert des ouvertures sur d'autres pays que la France : la Belgique avec Danielle Meuders, l'Allemagne avec Beate Krais, l'Espagne avec Carlos Prieto, l'Amérique latine et le Brésil avec Helena Hirata et ses collègues brésiliennes, la Suède avec Boel Berner[2]. Margaret savait développer avec ces chercheur·es des amitiés fortes et fidèles. L'autre grande ouverture était celle des disciplines. Le Mage a d'emblée été constitué, outre de sociologues, d'économistes, d'historien·nes, de démographes, de statisticien·nes. Il s'est étendu plus tard à des psychologues du travail. Ce dialogue pluridisciplinaire se poursuit dans la revue *Travail, genre et sociétés*, créée par Margaret Maruani en 1999, reconnue par les instances académiques pour sa qualité, et qui offre une visibilité aux travaux de plus en plus nombreux sur le genre.

2. Cette énumération n'est pas exhaustive !

Les travaux de Margaret Maruani et du Mage avaient aussi le soutien d'éditeurs tel François Gèze à La Découverte ou Bruno Péquignot à L'Harmattan. Les liens avec le CNRS ont longtemps été étroits : le Mage a ainsi soutenu pendant plusieurs années des actions de la Mission pour la place des femmes au CNRS, notamment des actions de formation continue auprès des chercheuses en sciences. Le soutien du CNRS s'est interrompu lors de la création du GIS (Groupement d'intérêt scientifique) Genre en 2012 mais l'originalité et la fécondité du Mage continuent à faire leurs preuves.

Ce tableau serait incomplet sans la mention des activités d'enseignement de Margaret Maruani. Enseignante à l'université de Genève depuis 2002 sous différents statuts, elle a créé le Master en études de genre dans cette université en 2006 et dirigé des masters et des thèses, à l'université Paris 8 puis à Genève.

Margaret Maruani nous a légué un riche héritage de pensées et d'amitiés. Elle laisse aussi des collègues, ami·es et une famille attristés par sa disparition précoce et dans le regret qu'elle n'ait pu continuer à écrire et à profiter de la vie.

Catherine Marry
Sociologue, directrice de recherche émérite au CNRS (CMH)

La loi d'airain de l'entreprise coopérative. Comprendre la personnalisation du pouvoir dans les sociétés coopératives et participatives (Scop)

The iron law of cooperative enterprise. Understanding the personalization of power in cooperative and participative societies (Scop)

par **Maxime Quijoux***, **Cécile Rodrigues****

RÉSUMÉ

Fondées sur le principe « une personne = une voix », les sociétés coopératives et participatives (Scop) apparaissent comme l'un des modèles de démocratie au travail. Détenteurs et détentrices majoritaires du capital de l'entreprise, les salarié·es possèdent un droit unique d'élire qui les dirigent. Dans un contexte d'intérêt renouvelé sur la participation des salarié·es, cet article se propose d'examiner ce dispositif démocratique à partir d'une analyse mixte – statistique et ethnographique – des mandats de direction dans les Scop. S'inspirant de travaux récents de sociologie politique sur la démocratie participative, il montre que la participation dans les entreprises relève moins d'inclinations « naturelles » des salarié·es – comme le défend la plupart des théories sur la question – que d'une forte personnalisation du pouvoir, y compris parmi des groupes à gestion collective. L'article revient sur les conditions de cette personnalisation qui tient moins de formes d'accaparement individuel du pouvoir que de la quête d'une stabilisation de l'entreprise. Face à des enjeux cruciaux comme l'emploi et le salaire, l'alternance à la direction apparaît en effet comme un choix hautement risqué qu'on préfère finalement éviter.

MOTS-CLÉS : Scop, démocratie, travail, élection, dirigeants

ABSTRACT

Based on the principle of "one person one vote", cooperative and participative companies (Scop) appear to be one of the main models of democracy in the world of work. As majority owners of the company's capital, employees have a unique right to elect their managers. In a context of renewed interest in employee participation, this article examines this democratic system through a mixed analysis –statistical and ethnographic– of management mandates in Scop. Drawing on recent work in political sociology on participatory democracy, it shows that democracy in firms is less a matter of employees' natural inclinations –as most theories on the subject suggest– than of a strong personalization of power, including among groups with collective management. The article examines the process through which this personalization emerges, which is often less a matter of individuals grabbing power as it is a quest for the firm's stabilisation. Faced with crucial issues such as employment and wages, the alternation of leaders appears to be a highly risky choice that most would ultimately prefer to avoid.

KEYWORDS: *Cooperative, democracy, labour, election, bosses*

* Chargé de recherche en sociologie au CNRS, LISE-CNAM
LISE-CNAM, 1LAB40, 2 rue Conté, 75003 Paris, France
maxime.quijoux@lecnam.net
** Ingénieure d'études en sociologie au CNRS, CERAPS-Université de Lille
CERAPS-Université de Lille, 1 place Déliot, CS 10629, 59024 Lille CEDEX, France
cecile.rodrigues@univ-lille.fr

« Une personne = une voix » : ce principe démocratique constitue sans doute l'une des caractéristiques majeures des sociétés coopératives et participatives (Scop) dans le monde entrepreneurial [1]. Alors que la plupart des entreprises classiques s'appuient sur une stricte division à la fois de la gouvernance et de l'organisation du travail, les Scop [2] s'en différencient en imposant une répartition du pouvoir égalitaire au sein d'une entreprise détenue majoritairement par les salarié·es [3]. Indépendamment de sa contribution au capital, chaque salarié·e-associé·e – appelé·e sociétaire – possède la même voix lors de l'assemblée générale de l'entreprise. Cette qualité lui permet en outre d'élire son ou sa gérante, lorsqu'il s'agit d'une société à responsabilité limitée (SARL), ou son conseil d'administration et son ou sa PDG, dans le cas d'une société anonyme (SA), pour un mandat qui varie de quatre à six ans. Les statuts prévus par la loi de 1978 imposent également une gestion précise des excédents de l'entreprise, répartis entre une part travail (au moins 25 %) et une mise en réserve « impartageable » (15 % minimum) [4].

Fortes de ces statuts, les Scop occupent paradoxalement une place marginale dans les nombreux débats sur la démocratisation du travail qui mobilisent aujourd'hui le monde politique et scientifique. Si l'évolution rapide du syndicalisme et des formes de représentativité suscite une interrogation récurrente sur les modes de la démocratie industrielle (Béthoux *et al.*, 2008 ; Béroud, 2013 ; Allal & Yon, 2020), le monde de la recherche réinvestit aussi et surtout depuis le début des années 2010 les dimensions politiques du travail, qu'on pensait dépassées depuis l'affaire Lip ou les lois Auroux. Dans la lignée du philosophe John Dewey, la recherche entend éclairer les aspirations participatives des salarié·es à leur activité (Borzeix *et al.*, 2015) et faire de la démocratisation du travail un levier de lutte contre le néolibéralisme (Cukier, 2017). Des approches similaires, venant de la psychologie du travail, considèrent que « le pouvoir d'agir » des salarié·es est insuffisamment pris en compte dans l'activité de travail, provoquant des effets délétères sur leur santé et la santé démocratique de nos sociétés (Clot, 2010 ; Coutrot, 2018). D'autres recherches s'intéressent davantage aux leviers institutionnels de l'entreprise, notamment sur un meilleur partage de la gouvernance. Celui-ci consisterait bien souvent à rehausser, entre autres, la présence de salarié·es dans les conseils d'administration des entreprises (Piketty, 2019) ou à créer de nouvelles instances représentatives des salarié·es capables d'agir sur les stratégies de l'entreprise (Ferreras, 2012) et même d'une filière (Cukier, 2017). Habitées d'intentions normatives, ces théories se confondent souvent avec des entreprises politiques, comme en atteste la diffusion par exemple d'une tribune mondiale en 2020, publiée peu de temps après sous la forme d'un manifeste (Ferreras *et al.*, 2020).

Si les Scop bénéficient d'un intérêt croissant, le modèle coopératif apparaît donc très largement absent de ce renouveau participatif. Comme l'ont récemment observé Aude Deville et Damien Mourey (2018) dans un dossier consacré au « management des coopératives » dans la *Revue française de gestion*, les études restent encore très embryonnaires, en particulier sur les questions liées à la gouvernance. De nature monographique, les enquêtes portent le plus souvent sur les dimensions institutionnelles de ces entreprises, cherchant à déterminer leurs formes « hybrides », entre logiques de marché et valeurs sociales des coopérateurs. Parmi elles, certaines visent à défaire les soupçons d'inefficacité qui pèsent sur ce type d'entreprise, voire à le poser comme un modèle « alternatif » susceptible de transformer le paradigme capitaliste (Charmettant *et al.*, 2015). À l'opposé, d'autres recherches, souvent issues d'une sociologie plus critique, insistent sur la faiblesse subversive du modèle coopératif par rapport au modèle classique d'entreprise source même, selon elles, de souffrance et de dominations (Quijoux, 2011 ; Wagner, 2020). Certaines ont toutefois tenté de dépasser ce double écueil, « horizontaliste » d'un côté – par ses statuts, la coopérative est par nature participative – et « verticaliste » de l'autre – en tant qu'entreprise, la coopérative est par nature verti-

1. Cet article est le produit d'une collaboration initiée dans le cadre de la recherche Redécouvrir la citoyenneté industrielle : passés et présents des relations entre travail et agir politique (CITINDUS) financée par l'Agence nationale de la recherche (2019-2023). Nous remercions vivement les collègues de l'ANR pour leurs remarques et discussions qui ont nourri ce travail.

2. Dans cet article, nous écarterons les nouveaux modèles coopératifs de production comme les sociétés coopératives d'intérêt collectif (SCIC), les coopératives d'activité et d'emploi (CAE) et les Scop du secteur NAF « Agriculture, sylviculture et pêche » qui, bien qu'appartenant au même mouvement coopératif, s'en distinguent fortement par leur composition et leur fonctionnement.

3. Nous avons dégenré le texte en présentant des termes épicènes ou les termes masculins et féminins en respectant le principe de l'accord du plus proche voisin la plupart du temps. Nous avons minimisé le recours à l'utilisation du point médian. Les extraits d'entretiens et citations n'ont pas fait l'objet de cette écriture inclusive.

4. La loi prévoit également la possibilité de versement de dividendes dans la limite de 33 % des excédents.

cale –, en défendant une approche socio-constructiviste de la démocratie en entreprise : sa réalisation est le résultat d'une combinaison entre un contexte économique et institutionnel déterminé et les acceptions produites par les socialisations et positions socio-professionnelles des individus (Quijoux, 2018).

Cet article porte sur les mandats sociaux des directions de sociétés coopératives et participatives. En s'intéressant à un dispositif démocratique plutôt qu'à un ensemble de pratiques localisées dans une entreprise, nous souhaitons proposer une lecture transversale du phénomène coopératif, permettant de sortir des particularismes qu'impose l'analyse monographique. À l'heure où les modèles de management participatif se multiplient (Brugière *et al.*, 2021), se concentrer sur l'élection du ou de la dirigeante permet en outre de se focaliser sur le mécanisme emblématique de la gouvernance coopérative. Que nous révèle-t-il sur les pratiques démocratiques dans les Scop ? Dans quelle mesure peut-il nous éclairer plus largement sur la démocratie dans l'entreprise ?

Outre son caractère transversal, et donc généralisable, interroger les modalités de choix du ou de la dirigeante offre l'opportunité de questionner des catégories d'analyse qui tendent à proposer une vision homogénéisante et essentialisante de la démocratie, selon laquelle « participer et se conduire de manière responsable seraient deux inclinations humaines largement partagées » (Borzeix *et al.*, 2015, § 41). Selon ces approches, l'élection du ou de la dirigeante devrait logiquement aboutir à une rotation plus ou moins régulière du mandat de direction. Or, comme nous allons le voir, c'est plutôt l'inverse qu'on observe. Pour saisir ce qui se joue ici, il nous paraît plus judicieux de privilégier une approche inductive et, à la suite de certains travaux de science politique (Sawicki & Siméant, 2009 ; Mazeaud & Talpin, 2010 ; Gourgues *et al.*, 2021), de s'intéresser aux conditions sociales et professionnelles qui produisent les acceptions et pratiques électives dans les Scop. En l'occurrence, nous constaterons, dans la continuité des travaux socio-constructivistes sur la participation au travail [5] (Quijoux, 2018, 2019) que « la démocratie » est loin d'être une notion consensuelle et accessible à tous et toutes, y compris lorsque des dispositifs le permettent, comme celle de l'élection du ou de la dirigeante de son entreprise.

Pour en rendre compte, nous avons eu recours à différents modes d'enquête [6], dont deux méritent d'être explicités. Afin d'éviter le biais particulariste récurrent lorsqu'il s'agit des pratiques coopératives, nous avons procédé à un travail statistique afin de caractériser les mandats de direction dans les Scop. Ce travail a permis de réaliser un panorama global d'une pratique démocratique, inédit à ce jour. Nous l'avons alors complété avec un travail ethnographique, dont la particularité est de déplacer la focale d'entreprises prises isolément vers le mouvement qui les accompagne. Encadrant la quasi-totalité des Scop de France, de leur création à leur liquidation, en passant par un suivi régulier, la Confédération générale des Scop (CGScop) constitue un poste privilégié d'observation des pratiques démocratiques au sein des entreprises du mouvement. Association composée d'entreprises adhérentes, elle emploie également une multitude de « délégué·es » qui accompagnent les entreprises dans leur développement au sein d'« unions régionales » qui maillent le territoire. Elle permet ainsi d'avoir aussi bien des témoignages d'acteurs et d'actrices de Scop que de professionnel·les dont l'accompagnement peut avoir un effet fortement prescripteur sur les pratiques des entreprises. À cet égard, s'intéresser au mouvement permet de rendre compte des visions différenciées qui le composent et des luttes de taxinomies qui s'y déploient.

Dans cet article, nous reviendrons dans un premier temps sur les principales propriétés économiques et sectorielles des entreprises du mouvement des Scop. Dans un second temps,

---

5. On entend par « participation au travail » toutes les formes d'implication concernant les dynamiques organisationnelles et stratégiques de l'entreprise. En ce sens, cette définition ne se limite pas aux seuls modalités ou espaces démocratiques formalisés – élections, assemblée générale – mais couvre un ensemble d'attitudes, de pratiques et d'interactions informelles, suivant à cet égard la définition de Catherine Neveu (2004, p. 101), on cherchera à saisir « les multiples manières qu'ont des [travailleurs et travailleuses] "ordinaires" de s'approprier ces instances, d'y construire des rôles politiques différents, de tenter par leur biais d'influer sur les décisions » en fonction de leurs trajectoires et de leurs positions sociales.

6. Cette enquête regroupe différentes modalités de recherche, mêlant méthodes qualitative et quantitative. Elle s'appuie tout d'abord sur une enquête au long cours menée depuis 2012 sur le mouvement coopératif de production, combinant observations, entretiens semi-directifs (n = 60), travail prosopographique et sur archives. Cette recherche a été complétée par un travail statistique plus récent sur les propriétés des dirigeants et dirigeantes, des entreprises et de leurs mandats à partir de données publiques datant de 2018 et extraites en 2020. Il s'est agi d'essayer de déterminer des pratiques en croisant les mandats avec différentes caractéristiques des sociétés coopératives : la nature (une gérance ou une co-gérance), le nombre et la durée des mandats (absolues et relatives à la durée de vie de la société) ; l'âge, l'ancienneté, le sexe du ou de la dirigeante ; la nature du secteur d'activité, la taille de l'entreprise, son chiffre d'affaires et la localisation territoriale.

nous nous intéresserons aux effets que produisent les différences structurelles de ces entreprises – ancienneté, taille des effectifs et du chiffre d'affaires (CA) – et de leurs secteurs d'activité sur les choix du ou de la dirigeante. En l'occurrence, nous montrerons que ces différents éléments concourent à des pratiques différenciées de partage du pouvoir, allant d'un pouvoir continu d'une seule et même personne à des modalités de gestion collective de la tête de l'entreprise. Dans une dernière partie, nous verrons néanmoins qu'indépendamment des choix de modalité de gestion, il existe une inclination générale à la personnalisation du pouvoir, y compris au sein des modes de gestion les plus collectifs. Dans le cadre de l'entreprise, la rotation du pouvoir apparaît en effet difficilement conciliable avec une quête permanente de pérennisation de l'entreprise, conditionnée par la stabilisation de l'entreprise et de son équipe de direction.

Un univers coopératif fortement polarisé entre secteurs secondaire et tertiaire

Depuis leur apparition au XIXe siècle, les sociétés coopératives et participatives sont régulièrement présentées comme un modèle alternatif aux entreprises dominantes du capitalisme (Christen *et al.*, 2021). Pourtant, la portée « subversive » et sociale des coopératives a presque été tout aussi souvent contestée. Dès son époque, Karl Marx s'emploie à dénoncer ces entreprises, ouvrant la voie à des critiques d'inspiration collectiviste qui, tout au long du XXe siècle, reprocheront à ces entreprises de faire le jeu du capitalisme et d'exploiter les salarié·es non-sociétaires (Draperi, 2012). De fait, la majorité des travaux, aujourd'hui encore, tente d'apprécier les spécificités d'un tel modèle. Si des tendances à des formes d'isomorphisme institutionnel sont régulièrement observées, certaines enquêtes montrent l'existence d'une pluralité de pratiques économiques et démocratiques, sans forcément parvenir à déterminer des tendances plus globales. Comment se caractérisent les sociétés coopératives et participatives et quelles sont leurs spécificités économiques et sociales ?

Un mouvement dominé par des microentreprises de services

Depuis la fin des années 2000, la Confédération générale des Scop de France mène une politique active de développement des sociétés coopératives sur le territoire français, susceptible de nous éclairer sur leurs propriétés et leur degré d'originalité. En une quinzaine d'années, leur nombre est passé 1 705 unités en 2005 à 3 601 unités en 2020, réunissant un peu plus de 60 000 salariés [7]. Dans un contexte où le nombre d'entreprises s'envole en France [8], le mouvement bénéficie sans doute de politiques publiques qui font la part belle aux initiatives entrepreneuriales, les Scop étant des entreprises commerciales comme les autres (SARL, SA, SAS). Cette hausse du nombre d'entreprises coopératives s'appuie néanmoins sur une dynamique sociologique à « contre-courant » : alors que la hausse nationale tient principalement à l'explosion du nombre de micro-entreprises, les créations de Scop proviennent d'une pluralité de formes collectives. Constituant le plus souvent la forme la plus connue d'entre elles, par le truchement des mobilisations sociales médiatiques, les projets de reprise d'entreprise à « la barre du tribunal » constituent pourtant la source de créations la plus faible du mouvement, représentant seulement 5 % en moyenne des nouvelles Scop au cours des années 2010 (Quijoux, 2019). Le développement actuel du mouvement s'appuie davantage sur d'autres formes d'initiatives comme les transformations d'association (16 %), les transmissions d'entreprises saines (18 %) et surtout les créations *ex nihilo* (61 %) [9]. Face au paradigme dominant de l'entrepreneur·e mû·e par une démarche solitaire et « égoïste », les acteurs et actrices du mouvement Scop entendent démontrer par cet essor la crédibilité économique de ce modèle d'entreprise, porté par les valeurs sociales et collectives qui y sont défendues, comme nous l'explique ce dirigeant de l'Union régionale de l'Ouest :

> Je pense qu'on a un consensus sur la définition qu'on pourrait donner de la vie coopérative. […] C'est-à-dire qu'on fait le constat, pour les modèles qui fonctionnent sur ce mode-là, que vous déplacez des montagnes parce que le collectif est mobilisé et engagé. Au même titre que l'entreprise dispose de moyens financiers, elle

7. Leur nombre dépasse en 2022 les 70 000 salarié·es, mais dans la mesure où notre base statistique se fonde sur 2020, nous nous en tenons aux chiffres de cette année-là.

8. « Un nouveau record de créations d'entreprises en 2020 malgré la crise sanitaire », *Insee Première*, n° 1837, février 2021.

9. D'après le dernier rapport d'activité de la CGScop portant sur l'année 2020.

dispose d'un potentiel humain. […] Donc, quel levier on va activer pour révéler ce potentiel humain. Après ça réinterroge la question de la formation coopérative, du rôle de l'encadrement intermédiaire, la question de la gouvernance, etc. […] Mais quand ces leviers sont activés, on fait la démonstration par les résultats que l'entreprise est performante (Dirigeant de l'Union régionale de l'Ouest, CGScop).

Afin d'analyser plus finement les choix de la direction parmi les entreprises coopératives, nous avons pris appui sur un site commercial en ligne agrégeant des informations sur les entreprises, allant de la nature juridique des établissements à leur secteur d'activité et couvrant notamment les entreprises coopératives. Ce site utilise en partie les données issues de la base Sirene fournissant les informations sur les entreprises et établissements, produite et mise à jour par l'Insee. À partir de la liste des Scop fournie par le *Journal officiel*[10] et de leurs numéros de SIRET, chacune de ces sociétés a fait l'objet ici d'une recherche sur ce site, présentant en particulier les différents mandats sociaux et de direction des entreprises[11]. Les données générales sur les entreprises ont directement été extraites du site par souci de cohérence, puis confirmées, corrigées et complétées par une extraction depuis la base Sirene.

De ces premières explorations, se dessine un espace économique clairement polarisé selon les secteurs d'activité. De prime abord, le secteur tertiaire apparaît comme le secteur phare du milieu coopératif de production en nombre de structures. À lui seul, il représente plus du tiers du nombre d'unités de production (39 % des secteurs hors industrie, construction et activités spécialisées, tableau 1), auquel il faudrait ajouter les activités spécialisées, scientifiques et techniques qui, dans le détail, relèvent du même type d'activités et regroupent plus de 22 % des Scop, plaçant par conséquent le secteur tertiaire largement au-dessus des autres (61,6 %).

Les Scop réunissent donc aujourd'hui majoritairement des entreprises allant des services à la personne à des cabinets d'expertise (géomètres, expert·es-comptables, architectes, etc.), en passant par des agences de communication ou des centres de formation. Certaines actrices et acteurs du numérique semblent aussi particulièrement attiré·es par ce modèle qui répond aussi bien à des attentes personnelles et qu'à des représentations professionnelles[12]. Fils d'un médecin de santé publique et d'une mère cadre de l'éducation nationale, décrit·es comme d'actif·ves militant·es, ce gérant de Scop de logiciels libres située en Rhône-Alpes revient ainsi sur les origines de la création de son entreprise qui réunit aujourd'hui une vingtaine de salarié·es :

Depuis tout petit, je fais de l'informatique pour le plaisir. Globalement, je n'ai pas trouvé de choses qui me correspondaient en bio [sa formation d'origine] et de fil en aiguille, je me suis retrouvé à bosser là-dedans. […] Peut être aussi, que cela obligeait à rentrer dans des structures plus classiques et que ça me plaisait moins. […] En revanche, je me suis dit : « Il faut au moins que j'aie un diplôme bac +5 en informatique » […] J'ai retrouvé [dans cette formation] deux autres personnes qui étaient plus ou moins dans ce cas-là, qui avaient bossé avant dans différents milieux : électronique, électrotechnique, mécanique, etc. […] et l'un d'eux me dit : « Tu ne veux pas recommencer à faire un truc dans le libre ? » parce que je bossais beaucoup sur Linux, etc. Et du coup, on s'est dit : « Pourquoi pas ? » Sauf que, tous, on n'avait pas envie de reproduire ce qu'on avait croisé avant. Il y avait des présentations de Scop régulièrement sur Grenoble. […] On n'en avait jamais entendu parler. Cela a énormément collé par rapport à notre choix. […] On voulait faire du libre et en fait on s'est dit : « C'est globalement le pendant du libre dans le monde économique » (Gérant de Scop de logiciels libres).

Cet extrait d'entretien est représentatif à plus d'un titre des conditions de création d'une Scop aujourd'hui : ignorant l'existence du modèle, les fondateurs et fondatrices affirment le découvrir le plus souvent « par hasard », au terme d'un processus d'expérimentations professionnelles, parfois peu satisfaisant. Comme nous le verrons par la suite, la Scop rend possible la quête d'un *continuum* d'un ensemble de principes moraux et politiques, entre sphères domestique et professionnelle. Relativement récente, cette acception vient s'ajouter à des attentes plus anciennes et plus cloisonnées de l'entreprise coopérative.

10. https://www.legifrance.gouv.fr/jorf/id/JORFTEXT000038369660, version du 13 avril 2019.

11. Le site societe.com concentre ses offres commerciales sur les bilans financiers mais délivre aussi une série d'informations dont l'accès ne nécessite pas d'authentification. Les fiches des sociétés contiennent une série d'informations sur les structures qui proviennent de la base Sirene de l'Insee : leur adresse, capital, chiffre d'affaires, effectifs et catégorie d'activité principalement (les mises à jour de la plupart des données datent de la période du 1er mars 2020 au 30 mars 2020). Mais elles offrent surtout des informations sur les différents membres des conseils d'administrations, directeurs et directrices, président·es et gérant·es tout en en présentant l'historique : leurs initiales, genre (administratif), types et dates de mandats (qui remontent au maximum jusqu'au 1er janvier 2000). On ne dispose que des initiales et du genre des personnes occupants d'anciens mandats ; on suppose donc que Mme Jeanne George et Mme J. G. sont la même personne.

12. D'ailleurs, la CGScop ne s'y trompe pas à l'égard de ce profil d'entrepreneur·es. Elle vient de créer CoopVenture, un fonds d'investissement spécialement dédié au financement des entreprises du numérique : https://coopventure.fr/

Tableau 1 : Secteurs d'activité des Scop

<table>
<tr><th>Secteurs*</th><th>Nombre de SCOP</th><th>Part des SCOP (%)</th><th>Secteurs regroupés</th><th>Part des SCOP (%)</th></tr>
<tr><td>Activités spécialisées, scientifiques et techniques</td><td>484</td><td>22,6</td><td>Activités spécialisées, scientifiques et techniques</td><td>22,6</td></tr>
<tr><td>Construction</td><td>437</td><td>20,4</td><td>Construction</td><td>20,4</td></tr>
<tr><td>Industrie**</td><td>333</td><td>15,6</td><td rowspan="2">Industrie, transports</td><td rowspan="2">18</td></tr>
<tr><td>Transports et entreposage</td><td>53</td><td>2,5</td></tr>
<tr><td>Commerce ; réparation d'automobiles et de motocycles</td><td>188</td><td>8,8</td><td rowspan="4">Commerce, hébergement, restauration et spectacles</td><td rowspan="4">15,7</td></tr>
<tr><td>Arts, spectacles et activités récréatives</td><td>66</td><td>3,1</td></tr>
<tr><td>Hébergement et restauration</td><td>65</td><td>3</td></tr>
<tr><td>Autres activités de services</td><td>18</td><td>0,8</td></tr>
<tr><td>Enseignement</td><td>120</td><td>5,6</td><td rowspan="2">Enseignement, santé humaine et action sociale</td><td rowspan="2">8,9</td></tr>
<tr><td>Santé humaine et action sociale</td><td>71</td><td>3,3</td></tr>
<tr><td>Information et communication</td><td>171</td><td>8</td><td>Information et communication</td><td>8</td></tr>
<tr><td>Activités de services administratifs et de soutien</td><td>124</td><td>5,8</td><td rowspan="2">Finances, assurance, immobilier, services admin.</td><td rowspan="2">6,3</td></tr>
<tr><td>Finances, assurance, immobilier***</td><td>10</td><td>0,5</td></tr>
<tr><td>Ensemble</td><td>2140</td><td>100</td><td>Ensemble</td><td>100</td></tr>
</table>

* Niveau 1 de la nomenclature NAF rev.2 (2008). ** Comprend « Industrie manufacturière », « Industries extractives », « Production et distribution d'eau ». *** Comprend « Activités financières et d'assurance » et « Activités immobilières ». Champ : Scop hors secteur « Agriculture, sylviculture et pêche ». Sources : societe.com, 30 mars 2020, Sirene-Insee. Lecture : 22,6 % des structures retrouvées sur le site societe.com font partie du secteur des « Activités spécialisées, scientifiques et techniques ».

Des secteurs secondaires en perte de vitesse mais toujours puissants

Regroupant respectivement 20,4 % et 18 % des coopératives du mouvement, les secteurs de la construction et de l'industrie apparaissent dorénavant loin derrière les activités tertiaires. Pendant près d'un siècle, ils ont pourtant largement dominé ce champ, bénéficiant de mesures ciblées de la part de l'État, comme le quart réservataire – qui prévoyait l'attribution obligatoire d'un quart des marchés publics aux Scop du BTP – ou de relations privilégiées se traduisant par des missions de sous-traitance industrielle, comme l'imprimerie ou les télécommunications (Zaidman, 1989). Mais face la désindustrialisation qui frappe le pays à la fin des années 1970, de nombreuses Scop historiques s'effondrent. Disposant d'équipements vieillissants et d'équipes composées largement de salarié·es non-sociétaires, ces entreprises sont incapables de s'opposer à la crise économique et à l'ouverture des marchés. Les Scop qui existent aujourd'hui doivent leur survie à leur quête continuelle d'adaptation à la fois aux périmètres législatifs – avec notamment les directives européennes conduisant à la fin du quart réservataire par exemple – et aux contextes volatils de leurs secteurs d'activité. Président-directeur général élu de l'entreprise UTB, Scop du BTP réunissant plus de 1 200 salarié·es, Charles-Henri Montaut se rappelle d'ailleurs à quel point le modèle coopératif a permis de sauver l'entreprise lors d'épisodes économiques difficiles :

> On a eu pas mal de difficultés au milieu des années 1990. Il y a eu une période où l'immobilier a terriblement trinqué. [...] À l'époque, tous les gens avaient un treizième mois, aussi bien les salariés de chantiers que les bureaux. Pour sauver l'entreprise, on a proposé la suppression de ce treizième mois. Et on avait soumis cette mesure qui était quand même assez forte, ça représente à peu près 8 % du salaire annuel. En termes de pouvoir d'achat, c'est considérable pour quelqu'un, quelque ce soit son niveau de revenu. Surtout que dans le secteur du bâtiment, on n'a pas forcément des revenus très élevés. Et la mesure avait été acceptée à plus de 95 %. Et ça, ça m'avait terriblement marqué (Charles-Henri Montaut, PDG de l'entreprise UTB, Scop du BTP).

D'ailleurs, à y regarder de plus près, la construction et l'industrie sont moins affaiblies qu'elles n'y paraissent au sein du mouvement coopératif. Un rapport de la CGScop paru en 2015 donnait un état précis de la composition du mouvement qui a peu changé depuis : les deux tiers d'entre elles (66 %) avaient moins de 10 salariés, 26 % entre 10 et 49 salariés et seulement 8 % plus de 50. Les effectifs se concen-

Tableau 2 : Effectifs des Scop

Secteurs	1 à 2 salarié·es	3 à 5 salarié·es	6 à 9 salarié·es	10 à 19 salarié·es	20 à 49 salarié·es	50 ou plus salarié·es	NR ou aucun	Total
Activités spécialisées, scientifiques et techniques	18,4	33,1	22,3	11,8	9,5	3,5	1,4	100
Construction	11,7	17,6	19,5	22,0	19,2	9,2	0,9	100
Industrie, transports	9,1	19,2	19,4	22,3	16,8	12,4	0,8	100
Commerce, hébergement, restauration et spectacles	21,7	26,4	20,8	13,6	11,0	4,7	1,8	100
Enseignement, santé humaine et action sociale	9,9	27,2	17,8	18,8	13,6	8,9	3,7	100
Information et communication	15,8	33,3	22,2	17,0	7,0	2,3	2,3	100
Finances, assurance, immobilier, services admin.	17,2	15,7	11,2	15,7	14,2	17,9	8,2	100
Ensemble	14,8	24,8	19,9	17,3	13,5	7,8	2,0	100

Champ : hors secteur « Agriculture, sylviculture et pêche ». Sources : societe.com, 30 mars 2020, Sirene-Insee. Lecture : 18,4 % des Scop du secteur « Activités spécialisées, scientifiques et techniques » ont 1 ou 2 salarié·es.

Tableau 3 : Chiffres d'affaires des Scop

Secteurs	Part des sociétés (%)	Part du chiffre d'affaire (%)
Activités spécialisées, scientifiques et techniques	22,6	8,1
Construction	21,2	37,7
Industrie, transports	17,7	26,5
Commerce, hébergement, restauration et spectacles	15,2	10,5
Enseignement, santé humaine et action sociale	9,0	4,1
Information et communication	7,8	2,8
Finances, assurance, immobilier, services administratifs	6,4	10,3
Ensemble	100,0	100

Champ : hors secteur « Agriculture, sylviculture et pêche ». Note : nous disposons des chiffres d'affaires de 63,1 % des Scop analysées. La répartition de ces sociétés en termes de secteurs est identique (écart maximum de 0,8 points de %) à celle de l'ensemble des Scop étudiées. Le chiffre d'affaires est celui de 2018 pour 71 % d'entre elles, celui de 2017 pour 16,2 % et de 2019 pour les autres. Sources : societe.com, 30 mars 2020, Sirene-Insee. Lecture : alors que les Scop du secteur de la construction représentent 21,2 % des sociétés analysées avec un chiffre d'affaires connu, elles pèsent 37,7 % du chiffre d'affaires total.

traient néanmoins parmi ce dernier contingent d'entreprises qui représentaient 58 % des salarié·es du mouvement (pour 13 % pour les Scop de moins de 10 salarié·es et 29 % pour celles entre 10 et 49 salarié·es). Les renseignements publics présentés par tranche pour l'année 2020 confirment et éclairent ces tendances en montrant les fortes disparités entre secteurs secondaires et tertiaires en la matière (Tableau 2).

En dépit de leur croissance, les activités du tertiaire – et en particulier les activités spécialisées, scientifiques et techniques – ont en effet des effectifs bien plus réduits que les secteurs de la construction et de l'industrie : plus de la moitié des Scop des services (hors finances et administration) et jusqu'à près des trois quarts des Scop d'information et communication et des activités spécialisées ont moins de 10 salarié·es quand plus de la moitié des effectifs du BTP (50,4 %) et de l'industrie (51,5 %) dépassent ce seuil.

Du côté du chiffre d'affaires ensuite, les données dont nous disposons confirment que les secteurs du BTP mais surtout de l'industrie concentrent les parts les plus importantes pour les Scop observées avec respectivement 26,5 % et 37,7 % du chiffre d'affaires total[13] (Tableau 3). À l'opposée, le tertiaire hors finances, assurances et services administratifs, majoritaire en nombre d'entreprises (54,6 % des Scop), tombe à 25,5 % du chiffre d'affaires total. On note en particulier que les secteurs des activités spécialisées, scientifiques et techniques et de l'information et la communication sont les secteurs dont les chiffres d'affaires pèsent le moins, respectivement à leur représentation en nombre de structures.

En somme, on est en présence d'un océan de microentreprises ou de toute petites PME issues des activités tertiaires, notamment spécialisées dans l'expertise ; océan au sein duquel se dégagent néanmoins çà et là des continents d'entreprises aux effectifs et aux chiffres d'affaires plus conséquents. Cet océan possède alors un aspect très composite : du petit groupe de jeunes diplômé·es fondant leur entreprise de jeux vidéo aux dizaines de salarié·es reprenant leur imprimerie pour la sauver de la faillite, en passant par la société d'ingénierie et de conseil en bâtiment réunissant 80 salarié·es ou la Scop de formation d'une petite dizaine d'associé·es issue du monde associatif, l'hétérogénéité domine aussi bien dans leur genèse, dans leur croissance que dans leurs domaines d'activités. Les extraits d'entretien montrent néanmoins des aspirations sociales et éthiques similaires faisant du collectif la clé de voûte du fonctionnement de l'entreprise, vecteurs aussi bien de performance économique, de sens au travail que de résilience managériale. Comment se traduit cette disposition collective en matière de désignation du ou de la dirigeante ? Quels effets l'histoire, le secteur économique et la taille des entreprises ont sur ce processus ?

Le choix du ou de la dirigeante : une personnalisation entre inclination individuelle, conditions structurelles et idéologies sectorielles

L'élection du ou de la dirigeante demeure probablement l'une des entrées les plus heuristiques sur la manière dont un dispositif démocratique dans l'entreprise s'élabore et est approprié. Dans un pays comme la France où le présidentialisme est fort (Gourgues *et al.*, 2021), elle apparaît comme une pratique facilement appréhendable, là où les autres théories apparaissent encore abstraites et spéculatives. D'ailleurs, l'entreprise n'est pas vierge de toutes institutions « démocratiques ». Elle dispose, certes affaibli mais toujours actuel, d'un « État interne » (Burawoy, 1979) constitutif de droits faisant toujours du travail une institution sociale (Didry, 2016), auxquels s'ajoutent de nouvelles formes de « citoyennetés industrielles », à mesure que se développent des régimes d'engagement du capitalisme (Allal & Yon, 2020). Pour autant, les formes instituées de représentation du personnel, comme les élections professionnelles, se cantonnent essentiellement à exprimer le contenu et l'étendu des rapports de force sans modifier la nature même du pouvoir dans l'entreprise, là où l'élection du ou de la dirigeante la vise directement. Que nous dit donc l'élection des dirigeant·es dans ces sociétés coopératives sur les conditions et les pratiques participatives dans le monde du travail ?

Des entreprises collectives fondées autour d'un ou d'une leader

Les données que nous avons extraites et agrégées nous donnent à voir les successions de mandats de directions pour chaque établissement et nous permettent de caractériser clairement des pratiques de gouvernance, éclairées par une série d'informations structurelles (Tableau 4). Trois types de mandats se détachent : les gestions, directions et présidences[14]. Une fois regroupés les mandats cumulatifs (direction et présidence, par exemple, peuvent être simultanément occupées par une même personne)[15], imputés les mandats en cours et les vides, et mis en cohérence les séquences des mandats, les 4 720 séquences différentes constituées permettent d'identifier des modèles de gestion de 2 140 Scop[16] sur les 2 163 recherchées. Pour chaque Scop, les durées de gestion connues sont variables, allant d'un mois à 20 ans et

13. Pour lesquelles on connaît le montant du chiffre d'affaires sur les années 2018, 2017 ou 2019.

14. Ces mandats correspondent aux structures commerciales et sociales des entreprises. Les gestions correspondent généralement aux entreprises de petites tailles réunissant des associé·es, comme les SARL, SAS ou EURL. Les directions et présidence concernent des structures plus importantes de type société anonyme dont le capital est ouvert à des actionnaires extérieur·es et dont le fonctionnement nécessite l'existence d'un conseil d'administration (CA). Les président·e et directeur ou directrice générale, souvent les mêmes comme l'indique l'acronyme PDG, sont chargé·es de présider le CA et d'appliquer les décisions et orientations qui sont prises en son sein.

15. Sont ainsi conservés les mandats d'« associé-gérant », « co-gérant », « directeur général », « gérant », « président-directeur général », « président » et « président du conseil d'administration ».

16. Aucun mandat n'a pu être reconstitué pour 21 Scop (soit 1 % des sociétés étudiées).

sont d'au moins 15 ans pour la moitié d'entre elles. Le nombre de séquences de gestion [17] par société coopérative allant de 1 à 12 avec 70 % des Scop dont on connaît au moins deux mandats de gestion. Ces séquences vont de 3 jours à 20 ans et la moitié a duré plus de 6 ans. Mais les Scop dont on retrouve une seule séquence de gestion ne sont pas des Scop dont on connaît peu de temps de gestion. Ces Scop avec une unique séquence vont d'un mois et demi à 20 ans, tout comme celles avec plusieurs séquences, pour une durée moyenne de 8 ans contre 5 ans.

Se détachent ainsi des modèles en fonction des deux caractéristiques du nombre de personnes ayant assuré les fonctions de gestion, direction ou présidence et de la durée pendant laquelle ces personnes les ont simultanément assurées. Pour la plupart des entreprises coopératives, c'est le modèle de la gestion individuelle qui domine puisque 56,5 % n'ont connu que des mandats occupés par une seule personne [18] à la fois sur la période renseignée (personnelle continue et personnelle tournante). Dans cette catégorie, on appelle « personnelles continues » les Scop pour lesquelles il n'y a eu qu'un ou une gérante sur toute la période renseignée, c'est le cas de 36,2 % d'entre elles, et « personnelles tournantes » lorsque cette seule personne au pouvoir n'a pas toujours été la même. À l'inverse, le modèle complètement « collectif » concernant les sociétés n'ayant connu que des gestions occupées par au moins deux personnes se retrouve pour 8,8 % des Scop. Entre ces deux situations, on retrouve, d'un côté, un modèle « tendance personnelle » concentrant au moins la moitié du temps de gestion par une personne (21,8 %) et, de l'autre, une « tendance collective » réunissant deux personnes ou plus sur la même échelle de temps (11,9 %). On obtient ainsi 78,3 % des sociétés ayant eu une gouvernance d'inclination personnaliste et 20,7 % ayant une inclination plutôt « collectiviste ».

Ce résultat tend donc à nuancer fortement la dimension collective du projet d'entreprise avancée par les acteurs et actrices dans la première partie. Si les Scop connaissent des modalités de créations plus collectives que les entreprises conventionnelles, les entretiens confirment en effet qu'un ou une *leader* est souvent désignée parmi les fondateurs et fondatrices, devenant le ou la dirigeante et souvent le demeurant : « [...] Quand les gens créent – ils sont souvent deux, trois, parfois quatre –, le *leader* a déjà été légitimé par le groupe pour différentes raisons et sur la création, en général, on le trouve assez facilement », nous explique ainsi Jérôme, délégué régional depuis sept ans à l'Union régionale de l'Ouest, qui accompagne les créations de Scop. Née d'une « bande de copains » d'organisations militantes proches des réseaux du catholicisme social, la Scop Macoretz, spécialisée dans le bâtiment et réunissant 220 salarié·es, est une belle illustration de l'émergence de figures dominantes, qualifiées parfois de « charismatiques », comme nous l'explique celui qui sera son PDG pendant 35 ans :

> J'ai fait quatre ou cinq entreprises de mes 18 ans au moins, après mon apprentissage, à mes 25 ans, la date ou j'ai commencé Macoretz. [...] Un jour on décide après quatre ou cinq ans de réflexion avec les copains, les copines qui sont devenues après nos chéries et nos femmes, on se retrouve à faire naître cette coopérative. Et on a commencé Macoretz comme ça en 1986. J'ai travaillé trois ou quatre ans avec ma caisse à outils. Et très vite, les collègues ont vu que le commercial de l'entreprise, c'était Serge. Et c'est comme ça que j'ai commencé à être le commercial, en gros, avec toute l'énergie que l'univers m'a donnée. C'est lié à mon histoire ? Est-ce que c'est parce que j'ai aussi des gènes ? [J'ai eu] un grand-père très connu, marchand de vaches sur le pays de Retz. Je ne sais pas si j'ai des choses qui sont liées à mon grand-père, mais le monde me connaît comme un grand commercial, un développeur (PDG de la Scop Macoretz, spécialisée dans le bâtiment).

Réélu toute sa carrière à la tête de son entreprise, ce PDG est loin d'être un cas isolé parmi le mouvement coopératif de production. Comme le montre le tableau 5, près d'un quart (22,3 %) des coopératives pour lesquelles nous connaissons au moins 15 années d'historique de direction ont maintenu la même personne en place durant ces années. Mais surtout, près du tiers (29,3 %) n'ont connu qu'un ou une seule dirigeante à la fois au cours de la même période. Ce sont ces structures qui concentrent le plus de gestion personnelle – regroupant les directions « personnelle continue » et « personnelle tournante ». À l'inverse, bien qu'elles restent encore largement minoritaires, les gestions polycéphales connaissent

17. On appelle « séquence de gestion » toute période – déterminée par une date de début et une date de fin – au cours de laquelle une même personne/un même ensemble de personnes exerce le mandat de gestion, de direction ou de présidence. Elles ne permettent toutefois pas d'identifier les moments de renouvellement des équipes de direction.

18. Les personnes sont identifiées par leurs initiales et genre : F R C.

Tableau 4 : Modèles de direction des Scop

SCOP			Part moyenne du temps de direction (% en ligne)					Nombre de gérant·es connu·es (% en ligne)			
Type de gestion	n	%	Aucun·e gérant·e	Un·e gérant·e	Deux gérant·es	Trois gérant·es	Quatre gérant·es ou plus	1	2	3	4 ou plus
Personnelle continue	774	36,2	0,8	99,2	0	0	0	100,0	0,0	0,0	0,0
Personnelle tournante	435	20,3	0,3	99,7	0	0	0	0,0	79,1	15,4	5,5
Tendance personnelle	467	21,8	1,5	76,1	20,6	1,3	0,5	0,0	39,6	33,0	27,4
Tendance collective	254	11,9	0,3	28,9	63,8	5,8	1,2	0,0	29,5	31,1	39,4
Collective	189	8,8	0	0	86	11,3	2,7	0,0	61,4	19,6	19,0
Non-déterminé	21	1,0	-	-	-	-	-	-	-	-	-
Total	2140	100,0	0,7	76,9	19,8	2	0,5	36,2	33,6	15,7	13,5

Champ : hors secteur « Agriculture, sylviculture et pêche ». Source : societe.com, 30 mars 2020. Lecture : les 774 Scop de type gestion « personnelle continue » représentent 36,2 % des Scop observées et se caractérisent par le fait qu'elles n'ont été dirigées – en moyenne – que par une personne à la fois 99,2 % du temps de leur historique connu. Pour 100 % de ces sociétés, on ne connaît qu'une personne ayant dirigé l'entreprise.

un essor substantiel depuis le début des années 2000, avec une accélération depuis l'année 2010, passant de 3,4 % des créations au cours des années 1980-1990 à plus de 20 % vingt-cinq ans plus tard.

Ces inclinations personnalistes ne se réduisent pas à des effets de personnes ou d'époque. Elles sont aussi fortement corrélées à des configurations plus objectives, parmi lesquelles l'histoire du secteur et la dimension des entreprises.

Le poids de l'histoire et de la taille des entreprises dans les inclinations personnalistes des secteurs secondaires

Les caractéristiques structurelles d'une organisation déterminent considérablement la nature de ses échanges sociaux et, le cas échéant, ses propriétés démocratiques. Dans le cas des Scop, les dimensions économiques (chiffres d'affaires) et sociales (effectifs) constituent en effet des facteurs qui façonnent fortement la nature et les modes de désignation du dirigeant. Comme le montre le tableau 6, si on observe des proportions décroissantes de Scop dirigées par une même personne avec le nombre de salarié·es, les tendances se renforcent pour le modèle « à tendance personnelle » atteignant 36,1 % des Scop de 50 salarié·es ou plus. Les modes de direction totalement collective sont quant à eux inversement proportionnels à la taille des effectifs et surtout des chiffres d'affaires. Dans le premier cas, on passe de 8 % à 11 % des Scop de moins de 20 salarié·es à 3,1 % pour celles de plus de 20 salarié·es. La même tendance se dessine concernant les chiffres d'affaires, où les entreprises aux plus faibles CA sont celles qui privilégient à la fois le plus le modèle le plus personnel et le modèle le plus collectif. À l'inverse, les plus importants chiffres d'affaires se caractérisent par une faible gestion totalement collective et une importante « tendance personnelle ».

Si la croissance d'un groupe et de seuils d'effectifs apparaissent comme des limites inévitables au maintien de pratiques de gestions collectives (Mothé, 1980), il convient toutefois aussi de prendre en compte des éléments plus idéologiques, qui tiennent à des formes de socialisations sectorielles. Avec seulement 4,1 %, 8,3 % et 8,2 % d'entreprises totalement collectives, la construction, l'industrie et la finance, les assurances et les services administratifs sont ainsi les secteurs où l'on retrouve les modèles de gestion les plus personnalisés (Tableau 7). On y repère le plus de sociétés anonymes dont les statuts imposent un conseil d'administration et autorisent une gestion bicéphale entre président·e et directeur·rice-général·e. Or, ce sont également les secteurs avec le plus de situations où les fonctions de

Tableau 5 : Modèle de direction selon l'ancienneté des Scop

	Personnelle continue	Personnelle tournante	Tendance personnelle	Tendance collective	Collective	Total
Ensemble (n = 2140)	*36,2*	*20,3*	*21,8*	*11,9*	*8,8*	*100*
Historique de direction connu						
Moins de 5 ans (n = 429)	59,9	6,8	6,1	6,1	21,2	100
5 à 10 ans (n=514)	44,4	16,3	16,7	12,1	10,5	100
10 à 15 ans (n=339)	30,1	22,7	26,5	14,5	6,2	100
15 à 20 ans (n=837)	22,3	29,3	31,7	14,0	2,7	100
Non-déterminé (n = 21)	-	-	-	-	-	100
Année de création de l'entreprise						
Avant 1980 (n =1 54)	19,5	23,4	38,3	14,9	3,2	100
1980-1989 (n = 264)	17,0	30,7	35,6	12,9	3,4	100
1990-1999 (n = 350)	29,1	30,3	25,4	11,1	3,4	100
2000-2009 (n = 521)	31,3	21,7	25,0	15,0	6,1	100
2010-2012 (n = 243)	41,2	19,3	18,1	13,2	7,4	100
2013-2015 (n = 314)	48,7	12,7	11,8	10,5	15,0	100
2016-2019 (n = 294)	61,6	4,1	4,8	5,1	22,4	100

Champ : hors secteur « Agriculture, sylviculture et pêche ». Sources : societe.com, 30 mars 2020, Sirene-Insee. Lecture : 59,9 % des 429 sociétés dont on connaît moins de 5 ans de direction sont de type gestion « personnelle continue ».

Tableau 6 : Modèle de direction selon le poids des Scop

	Personnelle continue	Personnelle tournante	Tendance personnelle	Tendance collective	Collective	Total
Ensemble (n = 2140)	*36,2*	*20,3*	*21,8*	*11,9*	*8,8*	*100*
Effectifs salariés						
1 à 2 salarié·es (n = 317)	50,5	19,6	11,7	7,6	8,2	100
3 à 5 salarié·es (n = 530)	43,8	25,3	10,8	7,9	11,1	100
6 à 9 salarié·es (n = 425)	29,9	20,0	26,4	11,5	11,8	100
10 à 19 salarié·es (n = 371)	28,3	20,2	26,4	17,0	8,1	100
20 à 49 salarié·es (n = 289)	25,6	19,0	35,3	17,0	3,1	100
50 ou plus salarié·es (n = 166)	30,1	12,7	36,1	15,1	4,8	100
NR ou aucun (n = 42)	61,9	7,1	2,4	4,8	16,7	100
Chiffres d'affaires						
1er quintile (n = 271)	44,6	19,6	12,2	8,9	11,4	100
2e quintile (n = 270)	37,0	27,4	16,7	10,7	7,4	100
3e quintile (n = 270)	29,3	22,2	27,4	13,7	7,4	100
4e quintile (n = 270)	28,9	19,3	28,1	18,1	5,6	100
5e quintile (n = 270)	24,8	15,9	40,0	14,1	4,4	100
NR (n = 789)	41,7	19,4	16,6	9,8	11,5	100

Champ : hors secteur « Agriculture, sylviculture et pêche ». Sources : societe.com, 30 mars 2020, Sirene-Insee. Lecture : 50,5 % des 317 sociétés de 1 à 2 salarié·es sont de type gestion « personnelle continue ».

Tableau 7 : Modèle de direction selon le secteur des Scop

	Personnelle continue	Personnelle tournante	Tendance personnelle	Tendance collective	Collective	Total
Ensemble (n = 2140)	*36,2*	*20,3*	*21,8*	*11,9*	*8,8*	*100*
Secteurs regroupés						
Activités spécialisées, scientifiques et techniques (n = 484)	33,3	21,3	20,2	13,4	10,5	100
Construction (n = 437)	35,7	22,9	24,9	11,0	4,1	100
Industrie, transports (n = 386)	35,0	21,0	23,1	12,2	8,3	100
Commerce, hébergement, restauration et spectacles (n = 337)	38,6	19,3	19,0	11,3	11,0	100
Enseignement, santé humaine et action sociale (n = 191)	39,8	19,9	17,3	11,5	11,0	100
Information et communication (n = 171)	34,5	14,6	27,5	11,7	11,1	100
Finances, assurance, immobilier, services administratifs (n = 134)	42,5	17,2	20,1	10,4	8,2	100

Champ : hors secteur « Agriculture, sylviculture et pêche ». Sources : societe.com, 30 mars 2020, Sirene-Insee. Lecture : 35,7 % des 437 sociétés du secteur de la construction sont de type gestion « personnelle continue ».

direction et de présidence sont assurées par une même personne [19].

Si ce résultat s'explique par les importants bataillons de salarié·es qui les composent et les chiffres d'affaires élevés que ces secteurs cumulent, il n'est pas non plus étranger à une lecture « située » de la vie coopérative. Marquées du sceau du corporatisme et de l'aristocratie ouvrière (Zaidman, 1989 ; Toucas-Truyen, 2005 ; Quijoux, 2021), elles ont longtemps fonctionné sur une base réduite de sociétaires aux droits différenciés, employant des centaines d'« auxiliaires », ignorant souvent tout de la nature coopérative de l'entreprise qui les embauchait (Linhart, 1981). Aujourd'hui encore, « la plupart du temps, c'est la valeur technique du dirigeant » qui compte, comme nous l'indique le délégué à l'industrie de la CGScop, constat auquel souscrivent l'ensemble des délégué·es des unions régionales rencontré·es. De même, s'ils et elles ont désormais fait leur la loi de 1978 consacrant le développement du sociétariat et le « une personne, une voix », hors de question toutefois d'abandonner des principes de délégation du pouvoir comme le rapporte ici le responsable de la fédération du BTP de la CGScop :

> J'ai pas une passion pour la *baseline* : « La démocratie nous réussit » [slogan officiel de la CGScop]. Je n'aime pas le terme de démocratie en entreprise. D'abord parce que d'un point de vue sémantique, honnêtement, ça n'a pas grand sens. [...] Si vous voulez, derrière, il y a une vision un peu morale du statut. Il y a une vision presque un peu idéologique du statut, alors que le statut, je vous ai dit que j'étais très statutaire, le statut, il n'a pas forcément cette vocation-là. [...] L'aspect démocratie, ça laisse à penser qu'il y a forcément derrière une autogestion sur le principe d'une décision. J'ai envie de dire démocratie directe, qui serait vertueuse... mais pas du tout. Oui, dans certains cas, mais pas du tout dans tous les cas, en fait. La Scop, c'est avant tout de la démocratie représentative. [...] Les assemblées élisent des conseils d'administration ou des gérants ou des présidents dans le cadre de SAS et puis ils leur donnent mandat et ce sont ces mandataires qui agissent (Responsable de la fédération du BTP de la CGScop).

Au-delà de cette délégation assumée du pouvoir de la direction dans la vie coopérative, la personnalisation n'est pourtant pas univoque. Elle peut renvoyer à d'autres formes d'appropriation de la fonction de direction qui, une fois de plus, dépendra du secteur d'activité et de la taille de l'entreprise, mais aussi du genre du ou de la dirigeante.

19. Avec respectivement 19,9 %, 24,4 % et 13,4 % des Scop qui ont rencontré ce cas de figure dans ces secteurs pour un ratio situé entre 4,8 % et 7,4 % dans les autres secteurs.

Des personnalisations socialement différenciées : l'exemple des microentreprises du tertiaire

Les statistiques montrent que les entreprises industrielles et de la construction n'ont pas le monopole de la personnalisation du pouvoir. Les Scop du tertiaire, comme dans le secteur de l'information-communication par exemple, ne semblent pas *a priori* davantage enclines à adopter des modèles de gestion collective. Réduites souvent à moins de cinq associé·es et générant de faibles chiffres d'affaires, ces entreprises sont toutefois difficilement comparables aux premières : les enjeux comme les candidatures disponibles étant limités, la question de la rotation des mandats se pose moins que dans les entreprises de plus amples effectifs et aux chiffres d'affaires plus élevés. Comme nous l'indique cette dirigeante d'une petite Scop de quatre associé·es dans la formation, le choix de la direction semble aussi parfois se faire « par défaut ». La forte proximité spatiale et sociale – espaces de travail réduit, interactions régulières – atténue alors les barrières hiérarchiques et les spécificités du poste de direction :

> J'ai commencé gérante parce qu'il fallait un gérant. Et c'est après l'équipe qui m'a dit : « Mais il faut arrêter maintenant, il faut que ton titre ce soit "directrice". Tu peux pas laisser "coordinateur pédagogique", ça n'a pas de sens. » J'ai eu du mal à l'assumer. [...] Sans doute à cause de l'ancienne directrice. Et puis, je ne sais pas, ça me renvoyait à quelque chose, je trouvais que ce n'était pas [pour] moi « directrice »... je ne sais pas, j'avais des représentations, j'avais du mal. J'ai eu du mal longtemps à assumer le titre, enfin bref. Mais du coup, non ça me convient [...] le fait ici, que ce soit petit aussi, que les gens soient là, ça me permet assez régulièrement, y compris en dehors des réunions, d'aller voir les gens en disant : « Bon, il y a ça. » Ils n'ont pas toujours le temps d'écouter parce qu'ils sont occupés par autre chose, mais c'est souvent moi qui les sollicite quand je vois qu'il y a plein de points, alors je leur dis : « Écoutez, vous allez trouver un créneau, il faut qu'on se voie. » Et on se voit assez régulièrement. Et j'ai besoin que les autres soient ok, cautionnent, soient au courant, qu'on puisse en discuter. C'est important, c'est pas du tout un truc qui me gêne, bien au contraire (Dirigeante d'une petite Scop dans la formation).

D'un côté des PDG masculins réélus constamment à la tête de grandes entreprises du bâtiment aux chiffres d'affaires confortables, de l'autre des femmes de petites entreprises du tertiaire générant de faibles marges, qui se questionnent sur la légitimité de leur statut de directrice : la présentation faite ici souffre sans doute d'un effet de démonstration qui fait peu justice à une multitude de déclinaisons plus subtiles. Si les données recueillies informent peu sur les caractéristiques des personnes exerçant ces mandats, deux indicateurs nous donnent toutefois une idée de la répartition genrée des mandats de direction des entreprises coopératives (Figure 1) : d'une part, le nombre de femmes et d'hommes ayant exercé ces mandats par société et, d'autre part, un indicateur plus révélateur, celui de la durée d'occupation de ces mandats par genre. La parité n'est nulle part de mise, qu'il s'agisse du nombre de gérants (17,5 % des sociétés sont gérées par plus de femmes, 11,3 % atteignent la parité et 70,2 % ont plus d'hommes à la gestion) ou du temps de gestion effectif (22,4 % sont majoritairement gérées par des femmes, 74,5 % par des hommes, 2,1 % à parts égales).

Dans le détail, le passage du nombre de personnes à la part du temps de gestion effective n'a que peu d'effet sur la proportion de femmes au pouvoir, sauf pour les entreprises « à tendance collective » qui, pour rappel, alternent des périodes de gestion individuelles et collectives et pour lesquelles la part du temps de direction se fait au détriment des femmes. En tout état de cause, plus le mode de gestion est collectif et plus les salarié·es faisant partie des sociétés coopératives ont de chance de voir leur entreprise gérée par une moins forte majorité masculine. Pour confirmer cette tendance masculine très marquée des fonctions de direction, on s'intéresse aux personnes constamment présentes à la direction des Scop, qu'elles l'aient été dans des configurations individuelles ou collectives. On retrouve chez ces piliers des proportions de femmes similaires à celles de l'ensemble du groupe (25,1 % des piliers sont des femmes) mais surtout une féminisation d'autant plus importante qu'on se situe dans des directions simultanées collectives (avec 34,5 % des piliers des Scop collectives qui sont des femmes). Moins inégalitaires en termes de genre, les entreprises à direction polycéphale, qui se développent depuis le début des années 2000, semblent par définition plus collectives dans leurs modalités de décision. Qu'en est-il réellement ? Assiste-t-on un changement des pratiques de direction ou à l'apparition d'autres formes de personnalisation du pouvoir ?

Des directions polycéphales plus collectives ?

Les travaux sur la démocratie au travail, en particulier sur les Scop, interrogent rarement les pratiques effectives qui se déploient au sein de ces collectifs de travail. Le plus souvent, les mécanismes de répartition du pouvoir, au premier chef le fameux « une personne, une voix », sont des notions *taken for granted* dont les propriétés démocratiques fonctionnent le plus

Figure 1 : Temps de direction selon le genre et les types de direction des Scop

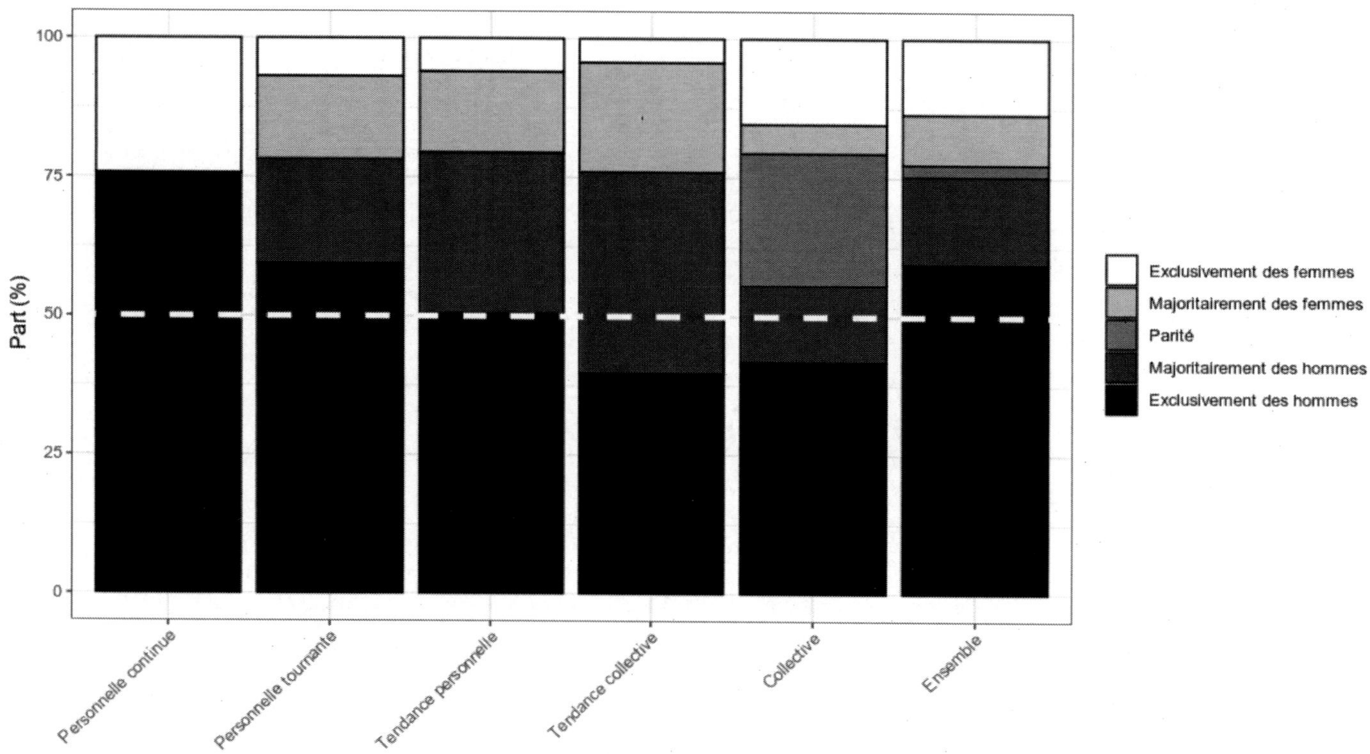

Source : societe.com, 30 mars 2020.

souvent de pair avec une performance économique ou visent à l'expliquer. Parmi ces travaux, un rapport publié en 2015 par une équipe d'économistes s'en détache (Charmettant *et al.*, 2015). À partir d'une enquête menée auprès d'une cinquantaine de Scop de la région Rhône-Alpes, cette équipe propose notamment une typologie du pouvoir dans ces entreprises dans laquelle s'opposent des pratiques démocratiques exclusivement fondées sur des modes délégataires – modes qualifiés de « gouvernement » – à des pratiques plus horizontales où les décisions seraient davantage prises collectivement entre les membres de la coopérative, modes qu'ils désignent par le terme de « gouvernance » (*idem*, p. 28). Elle différencie ainsi quatre modalités de pratiques démocratiques dans ces entreprises : « corporative », « autogestionnaire », « managériale » et « sociétariale », respectivement de la plus proche du « gouvernement » à celle la plus proche d'un mode de « gouvernance ». Très efficace pour saisir la pluralité de la vie coopérative au sein du mouvement, cette classification induit nécessairement une forme de réification qui élude les dynamiques historiques et sociologiques, expliquant par exemple le passage d'un mode à un autre. Surtout, elle sous-entend une répartition équivalente de ces modalités alors qu'on vient de voir que les mandats de direction étaient fortement personnalisés. Qu'en est-il des directions collectives ? Sont-elles le lieu d'un plus grand partage du pouvoir ?

Une nouvelle génération de sociétaires plus « collective » et plus diplômée

On observe tout d'abord que l'inclination à des mandats collectifs est, tout comme ceux à tendance personnelle, en partie subordonnée à des logiques sectorielles. Ces mandats sont en effet largement moindres dans le secteur de la construction et légèrement dans la finance, assurance, services administratifs et l'industrie. On retrouve ces mandats en particulier dans les entreprises de créations récentes issues du commerce, de l'hébergement, de la restauration et de la santé et action sociale, constituées de petites équipes (entre 6 et 20 salarié·es) et générant des chiffres d'affaires tendanciellement modestes (11,4 % du 1er quintile contre 4,4 % du 5e quintile). Surtout, les Scop les plus jeunes, créées depuis 2013, et dont on remonte le moins dans l'historique de direction (moins de 5 ans) sont largement surreprésentées parmi les mandats collectifs (21,2 %) à l'inverse des entreprises les plus anciennes (2,7 %), le point de bascule apparaissant dans les années 2000, comme nous l'avons vu. Cette évolution peut être considérée de façon soit dynamique, comme la manifestation d'une montée progressive des formes de gestion collective, soit de façon statique, la jeunesse d'une structure étant partie prenante des modèles de gestion totalement personnels ou totalement collectifs.

Le volet ethnographique tend plutôt à privilégier l'hypothèse dynamique. Face aux secteurs secondaires privilégiant les compétences techniques et les principes délégataires dans la gouvernance d'entreprise, on retrouve des coopératives dépositaires de visions et de pratiques radicalement différentes mais tout aussi conditionnées par l'histoire, la taille et le secteur d'activité de l'entreprise. Les tenants d'un pôle de pratiques qui se présentent volontiers plus horizontales sont non seulement des associé·es qui évoluent dans des structures souvent plus petites mais aussi dans des marchés plus récents dans le domaine des services. À la suite du portrait du PDG de logiciel libre vu en première partie, l'exemple d'un entrepreneur d'une trentaine d'années de la région de Lyon, ayant ouvert un restaurant où se mêlent ambitions démocratiques, écologiques et sociales, est tout aussi caractéristique de cet autre pôle du mouvement Scop. Diplômé de master de Sciences Po, fondateur d'un syndicat étudiant écologique et acteur du mouvement anti-CPE en 2006, il présente son initiative comme une démarche politique visant à revaloriser les métiers manuels en les inscrivant dans un *continuum* allant de l'écologie à la pérennité de l'emploi. Après avoir créé une association de co-*working* avec quelques ami·es, ils et elles décident de se lancer dans la restauration, en privilégiant la qualité et les circuits courts. Regroupant une vingtaine d'associé·es, leur Scop défend « une autogestion de tous les instants » où l'ensemble du personnel – associé·es et non-associé·es – se réunit lors d'AG hebdomadaire, auxquelles s'ajoutent des moments spécifiques pour penser la gouvernance. Hors de question pour autant pour ce gérant d'opposer logiques statutaires et coopératives :

> En fait, ce dont je me rends compte, c'est qu'au sein du mouvement et même depuis le début, ce n'est pas la Scop qui m'intéresse, c'est l'autogestion. En gros, moi, c'est la coopérative autogérée. C'est les deux. C'est pas juste l'autogestion, l'entreprise libérée entre guillemets, mais ce n'est pas juste la coopération au niveau statutaire. Je trouve qu'il n'y a aucun sens à défendre l'un sans l'autre. Même si je suis capable de mettre de l'eau dans le vin et dans un sens et dans l'autre d'ailleurs. Mais pour moi, le cœur de ce que je défends, ce n'est pas l'un ou l'autre, c'est l'un et l'autre, c'est la coopérative impliquée dans son sens économique le plus pur, c'est-à-dire où tous les salariés sont associés, sont maîtres de leur destin, de leur outil de travail. Même aujourd'hui, j'en viens même presque à requestionner un peu cette question de la propriété de l'outil de travail (Dirigeant de Scop dans la restauration).

Selon le témoignage de délégué·es régionaux, ce type de profil gagne progressivement du terrain depuis le début des années 2000 : porteuse d'aspirations plus égalitaristes dans leurs revenus comme dans leurs prises de décisions, cette nouvelle génération d'entrepreneur·es suscite certaines tensions avec des tenant·es d'une acception plus traditionnelle du rôle coopératif au sein du mouvement. Plus politisée, leur vision de l'entreprise coopérative ne se réduit pas au partage des résultats mais s'intègre dans un mode de vie plus général où rapports sociaux et pratiques écologiques sont le lieu d'une importante réflexivité. Là où, tel le PDG de Macoretz, on créait une Scop quelques années après l'apprentissage, les entrepreneur·es d'aujourd'hui possèdent des hauts niveaux de qualifications. À partir d'une analyse prosopographique des élu·es de dix unions régionales du mouvement – sur douze que compte le mouvement au niveau national – tirée du réseau social LinkedIn (n = 97), on s'aperçoit ainsi que les dirigeants et dirigeantes de Scop de services sont souvent plus diplômées que leurs homologues coopérateurs et coopératrices du BTP. Comme le montre le tableau 8, plus des trois quarts des dirigeants et dirigeantes du tertiaire ont un titre universitaire équivalent à un master (79) alors qu'ils et elles ne sont que 52 % pour la construction. À l'inverse, près d'un·e dirigeant·e sur trois du BTP possède un diplôme de 1er cycle et 13 % n'ont pas de diplôme alors qu'ils et elles ne sont que 19 % et 3 % pour le tertiaire. Quant à l'industrie, ses dirigeant·es n'apparaissent pas forcément moins diplômé·es mais se différencient par une distribution beaucoup plus diversifiée des profils là où les diplômes universitaires dominent largement les services.

Les formations auraient-elles donc une incidence sur la perception des modes d'organisations et la manière d'aborder la vie coopérative ? Si l'hypothèse est intéressante et que nos données semblent le vérifier, elle mériterait de plus amples enquêtes pour être véritablement étayées. À ce stade et à la suite d'Anne-Catherine Wagner (2022), on peut toutefois constater qu'il existe non seulement une forte corrélation entre secteurs professionnels et vie coopérative, mais aussi entre habitus et inclination vers un modèle démocratique.

Tableau 8 : Niveaux de formation des élu·es des unions régionales (% en ligne)

Secteurs	Bac+5 université	Ecole d'ingénieur	Ecole de commerce	Filière courte (jusque bac+3)	Pré-bac	Total
Ensemble (n = 97)	48	10	13	24	4	100
Services (n =5 9)	58	7	14	19	3	100
Industrie (n = 14)	36	21	21	21	0	100
BTP (n = 23)	30	13	9	35	13	100

Source : LinkedIn, 2021.

Des directions polycéphales en trompe l'œil

Mais ces modèles collectifs abandonnent-ils véritablement les logiques délégataires des secteurs les plus traditionnels ? À rebours d'analyses quelque peu normatives ou schématiques qui opposeraient de façon binaire – quaternaire comme en introduction de cette partie – des modalités de gestion, on observe une domination assez nette d'un modèle d'organisation privilégiant une direction monogestionnaire. Cette tendance à l'individualisation du pouvoir ne se limite pas alors au seul modèle de gestion « personnelle continue » et concerne les modèles de « gestion à tendance collective » ou de « gestion collective » *a priori* plus ouverts à des mandatures plurielles. La dimension collective se manifeste de deux façons différentes, soit par le nombre de personnes dirigeant simultanément, soit par le fait d'adopter une direction tournante. Or, si plus de la moitié (56 %) de l'ensemble des Scop connaissent au moins une personne qui reste à la gestion tout au long de la période connue, évident dans le cas des Scop « personnelles continues », c'est aussi vrai pour les Scop à tendance collective (42,5 % d'entre elles) et plus encore pour les Scop collectives (90,5 %). Quant aux structures à tendance personnelle, 31,5 % d'entre elles sont dirigées par une même personne, éventuellement secondée une partie du temps.

En réalité, comme le montre la figure 2, les modèles à tendance ou gestion collective s'appuient majoritairement sur des binômes de direction (respectivement 63,8 % et 86 % de la part moyenne du temps de direction). On observe aussi que dans le cycle de vie d'une Scop, les équipes de direction restent mouvantes, passant d'une personne seule à un binôme, voire à un collectif plus nombreux. Quant aux trinômes et plus encore aux groupes de quatre personnes ou plus, ils se réduisent à une portion congrue de la totalité des temps de direction des structures ayant rencontré au moins un moment de direction collective. En dépit de l'existence d'un cadre collectif, apparaissant comme une tentative plus ou moins achevée de lutte contre certaines formes d'accaparement du pouvoir, tout se passe comme si ces gestions collectives visaient le plus souvent à stabiliser *a minima* l'équipe de direction et/ou à organiser des séquences temporelles de formation et passation du pouvoir, communément appelées « tuilages ».

Autrement dit, aucune configuration de Scop ne semble se soustraire à une personnalisation du pouvoir : ni la taille, ni le secteur, ni les propriétés sociales des individus ne semblent en mesure d'ériger un pouvoir véritable collectif. S'il importe, comme nous le disent Hervé Charmettant et ses collègues (2015) de différencier « gouvernement » et « gouvernance », l'enquête montre qu'il est difficile de lutter contre l'hyperspécialisation de la fonction de direction, y compris au sein des collectifs les plus engagés dans des formes de partage et d'horizontalité. De nouveau, l'exemple de la Scop de logiciel libre située en Rhône-Alpes nous offre un exemple éclairant. Pendant sept ans, l'entreprise fonctionne selon un principe de « gestion tournante » à salaire égalitaire. Toutefois, non seulement cette égalité est finalement mise en cause « il y avait un salaire égalitaire, mais pas travail égalitaire », mais le PDG reconnaît aujourd'hui que la rotation n'en était pas vraiment une : « La personne qui était gérante, c'était juste une façon de dire : "On n'en a rien à faire de qui est gérant." En gros, on ne changeait pas le rôle. » Si, aujourd'hui encore, l'organisation du travail répond à une forte horizontalité, divisée en pôles au sein desquels le ou la responsable est désignée par les employé·es selon une « élection sans candidat », il reconnaît cependant que la gestion échappe à ces logiques autogestionnaires. Entre tensions produites par une direction

Figure 2 : Nombre de personnes à la gérance simultanément au cours de l'historique de l'ensemble des Scop

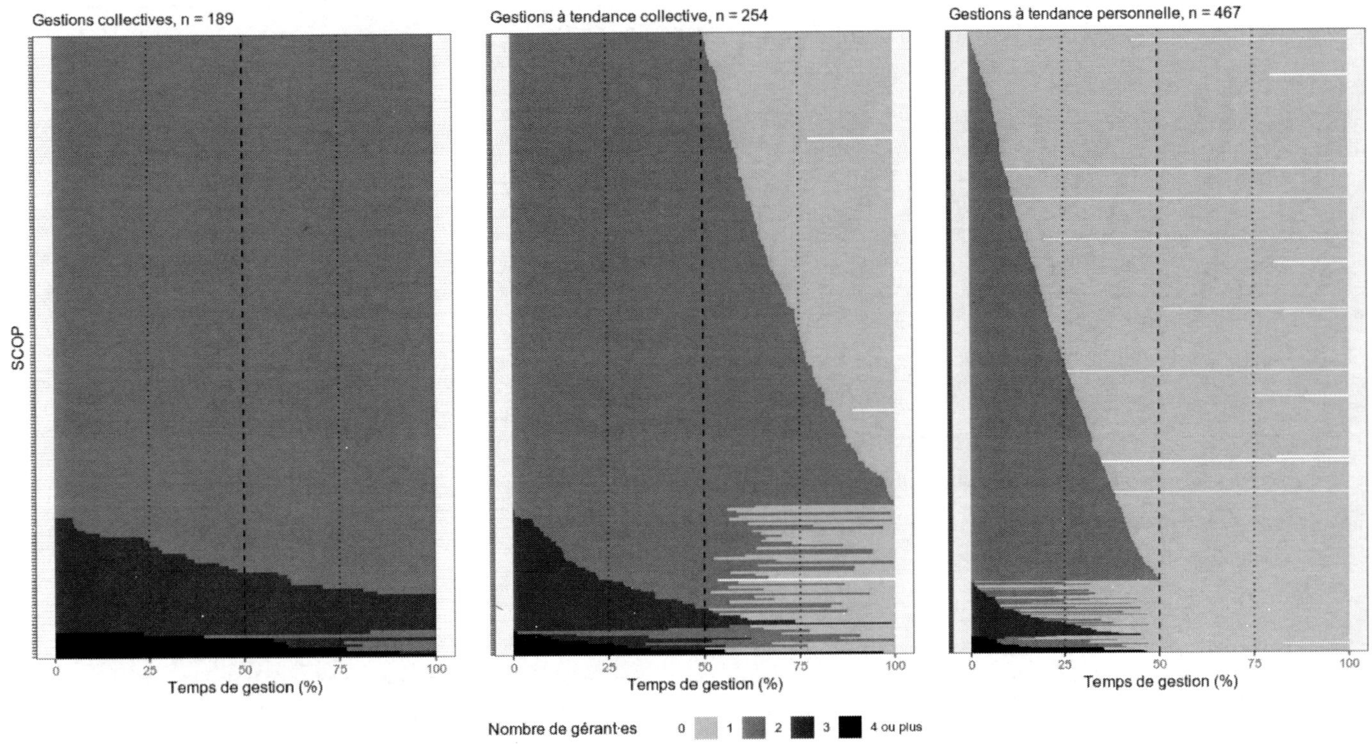

Source : societe.com, 30 mars 2020. Lecture : pour chaque modèle de gestion (hors modèles personnels), chaque ligne représente la part du temps de direction connue en fonction du nombre de personnes occupant cette fonction simultanément. Par souci de lisibilité, les barres ainsi empilées ne représentent toutefois pas des chronologies car les « configurations » de direction peuvent être mouvantes, passant par exemple d'une personne à un trinôme puis de nouveau une seule personne assurant la fonction de direction.

bicéphale et impensé collectif sur le pouvoir de direction, la gestion semble irrépressiblement prisonnière d'une tendance personnaliste :

> La gestion, disons c'est plus compliqué. Là, on fait une élection classique en AG. En fait, globalement, ce qui a été compliqué, c'est qu'il y a eu la fameuse période, justement, où, on était en gérance tournante, après on a été en cogérance pendant longtemps. Le principe c'était de se dire que si un gérant déconnait, au moins l'autre pouvait prendre le pas. […] Mais il y a un moment, on s'est mal entendus justement, […] C'était très compliqué. [Après leur démission] j'ai été réélu, au départ, temporairement gérant. Et là, depuis, on n'a pas trop bougé parce que personne n'a réinterrogé ça. Alors je me dis : « Est-ce un choix ou un non-choix si on fonctionne comme ça ? » Et ce serait intéressant de se dire : « Tiens, on discute de pourquoi je suis gérant ? » Mais c'est vrai que personne ne le fait (Gérant de Scop de logiciels libres).

Conscient qu'en tant que gérant « il est très facile de couper les contre-pouvoirs », ce PDG demeure soucieux de créer les conditions d'une parole libre dans l'entreprise, notamment par la présence d'un délégué du personnel. Rarissime dans des entreprises de cette taille, cette représentation « traditionnelle » montre qu'il est finalement difficile de dépasser le stade d'un « gouvernement » irréductible à une seule et unique personne. L'instabilité que peuvent provoquer des désaccords, comme le montre bien ici l'entretien précédent, constitue alors un repoussoir qui conditionne considérablement les pratiques, en particulier au sein de la principale institution qui accompagne la création et l'essor des entreprises coopératives, la CGScop et ses unions régionales.

La personnalisation du pouvoir comme condition de pérennisation de l'entreprise : le rôle de la CGScop

Par ses savoir-faire juridiques et économiques, ses réseaux et ses aides financières, la Confédération générale des Scop apparaît incontournable pour tou·te·s les prétendant·es à la création ou au développement d'entreprises coopératives dans l'hexagone. Aux côtés d'une direction nationale chargée de piloter la promotion du mouvement auprès du grand public et des décideurs et décideuses politiques et économiques, le mouvement est composé d'une dizaine d'unions régionales qui couvrent l'ensemble du territoire. En leur sein, des équipes de délégué·es régionaux se chargent de répondre aux sollicitations des (futur·es) coopérateurs et coopératrices, en particulier dans les étapes liminaires du lancement de l'entreprise. Si les questions juridiques et financières occupent une place importante dans leur activité, ces délégué·es jouent également un rôle important dans les possibilités de création et les modalités de la vie coopérative des entreprises qui sollicitent le mouvement, en particulier dans les cas parfois critiques d'entreprises défaillantes (Quijoux, 2019). Les entretiens auprès d'une dizaine de délégué·es disséminé·es sur tout le territoire le confirment. Si toutes et tous reconnaissent être au service de leurs adhérents et adhérentes et se gardent de toute ingérence dans la vie des entreprises qu'ils assistent, les conseils qu'ils prodiguent façonnent d'une manière ou d'une autre les dynamiques coopératives de ces sociétés. Âgé d'une trentaine d'années et en poste depuis sept ans, ce délégué de l'Union régionale de l'Ouest met aussi en lumière les interventions sur des questions stratégiques de l'entreprise :

> On est souvent sollicité c'est sur les questions de gouvernance. [...] Pour aider les salariés à comprendre ce que c'est que d'être associé, à la demande des associés salariés mais aussi à la demande des gérants, parfois on intervient auprès des associés pour leur rappeler que c'est une stratégie d'entreprise. Comment prend-on des décisions ? Si ce n'est pas nous qui prenons la décision, c'est le concurrent qui accepte de la prendre et on peut perdre des opportunités. L'autre casquette que je porte, c'est l'accompagnement des créateurs, les gens qui veulent créer leur Scop, ou éventuellement leur SCIC. Et là, je travaille beaucoup avec eux sur leur projet coopératif. Comment envisagent-ils la gouvernance à venir de leur structure ? Quelles décisions vont-ils prendre ensemble ? Quelles décisions devront-ils laisser uniquement au mandataire social quel qu'il soit (Délégué de l'Union régionale de l'Ouest, CGScop).

Détenant le seul pouvoir de conseiller ces entreprises, ces délégué·es sont donc toutefois conduit·es à se prononcer sur les dimensions de leur fonctionnement économique et coopératif. En ce sens, ils et elles jouent souvent un rôle déterminant dans la définition des modes d'organisation pressentis par les fondateurs de Scop. En l'occurrence, toutes et tous font en sorte de limiter les gestions collectives de ces entreprises qui apparaissent à leurs yeux comme des modes fragiles de gouvernement pouvant leur porter préjudice. Or, conformément à l'esprit de la loi de 1978 qui définit les statuts des Scop, la priorité du mouvement vise finalement moins à répartir le pouvoir dans l'entreprise qu'à pérenniser les entreprises et les emplois. Ainsi, même lorsque ces délégué·es montrent une forte appétence à l'égard des nouveaux modèles de management participatif, les responsabilités et les compétences que concentre le poste de direction les conduisent à personnaliser le plus possible cette fonction, comme nous l'explique cet autre délégué :

> La pertinence d'avoir une direction à plusieurs têtes, la pertinence d'avoir une direction tournante, ou plutôt un dirigeant stable, la réponse ne sera pas la même en fonction des coopératives. Il n'y a pas un modèle à mettre en place. La direction tournante cela peut s'entendre quand tout le monde a les compétences, notamment quand il y avait une volonté au départ d'être tous co-gérants. [Mais] nous par exemple on va essayer d'éviter. On va expliquer que souvent les co-gérants, cela peut poser des problèmes, notamment en termes de responsabilités, c'est-à-dire que s'il y a un problème, si tout le monde est co-gérants, tout le monde porte la responsabilité. Donc, en cas de problème, tout le monde va être pris pour défendre sa cause auprès d'un tribunal et il n'y a plus personne pour faire tourner la boite. C'est le genre de choses qu'on va leur dire. On va éviter de mettre en place une co-gérance puisque nous notre principale préoccupation, c'est la pérennité de l'activité, la pérennité des emplois. Donc pour pérenniser les emplois, il faut prendre le moins de risque possible et être vigilant pour ne pas avoir trop de mandataires sociaux, notamment pour éviter de faire peser un risque inutile sur l'ensemble des salariés. Donc ça c'est des choses sur lesquelles... Alors on n'a aucun pouvoir de contraintes mais en tout cas, on va préconiser, on est quand même plutôt suivi quand on dit quelque chose parce qu'on a une certaine antériorité et des retours d'expérience qu'on peut apporter à nos entreprises pour illustrer nos propos et les orienter vers ce qui semble être la bonne décision (Délégué de l'Union régionale de l'Ouest, CGScop).

S'opposant à des modes de gestion collective lors de la création d'entreprise, ces délégué·es sont tout aussi prudent·es lors du moment des élections du nouveau ou de la nouvelle dirigeante. Une fois de plus, cette procédure de décision collective produit une incertitude gestionnaire susceptible de porter fortement préjudice à l'entreprise. Tout est fait alors pour que l'élection d'un ou d'une nouvelle dirigeante soit co-construite le plus en amont possible, afin de définir le profil à la fois le plus adapté aux besoins de l'entreprise et le plus susceptible d'être accepté par les membres de la Scop. Ce travail consiste aussi en grande partie à éviter ce faisant que l'élection se transforme en luttes intestines susceptibles de mettre en péril la vie de la Scop. Pendant plusieurs mois voire plusieurs années avant l'élection d'un ou d'une nouvelle dirigeante, les délégué·es mènent ainsi tout un travail préparatoire visant à définir la fiche de poste et à trouver la personne idéale, comme nous l'explique ce délégué :

> On va travailler avec un comité de pilotage, avec des membres du conseil d'administration mais cela peut être [aussi] d'autres salariés. On se met à travailler d'abord sur le projet, c'est toujours le projet qui dicte les choses, où on veut aller : « Où voulez-vous aller avec votre Scop dans les quatre à cinq ans à venir ? Comment voyez-

vous le profil de ce dirigeant pour pouvoir piloter ce projet avec vous ? » Donc on regarde si on a ce profil en interne. Est-ce qu'il existe mais qu'il est encore un peu en deçà des compétences exigées ? Du coup on va l'accompagner dans un plan de formation. Ou on n'a personne en interne et dans ce cas on va sélectionner d'autres profils ? [...] Il faut aussi pouvoir accompagner le futur dirigeant sur les formations particulières de management. Parfois, notamment dans le BTP, il peut y avoir des formations de longue durée, cela prend deux ans, cette formation-là ! Il faut justement le faire en amont de son mandat. C'est un processus qui se fait d'ailleurs de manière démocratique mais qu'on prépare en amont (Délégué de l'Union régionale de l'Ouest, CGScop).

Les élections viennent donc ponctuer un long processus de désignation d'une même et seule personne à la tête de ces entreprises coopératives et participatives. Elles montrent ainsi la complexité, voire l'impossibilité, en tout cas dans les conditions d'exercice actuelles, de partager une fonction qui concentre tant de responsabilités et de compétences singulières sans mettre en péril des entreprises, et ce en dépit de leur nature *foncièrement* collective.

Conclusion

Beaucoup de spécialistes de l'économie sociale et solidaire (ESS) ont montré à quel point la portée subversive qu'on accorde au tiers-secteur était fortement à relativiser (Hély & Moulévrier, 2013 ; Darbus, 2014 ; Rodet, 2014). Parmi les acteurs et actrices de l'ESS, les sociétés coopératives et participatives constituent en ce sens une source significative de production symbolique, malgré un poids assez faible en termes d'unités de production et d'emploi. Figure tutélaire de la démocratie en entreprise par son mot d'ordre « une personne = une voix », la Scop apparaît au terme de cet article comme un modèle qui peine finalement à se différencier des entreprises hiérarchiques ordinaires. On y retrouve des pôles constitutifs des modalités d'accaparement (ou de collectivisation) du pouvoir selon qu'il s'exprime par la présence accrue d'une même personne au sein de collectifs ou par une gestion personnelle. Les structures qui privilégient moins les gestions collectives sont celles du BTP et de l'industrie, employant le plus de personnes, générant le plus de chiffres d'affaires, étant dirigées par un homme et ayant une présence ancienne en privilégiant la rotation des mandats. À l'opposé, les modes de fonctionnement plus collectifs qui impliquent également une présence appuyée d'une personnalité sont favorisés dans les petites structures jeunes gérées par des femmes, employant peu de personnes, générant les plus faibles chiffres d'affaires, œuvrant dans les domaines de l'enseignement, de la santé, de l'action sociale, du commerce, de l'hébergement, de la restauration, des arts et spectacles et du « tertiaire spécialisé ». Entre ces deux pôles clairement définis, renvoyant à des pratiques plus ou moins différenciées, aucune organisation ne semble capable de se soustraire à une forme de personnalisation qu'impose la gestion d'une entreprise, tout aussi collective soit elle sur le plan du capital.

À l'heure où les réflexions sur la démocratisation du travail se multiplient, il convient donc de faire montre d'une certaine prudence à l'égard d'un monde social – le travail – où certaines divisions sociales apparaissent souvent insurmontables. Une pluralité de modalités de gestion, plus ou moins collectives, sont possibles, mais limitées et tributaires de certaines configurations structurelles, historiques et sociologiques. Surtout, à la manière de Guillaume Gourgues et ses collègues (2021), on peut se demander dans quelle mesure, en définitive, « les salariés veulent-ils plus de démocratie » dans leur entreprise, pour paraphraser le titre de leur article. Comme l'ont montré certaines enquêtes ethnographiques, l'intérêt pour la vie démocratique de l'entreprise s'exprime moins par une implication dans les instances de participation – élections, AG, réunions – que par une attention constante aux affaires de l'entreprise, qui le cas échéant, peut se transformer en participation plus active, notamment en cas de défaillances (Quijoux, 2018). En ce sens, la transparence qu'impose le modèle coopératif constitue un garde-fou démocratique, peut-être un peu trop souvent sous-estimé. De même, comme l'affirme H. Charmettant (2017), si certaines Scop se caractérisent par une « direction forte », l'existence même d'un dispositif d'élection rend possible la transformation de la loyauté du groupe à l'égard de son ou de sa dirigeante en action collective et en changement de pouvoir.

En somme, si la créativité qui accompagne la profusion d'analyses et de propositions de nouveaux cadres d'organisations du travail apparaît indispensable en ce sens qu'elle rappelle l'importance du « travail vivant » dans des mondes professionnels soumis à des exigences toujours plus fortes de productivité, il importe aussi de rappeler que le travail renvoie à des réalités sociales fortement différenciées, qui supposent des rapports très hétérogènes des individus à leur activité et à leur entreprise. En ce sens, le travail constitue une activité dont la principale fonction vise bien souvent à contribuer au maintien ou à l'amélioration de conditions d'existence. Partant de ce constat, la délégation de pouvoir, *via* des mandats spécifiques, encadrés et transparents, apparaît sûrement moins originale et sophistiquée que d'autres formes institutionnelles participatives, mais elle a la vertu de la transparence des principes de hiérarchisation. Elle permet, en outre, d'écarter les désillusions des promesses démocratiques du management participatif, qui n'ont cessé d'emporter toute avancée participative dans l'entreprise, y compris les plus modestes comme l'élection des dirigeants et dirigeantes et, par là même, d'un contrôle de leurs agissements.

Bibliographie

Allal A. & Yon K. (2020), « Citoyennetés industrielles, (in)soumissions ouvrières et formes du lien syndical : pour une sociologie politique des relations de travail », *Critique internationale*, n° 87, p. 15-32.
Béroud S. (2013), « Perspectives critiques sur la participation dans le monde du travail : éléments de repérage et de discussion », *Participations*, n° 5, p. 5-32.
Béthoux É., Meixner M. & Mias A. (2008), « Travail et démocratie, hier et aujourd'hui », *Terrains et travaux*, n° 14, p. 3-8.
Borzeix A., Charles J. & Zimmermann B. (2015), « Réinventer le travail par la participation. Actualité nouvelle d'un vieux débat », *Sociologie du travail*, vol. 57, n° 1, p. 1-19.
Brugière A., Boullier C., Chagny O., Rousseau T. & Ruffier C. (2021), « Alternatives organisationnelles et managériales : promesses et réalités ? », *Revue des conditions de travail*, n° 12, p. 6-13.
Burawoy M. (1979), *Manufacturing Consent. Changes in the Labor Process Under Monopoly Capitalism*, Chicago, University of Chicago Press.
Charmettant H. (2017), « Les Scop à "direction forte" : quelle place pour la démocratie ? », https://halshs.archives-ouvertes.fr/halshs-01429220
Charmettant H., Boissin O., Juban J.-Y., Magne N. & Renou Y. (2015), « Les Scop : quels modèles d'entreprises ? Des entreprises modèles ? », Rapport final d'études sur les relations sociales au sein des Scop. Les enseignements d'une enquête de terrain en Rhône-Alpes, Équipe Projet Scop, https://halshs.archives-ouvertes.fr/halshs-01221735
Christen C. Hayat S. & Fayolle C. (2021), *S'unir, travailler, résister, les associations ouvrières au XIXe siècle*, Villeneuve d'Ascq, Presses universitaires du Septentrion.
Clot Y. (2010), *Le Travail à cœur. Pour en finir avec les risques psychosociaux*, Paris, La Découverte.
Coutrot T. (2018), *Libérer le travail. Pourquoi la gauche s'en moque et pourquoi ça doit changer ?*, Paris, Seuil.
Cukier A. (2017), *Le Travail démocratique*, Paris, Puf.
Darbus F. (2014), « Le pouvoir subversif de l'économie sociale et solidaire. Quelle consistance ? » *Lien social et Politiques*, n° 72, p. 169-188.
Didry C. (2016) *L'Institution du travail. Droit et salariat dans l'histoire*, Paris, La Dispute.
Deville A. & Mourey D. (2018), « Concilier performance économique et projet socio-politique au sein des coopératives : une gestion pour de nouveaux possibles », *Revue française de gestion*, n° 276, p. 63-83.
Draperi J.-F. (2012), *La République coopérative*, Paris, Larcier.
Ferreras I. (2012), *Gouverner le capitalisme ?*, Paris, Puf.
Ferreras I., Battilana J. & Méda D. (2020), *Le Manifeste Travail. Démocratiser, démarchandiser, dépolluer*, Paris, Seuil.
Gourgues G., Mazeaud A., Nez H., Sainty J. & Talpin J. (2021), « Les Français veulent-ils plus de démocratie ? Analyse qualitative du rapport des citoyens à la politique », *Sociologie*, vol. 12, n° 1, p. 1-19.
Hély M. & Moulévrier P. (2013), *L'Économie sociale et solidaire. De l'utopie aux pratiques*, Paris, La Dispute.
Linhart D. (1981), *L'Appel de la sirène, l'accoutumance au travail*, Paris, le Sycomore.
Mazeaud A. & Talpin J. (2010), « Participer pour quoi faire ? Esquisse d'une sociologie de l'engagement dans les budgets participatifs », *Sociologie*, vol. 1, n° 3, p. 357-374.
Mothé D. (1980), *L'Autogestion goutte à goutte*, Paris, Éditions du Centurion.
Neveu C. (2004), « Démocratie locale : les sous-ensembles flous de la "participation" », *Pouvoirs locaux*, n° 62/III, septembre, p. 96-101.
Piketty T. (2019), *Capital et idéologie*, Paris, Seuil.
Quijoux M. (2011), *Néolibéralisme et autogestion, l'expérience argentine*, Paris, Éditions de l'IHEAL.
Quijoux M. (2018), « Sauver son entreprise en créant une société coopérative. Engagement syndical et participation ouvrière », *Sociologie du travail*, vol. 60, n° 4, http://journals.openedition.org/sdt/8224.
Quijoux M. (2019), « "Vous allez trouver une façon d'être dirigeant". Formation coopérative et résistances ouvrières dans une usine reprise par ses salariés », *Politix*, n° 126, p. 193-215.
Quijoux M. (2021), « les sociétés coopératives de production », *Le Maitron, dictionnaire biographique, Mouvement ouvrier, mouvement social*, https://maitron.fr/spip.php?article237048
Rodet D. (2014), « Produire "un peu" ou "totalement" autrement ? Hétérogénéité des utopies de l'économie solidaire en France », *Lien social et politiques*, n° 72, p. 209-228.
Sawicki F. & Siméant J. (2009), « Décloisonner la sociologie de l'engagement militant. Note critique sur quelques tendances récentes des travaux français », *Sociologie du travail*, vol. 51, n° 1, p. 97-125.
Toucas-Truyen P. (2005), *Les Coopérateurs. Deux siècles de pratiques coopératives*, Paris, Éditions de l'Atelier.
Wagner A.-C. (2020), « Des coopératives dans la mondialisation », *Sociétés contemporaines*, n° 118, p. 103-131.
Wagner A.-C. (2022), *Coopérer. Les Scop et la fabrique de l'intérêt collectif*, Paris, CNRS Éditions.
Zaidman S. (1989), « Les sociétés coopératives ouvrières de production en France de 1945 à nos jours », thèse de doctorat en Histoire, Université Paris 7.

Faire durer ses objets, une pratique distinctive ? Consommation et frontières de classe chez les ménages aisés

Extending objects' lifespan, a distinctive practice? Consumption and class boundaries in affluent households

par **Maël Ginsburger***, **Julie Madon****

RÉSUMÉ

La consommation de biens et services ostentatoires a été largement étudiée en lien avec les dynamiques d'affirmation statutaire des classes supérieures. Pour autant, les pratiques de consommation ordinaire sont également propices à l'affirmation de frontières de classe et à la mise en évidence de mécanismes complexes de distinction sociale. Cet article se propose précisément d'étudier la manière dont des pratiques visant à allonger la durée de vie des biens durables participent, au sein de ménages aisés, de formes renouvelées de distinction sociale vis-à-vis des autres ménages (issus des classes populaires, mais aussi des classes supérieures). Nous mobilisons la notion de « frontières symboliques » de Michèle Lamont, afin d'étudier l'interaction entre plusieurs répertoires distinctifs inégalement mobilisés par les individus concernés. À travers l'exploitation d'enquêtes statistiques et d'entretiens, nous montrons que les pratiques d'allongement de la durée de vie des objets demeurent associées – statistiquement ainsi que dans les représentations – à des situations de forte contrainte budgétaire. Nous montrons alors comment la présence de telles pratiques chez des ménages aisés accompagne un difficile positionnement de leur part le long de la frontière socio-économique. Pour autant, ces pratiques servent de support à l'affirmation de frontières symboliques autres – éthiques, techniques et esthétiques – et participent de la construction d'une identité d'élite anti-consumériste.

ABSTRACT

The consumption of conspicuous goods and services has been widely studied in relation to the dynamics of status affirmation in the upper classes. However, ordinary consumption practices also favour the strengthening of class boundaries and may help in identifying complex mechanisms of social distinction. This article studies the ways in which practices aimed at extending durable goods' lifespan contribute, within well-off households, to renewed forms of social distinction vis-à-vis *other households (from the working classes but also from the upper classes). We employ Michèle Lamont's notion of "symbolic boundaries" to study the interaction between several distinctive repertoires. Relying on statistical data and interviews, we show that the practice of extending objects' lifespan remains associated with poverty, both statistically and in qualitative representations. We then show how the presence of such practices among well-off households comes with an ambivalent positioning across the socioeconomic boundary. However, these practices serve as a support for the affirmation of other symbolic boundaries –ethical, technical, and aesthetic– and contribute to creating an identity as members of an anti-consumerist elite.*

MOTS-CLÉS : consommation, biens durables, classes supérieures, frontières symboliques, méthodes mixtes

KEYWORDS*: Consumption, durable goods, upper classes, symbolic boundaries, mixed methods*

* Doctorant en sociologie au Centre de recherche sur les inégalités sociales (Sciences Po) et au CREST (ENSAE), ATER à l'IDUP (Université Paris 1 Panthéon-Sorbonne)
Centre de recherche sur les inégalités sociales, 27 rue Saint-Guillaume, 75337 Paris CEDEX 07, France
mael.ginsburger@sciencespo.fr
** Doctorante au Centre de sociologie des organisations (Sciences Po)
Centre de sociologie des organisations, 1 place Saint Thomas d'Aquin, 75007 Paris, France
julie.madon@sciencespo.fr

La consommation est un terrain privilégié d'étude des mécanismes de distinction entre classes sociales. Ces mécanismes ont été largement analysés au travers des pratiques culturelles et ostentatoires. Par la consommation différenciée de biens et services culturels, les individus manifestent des goûts et des jugements qui traduisent leur position dans la stratification sociale (Bourdieu, 2016 [1979] ; Coulangeon, 2011). La notion de consommation ostentatoire (Veblen, 1970) a quant à elle été développée pour désigner un ensemble de pratiques dont la fonction latente est de donner à voir les ressources économiques et temporelles dont disposent les classes aisées et matérialiser la frontière qui les sépare des autres groupes sociaux. Des travaux plus récents mettent au jour des mécanismes de distinction dans l'analyse des pratiques plus ordinaires de consommation matérielle, comme les achats de biens durables ou les habitudes alimentaires (Elliott, 2013 ; Kennedy *et al.*, 2019). En étudiant les pratiques par lesquelles les individus font durer leurs objets, cet article analyse la manière dont la consommation ordinaire permet à des ménages très aisés d'affirmer des formes de distinction alternatives à la consommation ostentatoire.

Nous désignons ces pratiques visant à faire durer les objets par l'expression « pratiques de longévité » (voir encadré). Celles-ci concernent l'acquisition des biens, mais aussi des enjeux liés à leur utilisation et leur « évacuation » (*disposal*) (Warde, 2016) : réparation, entretien, stockage, recours au marché de l'occasion et à la récupération. En étudiant des biens – meubles, appareils électroménagers et électroniques – banalisés et peu visibles, notre travail s'inscrit dans la continuité des travaux renouvelant l'analyse sociologique de la consommation au travers de l'étude de pratiques relevant de l'« *ordinary consumption* » (Groncow & Warde, 2001) ou de l'« *inconspicuous consumption* » (Warde & Shove, 1998). Toutefois, là où ces travaux mettent l'accent sur les conditions matérielles de réalisation de ces pratiques, nous souhaitons insister sur la manière dont celles-ci restent, malgré leur banalité, le support d'enjeux de distinction. Nous considérons ici, comme dans le cas des classes supérieures américaines étudiées par Elizabeth Currid-Halkett (2017), que les formes de consommation non ostentatoires peuvent constituer des supports renouvelés de mécanismes de distinction. Les ménages étudiés par E. Currid-Halkett consomment peu de biens de luxe, privilégiant les services et portant une attention croissante à l'origine des objets (artisanaux, de qualité, issus de petites boutiques locales). Ils composeraient ainsi une « classe aspirationnelle » se distinguant par des canaux non matériels.

Les travaux qui analysent la consommation comme support d'affirmation de frontières symboliques entre classes sociales étudient généralement des pratiques fortement associées – à la fois statistiquement et dans les représentations – au groupe social étudié. Ils ont appréhendé les ménages les plus aisés au sujet de pratiques de consommation onéreuses ou particulièrement légitimes – voir Bourdieu & Delsaut (1975) sur les vêtements de luxe, Halle (1992) sur l'art abstrait, Pulici (2012) sur les pratiques gastronomiques. À l'inverse, notre travail aborde les mécanismes statutaires qui sont à l'œuvre lorsque certains membres du groupe dans lequel des pratiques sont sous-représentées les déclarent tout de même [1]. Il en va ainsi pour les pratiques de longévité, qui ont essentiellement été associées à des situations de contrainte matérielle amenant à développer un surtravail domestique (Hoggart, 1981 ; Grignon & Grignon, 1980).

Si les franges des classes dominantes fortement dotées en capitaux économiques sont supposées manifester une consommation matérielle prolifique, orientée vers « les nouvelles modes, les dernières technologies, les produits et services les plus luxueux [2] » (Holt, 1998, p. 20), d'autres auteurs ont mis en évidence des formes de sous-consommation au sein des classes les plus aisées. D'abord, parce que le revenu n'est qu'un prédicteur partiel de la consommation, qui reste marquée par la trajectoire sociale des individus (Halbwachs, 1912). La sous-consommation est alors parfois redevable de socialisations dans des milieux plus modestes qui, en perdurant au travers d'un effet d'*hysteresis* de l'habitus (Bourdieu, 2018 [1980]), amènent les plus riches à conserver des pratiques de « non-dépense » (Herlin-Giret, 2019). Mais ces formes de sous-consommation ont également été analysées

1. L'étude de ces situations minoritaires permet tantôt de mettre en évidence la force des mécanismes dominants (qui contournent les indicateurs utilisés habituellement pour les mesurer), tantôt les contradictions et incohérences intra-individuelles (Lahire, 2016), et tantôt l'hétérogénéité des pratiques, des significations et des catégories étudiées.

2. Traduit de l'anglais par les auteurs.

comme procurant des bénéfices symboliques, en particulier moraux, aux classes supérieures. Les familles des entrepreneurs capitalistes allemands du début du XXe siècle jugent négativement l'ostentation et valorisent une forme d'ascétisme, selon une éthique héritière de la doctrine luthérienne (Weber, 2013 [1905]). Rachel Sherman (2017) a repéré un rapport similaire à la consommation ostentatoire au sein des classes aisées new-yorkaises. Elle montre comment le souci de ne pas faire étalage de sa puissance pécuniaire – en particulier devant des personnes moins aisées qu'eux – amène les enquêtés à cultiver une image de « consommateur prudent ». L'essor de la préoccupation écologique dans la période contemporaine renouvelle l'enjeu de moralisation de la consommation chez les classes supérieures. Particulièrement sensibles à la promotion de l'écologie des petits gestes par les pouvoirs publics (Comby, 2017), elles peuvent faire des pratiques de consommation ascétique une source de distinction sociale (Elliott, 2013 ; Kennedy *et al.*, 2019 ; Grossetête, 2019). Or, les pratiques de longévité sont aujourd'hui mises en avant comme une manière de limiter l'empreinte écologique des particuliers [3]. Par l'étude de ces pratiques au sein des ménages appartenant au dernier décile de niveau de vie en France, nous confrontons ce répertoire moral de distinction avec celui de l'ostentation matérielle.

Notre enquête questionne les différents répertoires par lesquels la consommation ordinaire devient distinctive. Elle s'inscrit dans la continuité des travaux qui, comme celui de Douglas Holt (1998) sur les individus à fort capital culturel, cherchent à repérer les différentes catégories mobilisées par les classes supérieures pour se distinguer. Le cadre théorique des « frontières symboliques », développé par Michèle Lamont (Lamont, 1992 ; Lamont *et al.*, 2015), permet précisément d'étudier et de comparer ces différents répertoires de distinction. Les frontières symboliques sont les distinctions conceptuelles que font les individus entre ceux qui leur sont similaires (en termes d'âge, de classe, de race, de nationalité, de genre…) et ceux vis-à-vis de qui ils se différencient. Les individus peuvent travailler à ériger ces frontières pour se différencier les uns des autres, ce que M. Lamont désigne sous le terme de « *boundary work* ». La notion de frontière symbolique permet surtout de confronter l'enjeu de la manifestation du statut socio-économique par la consommation à d'autres répertoires distinctifs. Nous nous appuyons sur les trois répertoires identifiés par M. Lamont dans *Money, morals, and manners* (1992). Le premier est effectivement celui du succès matériel, qui permet de tracer une « frontière socio-économique » selon la puissance pécuniaire. Un deuxième répertoire permet aux individus de tracer des « frontières morales » et de se distinguer selon leur conformité aux bonnes mœurs ou à des critères éthiques. Dans le domaine de la consommation, l'adoption de pratiques de consommation éthique est, pour les classes supérieures à fort capital culturel, un support d'affirmation de frontières morales avec les groupes sociaux qu'elles perçoivent comme peu concernés par les enjeux sociaux ou environnementaux (Kennedy *et al.*, 2019). Dernier répertoire identifié par M. Lamont, le répertoire de l'esthétique est mobilisé par les individus dans le traçage de « frontières culturelles », par lesquelles ils se distinguent selon leur conformité au « bon goût » et leurs compétences culturelles. D'autres répertoires ont été recensés par la suite, comme celui de la culture technique (distinction selon le degré d'expertise technique ou scientifique) sur lequel nous reviendrons (Vallas, 2001).

En soulignant la manière dont ces différentes logiques distinctives peuvent opérer simultanément au travers des pratiques de consommation (voir par exemple Kennedy *et al.*, 2019), ces travaux permettent également de concevoir l'existence de pratiques ambivalentes. Ces pratiques peuvent tout à la fois permettre aux individus d'affirmer certaines frontières symboliques et manifester la fragilité de leur positionnement vis-à-vis d'autres frontières. Cet article vise à montrer que les pratiques de longévité constituent, pour une frange limitée des ménages aisés, des pratiques ambivalentes du point de vue statutaire. Il invite également à nuancer l'importance de la classe sociale, en mettant en évidence les enjeux de genre et de génération liés aux pratiques et répertoires de distinction mobilisés.

Comment les pratiques de longévité peuvent-elles être distinctives pour des ménages aisés ? Nous analyserons ces pratiques au regard de la manière dont ces ménages se situent vis-à-vis des autres, en mobilisant des matériaux issus de deux enquêtes statistiques et d'une campagne d'entretiens (voir

3. Un exemple de cette promotion est la création du site https://longuevieauxobjets.gouv.fr/ par l'ADEME en décembre 2019.

encadré). Nous montrons d'abord que les pratiques de longévité demeurent, dans leur ensemble, particulièrement rares chez les ménages les plus aisés, tant elles constituent – symboliquement et statistiquement – des pratiques budgétairement contraintes. Leur adoption par certains ménages parmi les plus aisés traduit la manière dont ils ne se reconnaissent pas comme riches et leur refus de tracer une frontière socio-économique avec les ménages plus modestes. À travers ces pratiques, ils renforcent néanmoins d'autres frontières symboliques – morales, techniques et esthétiques – avec les autres ménages, qui les constituent en membres d'une élite anti-consumériste.

Saisir les pratiques et les représentations des plus riches : méthodes et matériaux

Les pratiques de longévité regroupent tant des pratiques qui prolongent la « durée de détention », c'est-à-dire le temps que l'objet passe dans le foyer (pratiques d'achat durable, d'entretien, de réparation, de stockage) que des pratiques qui prolongent plus largement la « durée d'existence », soit le temps total de vie de l'objet (pratiques de seconde main pour se procurer et se débarrasser des objets) (Mudgal *et al.*, 2012). Nous étudions les biens durables tels que délimités dans l'enquête Budget de famille (BDF) 2017 de l'Insee. Cette catégorie comporte les biens électroménagers, audiovisuels et numériques, l'informatique et la téléphonie mobile, que nous regroupons sous le terme d'« équipements électriques et électroniques » (EEE), ainsi que les meubles et le matériel de jardinage et bricolage[a]. Ciblés en priorité par les campagnes médiatiques sur l'enjeu environnemental de la durabilité des objets, ces biens pour la plupart peu ostentatoires ont été largement sous-étudiés par la littérature, qui s'est surtout focalisée sur les vêtements ou les véhicules (Demoli & Lannoy, 2019 ; Crane & Bovone, 2006). Ils sont hétérogènes du point de vue des usages et du rapport à l'obsolescence, qui affecte en priorité les biens à fort contenu technologique. Cette hétérogénéité sera cruciale dans notre analyse pour saisir la manière dont ils cristallisent inégalement les différents répertoires symboliques présentés.

Nous mobilisons des données issues de trois enquêtes. D'abord, les données des enquêtes Budget de famille de l'Insee 2011 et 2017 permettent de quantifier les flux de renouvellement de biens durables et de mesurer le recours au marché de l'occasion (achat ou vente). Fondées sur deux échantillons représentatifs de 10 342 et 12 081 ménages, elles sont accompagnées d'un volet « revenu » issu des données fiscales permettant de travailler de manière précise sur les plus hauts revenus. Elles permettent d'identifier, à l'aide d'un large échantillon de ménages au revenu élevé, les enjeux liés au ressenti du niveau de vie et la fragilité de l'identification comme ménage « aisé » chez les ménages aux pratiques de longévité.

Ces données sont complétées par celles issues de l'Enquête sur les pratiques environnementales des ménages (EPEM) du SDeS (2016), permettant à partir d'un échantillon représentatif de 4 057 individus, d'avoir des données détaillées sur les pratiques de consommation autour de trois biens (ordinateur, télévision, lave-linge).

Enfin, une campagne d'une cinquantaine d'entretiens semi-directifs menée en Île-de-France avec des personnes déclarant chercher à faire durer leurs objets permettra d'analyser comment les pratiques de longévité se manifestent au cours de leur trajectoire sociale et matérielle, ainsi que les justifications dont elles sont le support. Nous avons eu recours à plusieurs canaux : participants à des ateliers de réparation bénévole, signataires d'un manifeste contre l'obsolescence programmée, membres de groupes Facebook sur la réparation ou la seconde main, boule de neige. Les individus appartenant à ces structures, souvent associatives, pourraient être plus politisés que la moyenne. Toutefois, la plupart des enquêtés ont un lien distant à ces univers associatifs, qu'ils ne fréquentent que ponctuellement, et ne sont pas particulièrement impliqués dans une lutte militante pour la durée de vie des objets. Les entretiens menés au domicile des individus, d'une durée moyenne de 1 heure 45, portaient sur leur parcours biographique, leur rapport aux objets et les contraintes et ressources qui aiguillent leurs pratiques de longévité.

Notre travail se rattache au courant de la *mixed methods research*. Utilisées dans l'étude de pratiques quotidiennes, notamment sur les habitudes alimentaires (Plessz *et al.*, 2016), les méthodes mixtes ont principalement deux apports : celui de confirmer des résultats en passant d'une méthode à l'autre et celui d'apporter des éléments complémentaires – l'analyse quantitative permet de généraliser certains résultats du terrain qualitatif et, inversement, l'analyse qualitative affine certains résultats statistiques (Small, 2011). Ce va-et-vient nous a permis d'analyser en profondeur les discours et l'expérience vécue des acteurs, tout en les replaçant dans le contexte socio-économique dans lequel ils s'inscrivent.

Ce travail porte sur les individus appartenant aux ménages aisés, délimités comme ceux dont le niveau de vie est supérieur à 3 000 euros par mois[b] – soit en 2017, selon l'enquête Budget de famille de l'Insee environ 10 % des ménages, et une quinzaine d'enquêtés de l'enquête qualitative. Cette délimitation statistique ne prétend pas mesurer une frontière qui isolerait de manière tranchée la fraction économique des classes supérieures du reste de la population. Elle n'entend pas non plus dessiner les contours des classes supérieures en général, dont nous savons qu'ils combinent divers capitaux et différentes formes de pouvoir ou d'influence (Savage *et al.*, 2013 ; Lebaron, 2012). La mesure proposée ne prend pas en compte l'ensemble de la dotation en capital économique, excluant le patrimoine, qui participe grandement au creusement des inégalités depuis le milieu des années 1980 (Piketty, 2019, p. 162). Elle entend surtout fournir un critère objectif et opérationnel dans les différents matériaux que nous mobilisons, afin de circonscrire un ensemble de ménages qualifiables d'« aisés » du fait de leurs hauts revenus.

Les quinze individus correspondant à ce critère des 3 000 euros par mois par unité de consommation dans l'enquête qualitative appartiennent à des ménages hétérogènes du point de vue de l'aisance matérielle (niveau de vie allant de 3 000 euros à 10 000 euros). Ils sont plus âgés que la moyenne – de 40 ans à 83 ans, avec une moyenne à 59 ans contre 42 ans pour la population française (Insee). Cela s'explique en partie par la corrélation entre le niveau de revenu et l'âge – les individus les plus riches sont aussi souvent les plus âgés – et le type de ménage – le revenu ayant été calculé par unité de consommation, les familles avec des enfants à charge sont généralement exclues de ce sous-groupe d'enquêtés. Le capital culturel accompagne souvent, bien que pas systématiquement, l'aisance budgétaire, neuf des quinze enquêtés ayant un diplôme équivalent ou supérieur à un Bac+5. Huit d'entre eux vivent seuls, trois en couple sans enfant et quatre en couple avec deux enfants. Les professions sont également diversifiées, huit d'entre eux ayant essentiellement travaillé dans le secteur privé et sept dans le secteur public (voir annexe électronique 5). Malgré ces différences objectives, ils partagent un éloignement de la contrainte budgétaire objective qui les prédispose à de forts niveaux de consommation[c].

[a] Nous mettons de côté les véhicules, qui sont souvent l'objet d'investissements à long terme et donnent lieu à des pratiques de réparation bien instituées, mais aussi les vêtements et chaussures qui sont des biens individualisés, que les individus achètent plus fréquemment que les meubles et électroménagers, et qui viennent généralement s'ajouter à la garde-robe existante, plutôt que la renouveler. Nous ne prenons pas non plus en compte dans notre analyse les biens culturels, de décoration et mémoriels (souvenirs de vacances, bijoux de famille, etc.), pour lesquels la question de l'obsolescence se pose différemment, tant ils sont porteurs d'identité (Dassié, 2012 ; Gilliotte, 2021).

[b] Le niveau de vie est calculé en divisant le revenu disponible par le nombre d'unités de consommation du ménage. Les unités de consommation sont calculées en attribuant une unité au premier adulte du ménage, 0,5 unité aux autres personnes de quatorze ans ou plus et 0,3 unité aux enfants de moins de quatorze ans.

[c] Malgré les différences de revenu qui subsistent au sein des 10 % les plus aisés, on ne constate pas dans les enquêtes Budget de famille 2011 et 2017 de l'Insee de différence significative dans la propension à renouveler les EEE entre les différents percentiles qui composent le dernier décile, que ce soit dans un modèle vide (voir annexe électronique 4) ou dans les modèles avec contrôles présentés dans la deuxième partie de l'article (voir annexe électronique 3). Autrement dit, au sein du groupe des 10 % les plus aisés, les variations de revenu affectent peu les pratiques de renouvellement de biens durables.

Tolérer l'usure : une affaire de contrainte budgétaire

Dans leur majorité, les pratiques de longévité reflètent la frontière socio-économique qui sépare les ménages les plus aisés des ménages les plus pauvres. Plus fréquentes au sein des classes populaires, elles manifestent une tolérance à l'usure souvent liée à des situations de contraintes budgétaires importantes. À l'inverse, rares au sein des ménages les plus aisés, elles y revêtent également des formes différentes, plus axées sur la revente de biens durables. À la représentation historique, mais aussi statistique des pratiques de longévité comme liées à la pauvreté font alors écho la réalité de la distribution de ces pratiques le long de l'échelle des revenus, ainsi que la prégnance de la contrainte budgétaire dans les mécanismes rendant compte de leur adoption.

La construction sociale de la frugalité matérielle comme signe de pauvreté

La multiplication des achats en biens durables est un des traits centraux du développement de la société de consommation de masse au cours du XXe siècle (Daumas, 2018 ; Trentmann, 2016). Elle a eu pour corollaire la normalisation de certains biens et de certaines manières de les consommer. Ce phénomène d'escalade [*upscaling*] a été étudié aux États-Unis par Juliet Schor (1998), qui montre comment des pratiques de consommation (acheter de très beaux vêtements, une seconde télévision couleur ou un lave-vaisselle) ont, entre les années 1970 et les années 1990, acquis un statut de nécessité, garantissant un sentiment de vivre en adéquation avec un statut socio-économique et des aspirations décentes. Une conséquence de ce processus est le sentiment de pauvreté qui gagne ceux qui souhaitent suivre cette escalade, mais n'y parviennent pas. Celle-ci passe par le renouvellement régulier des biens durables par des produits neufs, en réponse à des phénomènes d'obsolescence technologique et à une dévalorisation sociale de l'usure qui favorise une forme d'obsolescence psychologique (Packard & McKibben, 1963 ; Guien, 2019).

Malgré une dévalorisation partielle de la recherche de statut social par la consommation matérielle spécifique aux personnes à fort capital culturel (Holt, 1998), la consommation matérielle, en particulier de mobiliers et d'EEE, s'est imposée comme désirable pour la majeure partie de la population et notamment au sein des ménages ouvriers les plus aisés (Schwartz, 2012 ; Amossé & Cartier, 2019). Dans ce paysage où la consommation intensive constitue un objectif quasi hégémonique, les pratiques consistant à acheter peu de biens durables, à les acheter d'occasion et à les faire durer le plus longtemps possible, apparaissent comme des résidus de la « société de pénurie » (Rochefort, 2002) d'avant les années 1950. Leur présence persiste néanmoins au sein de ménages en situation de consommation contrainte (Hoggart, 1981), qui développent un surtravail domestique, passant par le bricolage ou la recherche de seconde main (Grignon & Grignon, 1980). Dans les quartiers ouvriers, les « inactifs » passent du temps à entretenir et remettre en état des objets (Collectif Rosa Bonheur, 2017). Dans des zones rurales ou pavillonnaires, le bricolage demeure présent chez les classes populaires (Lambert, 2015 ; Renahy, 2010), souvent additionné à d'autres pratiques de « travail à côté », comme l'autoproduction alimentaire (Weber, 1996).

Une telle association entre pratiques de longévité et pauvreté est lisible dans la manière dont celle-ci est mesurée dans les enquêtes portant sur la pauvreté matérielle ou en « condition de vie ». Les mesures de la pauvreté se sont, depuis longtemps, adaptées à l'existence de cette norme de consommation d'équipement. Eurostat considère par exemple comme composantes de la pauvreté le fait de ne pas pouvoir se permettre de remplacer des meubles usés par des neufs. Si de tels indicateurs font l'objet de nombreuses critiques, notamment sur la faible cohérence interne des composantes retenues et la nature subjective de certaines questions (voir Pan Ké Shon, 2015), ils sont le reflet d'une perception de ces pratiques comme constitutives de la pauvreté, allant au-delà d'une approche purement monétaire.

L'inégale diffusion sociale de l'usure matérielle

Au-delà de cette dimension symbolique et historique, la réalité statistique fait apparaître la plupart des pratiques de longévité comme fortement liées aux revenus les plus faibles. À partir des variables disponibles dans les enquêtes EPEM 2016 (CGDD/SDeS) et BDF 2017 (Insee), il est possible d'étudier l'association de différentes pratiques de longévité avec le revenu des personnes qui les déclarent (Tableau 1). Les équipements des ménages les plus riches sont en moyenne plus récents. En 2016, selon l'EPEM, parmi les ménages disposant de la télévision, seulement 28 % de ceux touchant plus de 4 500 euros par mois avaient acheté leur dernier téléviseur depuis plus de cinq ans, contre 40 % des ménages gagnant moins de 1 200 euros. Cette tendance s'observe pour d'autres appareils, tels que le lave-linge ou les équipements informatiques.

Outre la tendance des ménages les plus aisés à posséder plus d'appareils, cette faible ancienneté de leurs équipements s'explique par une tendance à les remplacer alors qu'ils sont encore fonctionnels. En 2016, parmi les ménages dont la dernière acquisition de téléviseur est un achat de renouvellement, seuls 57 % des plus aisés expliquent ce remplacement par une panne, contre 76 % des plus pauvres. De faibles revenus contraignent à espacer ces achats onéreux ; mais les ménages pauvres ont aussi plus de chance d'acheter moins cher et, souvent, des biens de faible qualité ou déjà usés (Caplovitz, 1963), plus susceptibles de tomber en panne. Les pratiques d'allongement de la « durée de détention » (voir encadré) sont donc plus fréquentes dans les ménages aux faibles revenus.

Un tel lien ne s'applique pas complètement aux pratiques d'allongement de la « durée d'existence ». La récupération et l'achat d'occasion sont plus fréquents au sein des ménages les plus pauvres : en 2017, parmi les ménages ayant acquis des biens durables durant les douze derniers mois, 24 % des ménages les moins aisés ont eu recours à l'achat d'occasion contre 16,3 % des ménages les plus aisés. Cependant, il n'en va pas de même des pratiques de don ou de revente, plus fréquentes chez les ménages aisés [4]. En 2017, 14,5 % des ménages les plus riches avaient vendu un ou plusieurs biens durables durant les douze derniers mois, contre seulement 6,2 % des plus pauvres. Cette dissymétrie doit être analysée au regard de l'inégale durée d'usage des biens durables à l'intérieur du foyer. Épuisés jusqu'à la panne ou acquis déjà usés, les biens des ménages les plus pauvres ne sont plus en état d'être revendus lorsque ceux-ci souhaitent s'en débarrasser. Les pratiques de longévité associées à la pauvreté sont celles qui impliquent une plus grande usure matérielle des biens, qu'il s'agisse de l'acquisition de biens usés ou de l'utilisation de biens peu récents jusqu'à épuisement.

4. Les enquêtés qui adoptent ces pratiques le font souvent pour que leurs objets ne soient pas gâchés ou perdus, alors qu'ils pourraient servir. Un des enquêtés, Thierry, a donné des costumes de marque qu'il n'utilisait plus à la Croix-Rouge, en se disant qu'« autant que ça profite » à d'autres.

Tableau 1 : Revenu du ménage et pratiques relatives aux biens durables au sein du ménage

			Revenu du ménage mensuel en euros					
			<1200	1200-2000	2000-3000	3000-4500	>4500	Ensemble
Nombre moyen d'EEE possédés (BDF 2017)		Total	7	8,3	11	14,1	16,4	11,3
		Par UC	6,4	6,9	7,4	8	8,6	7,4
Durée de vie à l'intérieur du foyer	Dernier achat date de plus de cinq ans (EPEM 2016)	TV	39,8 %	39,5 %	33,5 %	33,3 %	27,7 %	38,4 %
		Lave-linge	51,2 %	49,4 %	46,8 %	46,7 %	44,7 %	52,7 %
		PC/tablette	19,7 %	21,8 %	13,8 %	11,6 %	8,0 %	16,3 %
	Remplacement motivé par une panne (EPEM 2016)	TV	75,5 %	67,2 %	66,8 %	64,6 %	56,5 %	66,7 %
		Lave-linge	94,9 %	90,3 %	93,8 %	91,4 %	89,5 %	92,3 %
		PC/tablette	84,5 %	80,0 %	80,1 %	78,9 %	68,0 %	79,3 %
Durée de vie hors foyer	Après remplacement, ancien appareil donné/rendu/laissé/vendu/échangé (EPEM 2016)	TV	22,4 %	26,3 %	24,2 %	22,1 %	26,8 %	24,0 %
		Lave-linge	11,0 %	13,9 %	9,5 %	11,3 %	10,7 %	11,0 %
		PC/tablette	28,4 %	29,5 %	25,0 %	24,1 %	34,5 %	27,1 %
	Achat d'occasion parmi les achats de bien durable (douze derniers mois) (BDF 2017)		24,0 %	19,3 %	17,3 %	19,8 %	16,3 %	18,9 %
	Vente de biens durables au cours des douze derniers mois (BDF 2017)		6,2 %	6,5 %	7,6 %	11,8 %	14,5 %	9,1 %

Sources : EPEM 2016 (CGDD/SDeS), BDF 2017 (Insee).

Tolérance à l'usure et arrangement avec la contrainte

Peut-on conclure à un effet négatif du revenu sur l'occurrence de pratiques permettant d'allonger la vie des objets possédés ? Nous construisons un indice de *tolérance à l'usure* en faisant une moyenne des réponses à trois variables de l'EPEM 2016 : « Quand avez-vous acheté pour la dernière fois ce type d'appareil ? », « Le nouvel appareil a-t-il été acheté d'occasion ? » et « L'appareil remplacé était-il défectueux ou en panne ? », appliquées à quatre équipements – télévision, lave-linge, téléphone portable, ordinateur/tablette – soit douze variables au total. Un ménage avec un score élevé sur cet indice tendra ainsi à posséder des objets à longue durée de vie, mais nous excluons la pratique de revente de biens durables, qui ne manifeste pas la même tolérance à l'usure et la même appropriation par les ménages les plus pauvres. Cet indice numérique, standardisé, est utilisé comme variable dépendante dans un modèle de régression linéaire. Le revenu du ménage est mobilisé comme variable explicative et, contrôlé, dans un second modèle, par l'âge, le sexe, le diplôme de la personne interrogée, le nombre d'unités de consommation, la catégorie d'agglomération et la surface d'habitation (Tableau 2). Un troisième modèle inclut trois variables relatives aux opinions de l'individu interrogé à l'égard de l'environnement [5].

Les plus hauts revenus ont un plus faible score sur l'indice de tolérance à l'usure (Modèle 1, tableau 2). Toutes choses égales par ailleurs (Modèle 2), le revenu continue d'être associé négativement avec les pratiques de tolérance à l'usure. Loin de disparaître, cet effet tend même à se renforcer, dans la mesure où ces pratiques sont également associées à des caractéristiques sociales largement corrélées au revenu. En particulier, la taille de la famille et la taille du logement, toutes deux associées à un revenu élevé [6], sont favorables à une plus importante tolérance à l'usure : accroissant la surface à meubler ou les besoins d'équipement du ménage, elles peuvent inciter à se tourner vers le marché secondaire ou à conserver plus longuement les équipements. Ainsi, une fois que l'on contrôle par la taille du logement et de la famille, l'effet du revenu est renforcé. Il en va de même pour le fait de disposer d'un haut niveau de diplôme, qui à revenu égal tend à favoriser la tolérance à l'usure, notamment du fait de la tendance des personnes à fort capital culturel à manifester un rejet vis-à-vis d'une forme de matérialisme (Bourdieu, 2016

5. Voir le troisième modèle en annexe électronique.

6. La taille du logement est contrainte par le revenu de l'accédant à la propriété ou du locataire. D'un autre côté, le revenu total s'accroît lorsque le ménage est plus important, car cela implique souvent un plus grand nombre de personnes contribuant au revenu.

[1979] ; Holt, 1998). Si des opinions favorables à la protection de l'environnement par l'action individuelle favorisent également cette tolérance à l'usure, la prise en compte de telles variables n'augmente ni ne diminue l'association de l'indice étudié avec le revenu du ménage [7]. Il faut néanmoins nuancer l'impact du revenu en soulignant que d'autres variables, telles que le sexe ou l'âge, affectent également l'ampleur des pratiques de tolérance à l'usure. Ainsi, les femmes et les personnes les plus âgées déclarent plus fréquemment de telles pratiques (Modèle 2). L'ampleur de la contrainte budgétaire n'efface pas le poids des socialisations, en l'occurrence de genre et de génération, qui induisent un goût plus prononcé pour l'innovation technologique chez les plus jeunes et les hommes, qui préfèrent des biens plus récents (Mathé & Hebel, 2013, Mathé *et al.*, 2012).

Si les pratiques de longévité liées à une plus grande tolérance à l'usure sont symboliquement associées à la pauvreté, c'est avant tout car elles constituent souvent des formes d'adaptation à une situation de faible revenu. De telles adaptations peuvent s'accompagner d'appropriations culturelles et symboliques par les individus, exprimables en termes d'ascétisme ou de choix par les ménages concernés (Guien & Ramirez, 2017). Cette reformulation de la consommation subie en consommation choisie a été observée par Anaïs Collet (2012) sur un autre terrain, celui des nouveaux habitants de Montreuil. Plus dotés en capital culturel qu'en capital économique, ceux-ci développent une « tolérance à l'inconfort matériel » qui leur permet d'accéder à la propriété en s'accommodant de logements industriels en friche. Malgré ces appropriations culturelles potentielles, les pratiques de faible consommation n'en sont pas moins adossées à l'existence d'une contrainte budgétaire puissante (Perrin-Heredia, 2013). Et de même qu'il importe de se dissocier de la notion de choix économique rationnel que la théorie microéconomique du consommateur a progressivement imposée (*idem*), notons que, pour autant que celles-ci soient progressivement construites comme des pratiques de politisation de la consommation (Dubuisson-Quellier, 2018), les comportements amenant à des durées de vie des objets plus longues demeurent le plus souvent des arrangements sous contrainte.

Ces trois dimensions – à la fois symbolique, statistique et causale – du lien entre faible revenu et pratiques de longévité situent ces pratiques d'un côté de la frontière socio-économique entre riches et pauvres : elles sont un signe de privation socio-économique liée à une contrainte budgétaire importante. Particulièrement rares, les pratiques de longévité déclarées par les ménages aisés semblent échapper à cette pression budgétaire et revêtir des formes différentes, notamment celle de la revente de biens sur le marché secondaire. Pourtant, chez ces ménages, comme nous le montrons ci-après, la présence de pratiques de longévité révèle également un rapport ambivalent à la frontière socio-économique qui les sépare des ménages les plus pauvres.

Ne pas se vivre comme riche : le rapport ambivalent à la frontière socio-économique chez les ménages aisés tolérants à l'usure

Les individus aisés qui déclarent faire durer leurs objets ne tracent pas de frontière socio-économique claire entre eux et les membres des classes moins aisées. Les pratiques de longévité accompagnent un vécu ambivalent de l'aisance et de la contrainte matérielle, dans lequel les individus pourtant objectivement aisés se vivent subjectivement moins comme « riches ». Ce vécu ambivalent de leur statut socio-économique a également, chez de nombreux enquêtés, partie liée avec leur sentiment d'une transmission familiale de valeurs et d'habitudes liées aux contextes de contrainte matérielle connus par leurs ascendants ou durant leur enfance.

« On fait attention quand même » : richesse objective et sentiment de contrainte budgétaire

Nous mettons ce phénomène en évidence à partir des données des enquêtes Budget de famille, réunissant 2 265 ménages ayant un niveau de vie mensuel supérieur à 3 000 euros. Nous disposons pour ces ménages du nombre de biens électriques et électroniques possédés, ainsi que du nombre de biens achetés durant la dernière année, parmi une liste de dix-neuf types de biens. L'enquête fournit aussi un ensemble de variables mesurant les perceptions

7. Voir le tableau en annexe électronique 1.

Tableau 2 : Effet du revenu du ménage sur la tolérance à l'usure (régression linéaire)

Régressions linéaires portant sur l'indice standardisé de tolérance à l'usure (remplacement, car panne ; achat d'occasion, ancienneté des objets) à partir de quatre équipements (lave-linge, télévision, PC/tablette, téléphone portable)		
	Modèle 1	Modèle 2
Constante	0,23***	-0,04
Revenu		
< 1200 euros/mois	ref.	ref.
1200-2000 euros/mois	-0,12**	-0,12***
2000-3000 euros/mois	-0,24***	-0,3***
3000-4500 euros/mois	-0,32***	-0,39***
> 4500 euros/mois	-0,52***	-0,61***
Âge		0,002**
Sexe		
Femme		ref.
Homme		-0,11***
Nombre d'unités de consommation		0,09***
Diplôme		
École élémentaire/collège		0,09
CAP/BEP		0,04
Bac		ref.
Bac+2		0
Bac+3 ou supérieur		0,08**
Catégorie d'agglomération		
Zone rurale		0,1**
< 20 000 habitants		ref.
20 000-99 999 habitants		0,02
> 100 000 habitants		-0,02
Agglomération parisienne		0,04
Surface d'habitation		
< 64 m^2		ref.
65-89 m^2		0,07
90-119 m^2		0,08*
> 120 m^2		0,11**
Nombre d'observations	3641	3641
AIC	2213	2187

Source : EPEM 2016 (CGDD/SDeS). *** p < 0,01 ; ** p < 0,05 ; * p <0,1. Lecture : en 2016 en France, le fait d'avoir un revenu supérieur à 4 500 euros par mois plutôt qu'inférieur à 1 200 euros par mois induit en moyenne, une diminution de 0,52 de l'indice de tolérance à l'usure (Modèle 1).

subjectives relatives à l'aisance financière à travers quatre variables : l'évolution estimée du niveau de vie depuis cinq ans, depuis un an, et durant les cinq années à venir, ainsi que la perception de son niveau de vie. Nous réalisons deux séries de quatre modèles de régressions sur les ménages du dernier décile de niveau de vie, afin d'évaluer la relation entre chacune des quatre variables de perception subjective du niveau de vie et le nombre de biens durables achetés, à nombre d'équipements possédés égal. En contrôlant par le nombre d'équipements possédés, nous mesurons la propension à disposer d'équipements de moins d'un an en éliminant les achats liés à l'accroissement du nombre d'équipements possédés[8]. L'année est également prise en compte comme contrôle. Dans la deuxième série de modèles, nous contrôlons également par le nombre de personnes, la part des femmes, le plus haut diplôme parmi les membres du ménage, le percentile de

8. L'utilisation d'une variable de proportion des équipements achetés durant la dernière année (en divisant les achats par le nombre possédé) laisse inchangés ces résultats.

niveau de vie, l'âge moyen des conjoints, l'année d'emménagement, la taille du logement, ainsi que la taille de la commune d'habitation. Les figures 1, 2 et 3 permettent de documenter le lien entre le niveau de vie perçu ou ses variations, et la propension à disposer d'équipements récents, toutes choses égales par ailleurs. Comme on l'observe (Figure 1), le sentiment d'une dégradation du revenu durant les cinq dernières années est corrélé à un plus faible nombre d'achats de biens d'équipement (près d'un équipement de moins acheté), à nombre de biens d'équipement possédés égal [9]. Les ménages qui perçoivent un déclin de leur niveau de vie, alors même qu'ils sont parmi les 10 % les plus aisés, ont tendance à posséder moins d'équipements récents et à faire durer les équipements plus anciens. Cette situation est assez fréquente, avec près de 32 % des ménages aisés déclarant avoir connu une telle dégradation (contre 45 % en moyenne [10]).

De même (Figure 2), percevoir son niveau de vie comme moyen ou faible est significativement associé au fait de moins renouveler les biens durables. Parmi les ménages aisés, 63 % déclarent ainsi avoir un niveau de vie moyennement élevé et 6 % un niveau de vie faible ou moyennement faible (contre respectivement 46 % et 47 % en moyenne [11]). Lorsque l'on ajoute au modèle un effet d'interaction entre niveau de vie perçu et anticipation d'évolution du revenu sur les cinq années à venir (Figure 3), nous voyons que ce lien ne s'observe que lorsque les ménages n'anticipent pas d'amélioration du niveau de vie. Les pratiques de longévité vont de pair avec le fait de se percevoir comme ayant un niveau de vie moyennement élevé à faible et de penser que celui-ci va se maintenir ou se détériorer. Le fait de se vivre comme « juste » ou de sentir qu'il faudra « faire plus attention » dans les années à venir est hétérogène et intimement lié au rapport aux objets et au confort matériel. Il pourrait également refléter, même chez ces ménages aisés, une forme d'insécurité sociale (Duvoux & Papuchon, 2018), liée aux évolutions passées et anticipées du niveau de vie.

Un tel décalage entre niveau de vie objectif et subjectif s'observe dans les entretiens. Sylvie et Patrice ont un revenu élevé. Patrice gagne environ 4 000 euros par mois, et Sylvie 2 700 euros, ce qui fait un total de 6 700 euros. Ils reçoivent souvent des amis à dîner et privilégient une nourriture « saine », achetée au marché et en magasin bio. Ils estiment à environ 1 000 euros par mois les dépenses liées aux repas. Ils ne se privent pas non plus d'aller au cinéma, au musée ou au restaurant, ni d'être abonnés à des plateformes de streaming. Malgré cela, Sylvie et Patrice se considèrent comme limités financièrement [12] :

> On se débrouille, mais c'est vrai que franchement il ne reste pas à la fin du mois. On n'a pas un salaire qui fait qu'on peut vivre... et on fait attention quand même. On n'est pas des gens qui... on n'achète pas pour acheter, quoi, on n'est pas dépensiers... Patrice ne change pas beaucoup de fringues... (Sylvie, 58 ans, assistante commerciale dans une société d'agroalimentaire, vit en couple à Châtillon avec Patrice, 54 ans, chef de projet événementiel dans un centre de congrès, environ 4 470 euros net/mois par UC ; source de revenus : salaires).

Le sentiment d'avoir vécu une baisse du niveau de vie accompagne également, malgré leur aisance budgétaire, le moindre renouvellement des biens durables. Aucun des ménages étudiés ne décrit une amélioration sensible du revenu ces dernières années, mais plutôt une stagnation voire une détérioration par un allègement du temps de travail rémunéré : départ à la retraite, chômage, année sabbatique, passage à temps partiel.

La propension à tolérer des objets anciens et usés accompagne, chez les ménages aisés, un sentiment de pauvreté ou d'appauvrissement relatifs. L'identification à un style de vie associé à celui des riches, impliquant de faire des dépenses fréquentes, coûteuses et potentiellement ostentatoires opère moins chez ces individus qui n'associent pas clairement leur revenu élevé à un statut socio-économique supérieur.

Souvenirs d'enfance et transmission d'une identité de « non-riche »

La contrainte budgétaire ressentie fait écho au discours des enquêtés, lorsqu'est abordée la question de leur enfance et de

9. Ce résultat s'observe également lorsque l'évolution du niveau de vie est évaluée pour la dernière année seulement (voir annexe électronique 3).

10. Voir annexe électronique 2.

11. *Idem.*

12. Patrice et Sylvie se considèrent en particulier limités par des dépenses qu'ils jugent contraintes, telles que le crédit pour la maison, les prêts étudiants de leurs enfants ou des impôts. Cependant, l'inclusion d'une variable mesurant la part des dépenses pré-engagées (crédit, loyers, charges, abonnements, assurances, impôts) dans le revenu total du ménage dans les modèles économétriques présentés dans les figures 1, 2 et 3 ne modifie ni l'ampleur ni la significativité de l'effet des variables de mesure subjective du niveau de vie. Si de telles dépenses fournissent un support de justification au fait de se sentir contraint pour certains enquêtés, elles ne semblent pas, au niveau agrégé des ménages aisés étudiés, pouvoir s'y substituer.

Figure 1 : Lien entre l'évolution du niveau de vie du ménage depuis cinq ans et la nouveauté des EEE – Effets marginaux extraits d'un modèle de régression de Poisson

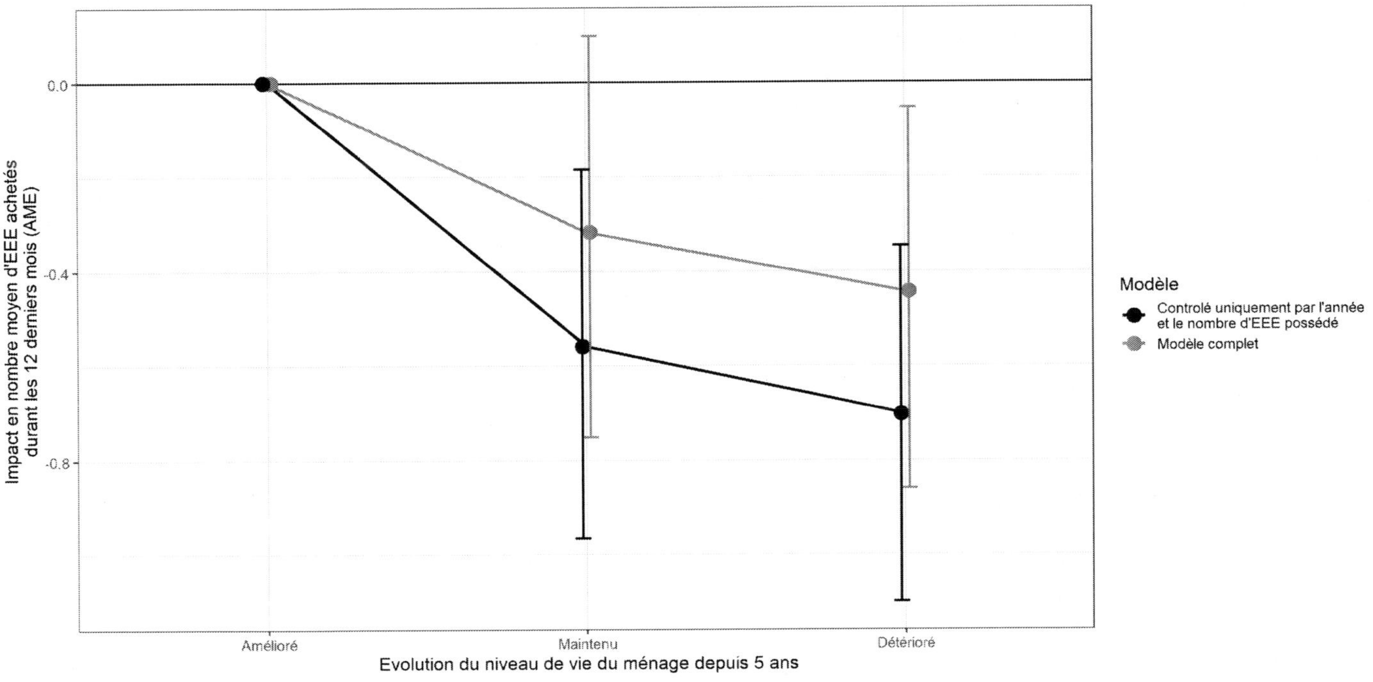

Source : BDF 2011 et BDF 2017 (Insee). Modèle complet disponible en annexe électronique. Champ : ménages de France métropolitaine dont le niveau de vie mensuel est supérieur ou égal à 3 000 euros de 2017. Lecture : en moyenne entre 2011 et 2017 en France, le fait d'avoir ressenti une baisse de son niveau de vie depuis cinq ans plutôt qu'une hausse est associé, à nombre d'équipements possédés égal et autres caractéristiques socio-démographiques égales, à une baisse de 0,4 du nombre d'EEE achetés durant les douze derniers mois.

leur socialisation. Ceux-ci ont souvent hérité d'une hostilité vis-à-vis de formes de distinction passant par une consommation riche et abondante. En s'identifiant à des racines modestes ou à une histoire familiale emplie du poids de la contrainte budgétaire, ils assument un décalage par rapport à leur revenu actuel. Ils mobilisent les pratiques de longévité comme des éléments de cette transmission, qui les maintiennent à distance de formes de démonstration pécuniaire par la consommation. Ils évoquent deux ensembles de pratiques : une sobriété dans la consommation (réfléchir avant d'acheter, ne pas avoir beaucoup d'objets) et un soin porté aux objets pour les préserver.

Souvent, les enquêtés lient cet héritage à une origine sociale populaire. Serge, 62 ans, cadre (directeur de rédaction) au revenu élevé (4 000 euros par mois par unité de consommation) se présente comme issu d'une famille modeste (un père ouvrier d'imprimerie et une mère agent de maîtrise) et non diplômée dans laquelle son père et son oncle, très bricoleurs, réparaient souvent l'électroménager. Le travail manuel de production et d'entretien des objets y était fortement valorisé. Il fallait faire « attention » à ces objets, car ils avaient une valeur monétaire dont ses parents avaient fortement conscience du fait de leur bas revenu.

Sans mentionner un milieu populaire, la plupart des enquêtés s'inscrivent dans un héritage, sur plusieurs générations, de valeurs d'économie liées aux situations de contraintes matérielles connues par leurs aïeuls. Le cas de Colette l'illustre bien. Cette retraitée vient d'un milieu aisé : son père était cadre à la fin de sa carrière, chef comptable, tandis que sa mère était employée dactylo. Toutefois, son père était pupille de la nation et sa mère issue d'un milieu « extrêmement modeste ». Même aujourd'hui, alors qu'elle dispose de ressources importantes, elle remplace rarement un objet en panne sans tenter de le réparer.

> J'ai connu des grands-parents, et puis mon milieu aussi, qui ont fait toujours très attention parce qu'ils n'avaient pas beaucoup d'argent, et ça c'est à mon avis quand même un peu ancré dans ma tête ! [rire] Et c'est ce que je dis toujours à mes petits-enfants : « N'oubliez jamais d'où vous venez » (Colette, 83 ans, enseignante-chercheure à la retraite, vit seule à Paris 14e, environ 3 300 euros net/mois par UC ; source de revenus : pension de retraite).

Colette s'identifie à son milieu d'origine, incarné par des grands-parents dont elle présente le revenu comme faible. Elle

Figure 2 : Lien entre l'opinion du ménage quant à son niveau de vie et la nouveauté des équipements électriques et électroniques (EEE) – Effets marginaux extraits d'un modèle de régression de Poisson

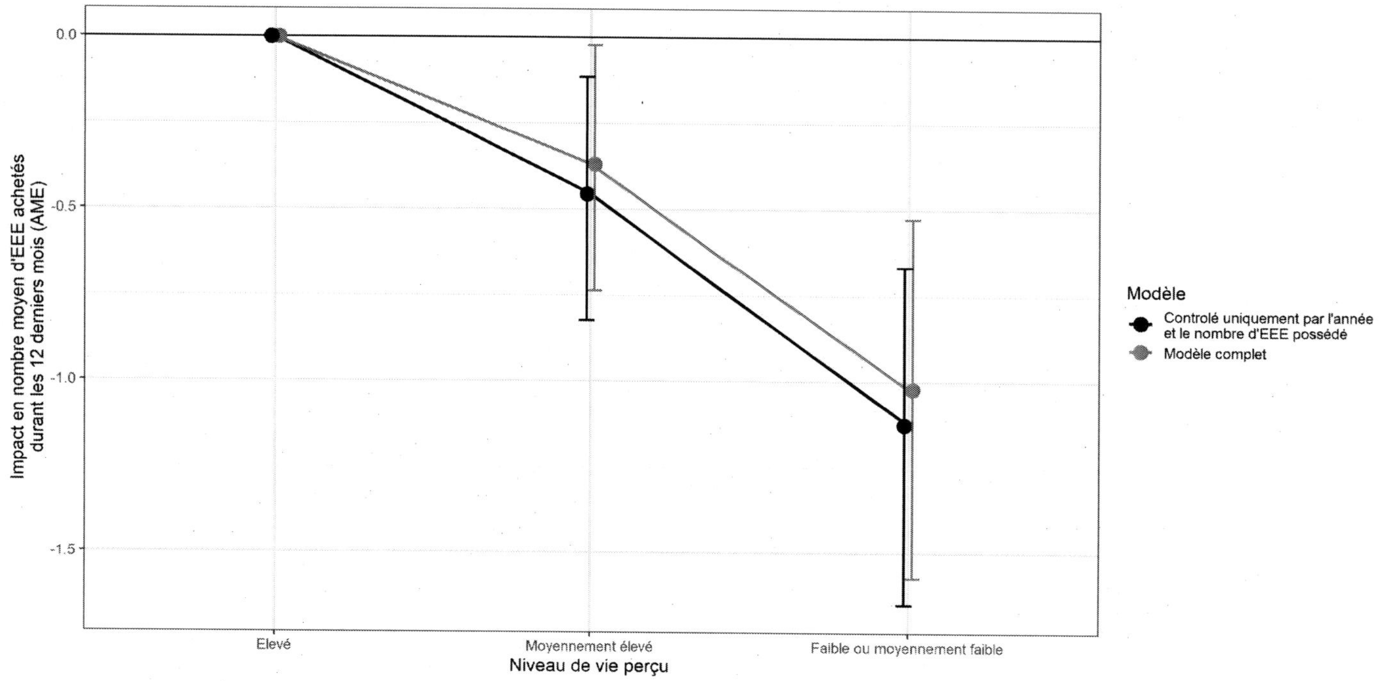

Source : BDF 2011 et BDF 2017 (Insee). Modèle complet disponible en annexe électronique. Champ : ménages de France métropolitaine dont le niveau de vie mensuel est supérieur ou égal à 3 000 euros de 2017. Lecture : en moyenne entre 2011 et 2017 en France, le fait de percevoir son niveau de vie comme faible à moyen plutôt qu'élevé est associé, à nombre d'équipements possédés égal et autres caractéristiques socio-démographiques égales, à une baisse de 1 du nombre d'EEE achetés durant les douze derniers mois.

revendique une forme de vigilance à l'égard de l'argent et des objets possédés, qu'elle souhaite elle-même transmettre à ses petits-enfants. Ainsi, elle garde une distance vis-à-vis du confort apporté par son revenu et refuse de tracer une frontière symbolique entre elle et les personnes aux revenus modestes.

De tels récits sont également rapportés en lien avec les conditions de vie de l'époque durant laquelle les enquêtés – qui sont, rappelons-le, plus âgés que la moyenne des Français – ont grandi. D'après eux, le confort matériel est devenu la norme, par contraste avec la cherté des biens durables avant les années 1960. La présence de ces discours et pratiques mettant l'accent sur le souci d'économie peut être analysée comme la manifestation de l'*hysteresis* de l'habitus des personnes rencontrées, qui conservent des dispositions propres à des conditions économiques révolues (Bourdieu, 2018 [1980]). Mireille, née en 1945, raconte que sa mère a vécu la guerre, reprisait ses vêtements et l'a éduquée à ne pas gaspiller. Elle explique aussi que le rapport à la consommation était différent à cette époque.

> Nous, acheter un truc c'était exceptionnel. On essayait de trouver le moins cher, qui dure longtemps justement... Parce qu'on n'avait pas les moyens de racheter tout le temps. Mais la vie a complètement changé, hein. [...] On n'était pas malheureux. On avait un rapport aux objets, je pense, qui n'était pas du tout le même que maintenant. Et moi j'ai un peu gardé ça... (Mireille, 74 ans, chargée d'études à la retraite, vit seule à Saint-Germain-en-Laye, environ 5 100 euros net/mois par UC ; source de revenus : pension de retraite 3 500 euros + loyer 1 600 euros).

Mireille comme Colette ont gardé un rapport de sobriété et de soin aux objets, que toutes deux associent à leur éducation. Pour Mireille, c'est avant tout le contexte historique de pénurie qui est en cause. Loin de rejeter le rapport spécifique des générations les plus anciennes à la sobriété, elle tend même à le valoriser. À travers ces extraits, on observe combien, malgré leur aisance budgétaire objective, les enquêtés refusent de s'identifier au pôle aisé de l'espace social. On pourrait penser que le diplôme élevé de nombre d'entre eux les amène à s'identifier plus volontiers au pôle culturel de l'espace social, et à accorder une importance moindre à l'affirmation de leur statut socio-économique. Néanmoins, cette propension de certains des individus les plus riches à « dénier leur affiliation à la catégorie de "riches" » (Herlin-Giret, 2018) a également été observée dans des franges plus faiblement diplômées ou particulièrement fortunées (top 3 %) de l'espace social (Bozouls,

Figure 3 : Lien entre l'opinion du ménage quant à son niveau de vie, anticipation d'évolution de celui-ci et nouveauté des EEE – Effets marginaux extraits d'un modèle de régression de Poisson

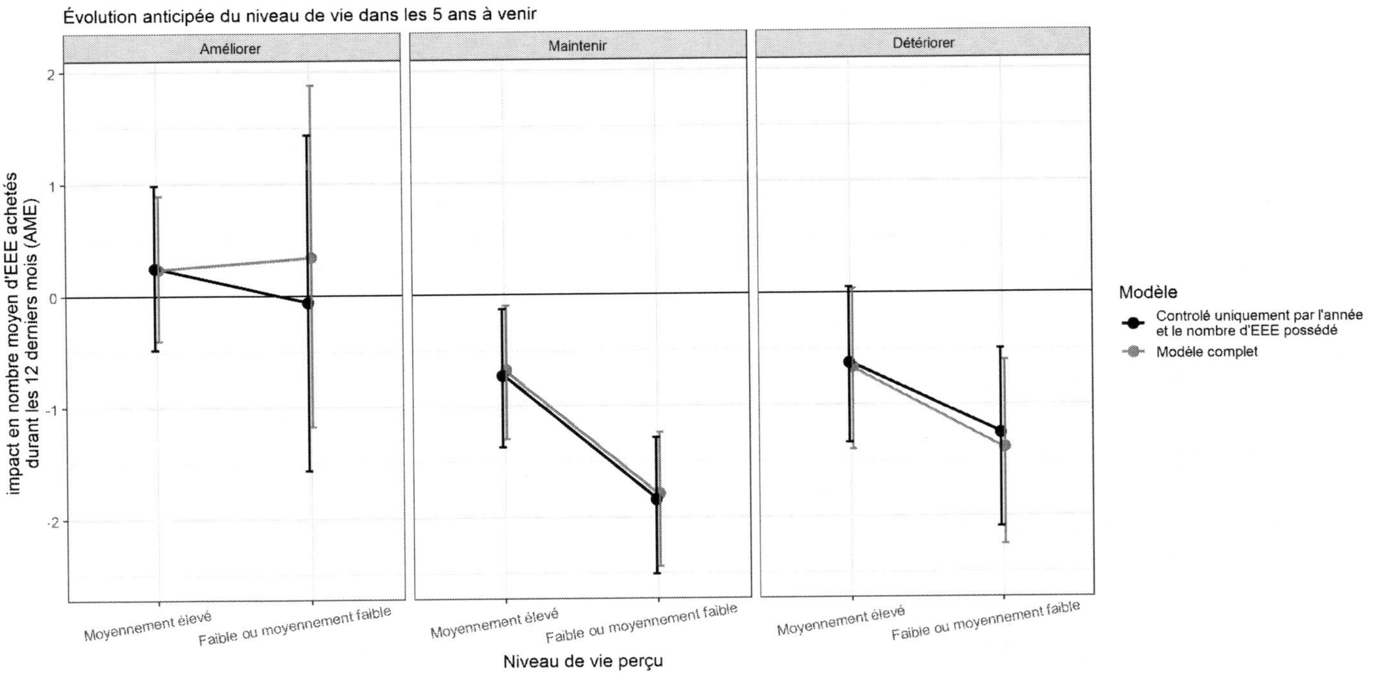

Source : BDF 2011 et BDF 2017 (Insee). Modèle complet disponible en annexe électronique. Champ : ménages de France métropolitaine dont le niveau de vie mensuel est supérieur ou égal à 3 000 euros de 2017. Lecture : en moyenne entre 2011 et 2017 en France, chez les personnes anticipant une détérioration de leur niveau de vie dans les cinq ans à venir, le fait de percevoir son niveau de vie comme faible à moyen plutôt qu'élevé est associé, à nombre d'équipements possédés égal et autres caractéristiques socio-démographiques égales, à une baisse de 1,5 du nombre d'EEE achetés durant les douze derniers mois.

2020 ; Herlin-Giret, 2018). Les discours des enquêtés font ainsi largement écho aux discours de privation tenus par de nombreux ménages aisés de New York et de la banlieue parisienne rencontrés par Rachel Sherman ou Loraine Bozouls, qui considèrent que les « vrais riches » sont ailleurs (Sherman, 2017 ; Bozouls, 2020). Les pratiques de longévité agissent ainsi à la fois comme révélateur et comme catalyseur d'une impossibilité, pour les ménages aisés qui les déclarent, de se positionner clairement le long de la frontière socio-économique.

Environnement, technique et patrimoine : des significations hautement distinctives

La frontière socio-économique n'est pas la seule frontière symbolique en jeu dans la consommation de biens durables. Comme les pratiques alimentaires (Kennedy *et al.*, 2019), les biens durables constituent un domaine où s'entrecroisent différents répertoires distinctifs. Ces répertoires transmettent et reproduisent des jugements alternativement moraux, culturels ou esthétiques. Mobilisés dans les discours des personnes aisées interviewées [13] afin de justifier ou présenter leurs pratiques de longévité, ces répertoires permettent de comprendre les bénéfices symboliques que les pratiques de longévité leur procurent.

Résistance et éthique : la valorisation des enjeux environnementaux et de l'anti-consumérisme

Le répertoire éthique et moral de délimitation de frontières symboliques est celui dont on pouvait présupposer l'existence avec le plus de certitude. D'abord parce que l'importance des injonctions et préceptes moraux dans la détermination des

13. Il n'est ici pas question d'affirmer que de tels répertoires distinctifs associés aux pratiques de longévité seraient spécifiques aux classes supérieures aisées. Les travaux sur l'arbitraire culturel (Bourdieu & Passeron, 2018) et sur les frontières symboliques (Jarness, 2017) ont montré comment les répertoires d'évaluation et de valorisation symboliques de pratiques distinctives sont manipulés par différents groupes sociaux. Mais ils ont aussi mis en avant l'aisance que les classes supérieures ont pour les formuler, les promouvoir et les mobiliser discursivement afin d'affirmer leur supériorité.

conduites économiques est bien connue depuis les travaux de Max Weber (2013 [1905]). Plus récemment, R. Sherman (2017) a montré comment les classes aisées new-yorkaises s'évertuent à rester, malgré leurs privilèges, de « bonnes personnes », moralement dignes. Avec R. Sherman, on peut interpréter les injonctions, à savoir se satisfaire de peu comme des manières de se distinguer non pas des pauvres, mais des « mauvais riches » qui n'auraient pas cette éthique de la modération et ce respect des personnes vivant plus difficilement qu'eux.

L'importance de ce répertoire moral ne surprend pas non plus lorsque l'on considère la manière dont ces pratiques de longévité se sont chargées d'une signification environnementale. D'abord évoquées par les controverses autour de l'obsolescence programmée qui agitent la scène médiatique depuis les années 2010 (Guien, 2019), les pratiques de longévité sont aujourd'hui davantage mises en avant, par les acteurs gouvernementaux notamment, comme une des manières de limiter l'impact négatif des modes de vie individuels sur l'environnement. Un tel phénomène se traduit chez la plupart des individus interrogés par une volonté croissante d'investir d'une dimension politique et éthique sa consommation – faisant écho à la figure du « consommateur-citoyen » (Clarke *et al.*, 2007) – voire de manifester une forme de contestation à travers les pratiques de longévité. Les enquêtés mettent ainsi en avant les impacts écologiques de la production et de la destruction des objets, que les pratiques de longévité limitent.

Or, la manière dont la question environnementale fournit, en particulier en ce qui concerne les plus riches, un support de traçage d'une frontière morale entre « élites éthiques » et « riches égoïstes » est connue (Kennedy & Horne, 2020). On retrouve ce registre distinctif dans le discours de Béatrice. Chez cette directrice générale des services d'une commune, diplômée d'un Master en environnement, semble transparaître un « éco-habitus » (Carfagna *et al.*, 2014). Cette notion a été conceptualisée par la littérature nord-américaine récente, héritière de la tradition bourdieusienne, pour désigner un ensemble de goûts et de dispositions fréquent chez les individus urbains à fort capital culturel, qui se caractérise par une sensibilité écologique et une tendance à la consommation engagée.

> Quand on va arriver à la partie deux sur la qualification de ma personne par rapport à votre analyse, je pense que je ne suis pas un super méga exemple non plus. Pourquoi ? Parce que j'ai une certaine conscience environnementale, donc je ne suis pas forcément madame tout le monde ; que j'ai un bagage universitaire, donc là aussi je m'éloigne des catégories un peu plus classiques, et en plus j'ai une formation en environnement. Et du coup, c'est assez drôle parce que dans mon entourage j'ai plutôt des gens conscientisés ou qui ont fait les mêmes études que moi, et l'autre jour ils m'ont dit : « Ah non, mais toi, t'es trop décroissante » (Béatrice, 40 ans, directrice générale des services d'une commune rurale, vit seule à Forcalquier, environ 3 000 euros net/mois par UC ; source de revenus : salaire).

Béatrice rend ici explicite le sentiment d'appartenir à une « élite éthique », l'environnement étant un élément qui la distingue à la fois du reste de la population et de son entourage. Les pratiques de longévité, rendues visibles comme des pratiques de « décroissance », deviennent ainsi des supports par lesquelles les frontières morales se manifestent.

Les jugements éthiques déployés dans les discours dépassent parfois la question environnementale pour mettre en lumière un rejet plus global du consumérisme. Le discours de Claudie illustre cette logique. Au moment où intervient l'extrait, cette professeure en lycée parle des émissions télévisées de décoration, qui incitent les téléspectateurs à renouveler leur équipement.

> Toutes ces émissions, moi je regarde par curiosité... Qu'on jette ce qu'on a, qu'on renouvelle, et que des choses qu'on a aimées, qu'on a désirées, tout d'un coup on les regarde comme des choses qui sont ringardes et qu'on n'aime plus... c'est insupportable ! Et c'est de plus en plus rapide ! Moi ça m'amuse quand je regarde ces émissions. Le carrelage qui était à la mode, ah ben l'année suivante, il faut le changer. C'est fou ! [...] Comme on est esclaves du goût dominant. Ou enfin, qu'on nous impose, tout ça pour qu'il y ait de la vente et du commerce, hein (Claudie, 60 ans, professeure d'arts plastiques et histoire de l'art en lycée, vit seule à Paris 5e, environ 3 500 euros net/mois par UC ; source de revenus : salaire).

Les présentateurs des émissions de décoration diffusent ce que Claudie considère comme des « injonctions » à la mode, qu'elle refuse. Cette politisation de la consommation laisse transparaître des jugements moraux par lesquels elle déprécie les autres, ceux qui dans son entourage suivent cette mode. Le répertoire moral se conjugue, chez cette professeure d'arts plastiques, avec des jugements esthétiques : les pratiques de longévité manifestent aussi ici un rejet de la consommation des masses dépourvues de bon goût.

L'affirmation d'une culture technique

Les enquêtés mobilisent un second répertoire distinctif. Celui-ci consiste en un rapport expert et technique aux objets. Il est surtout présent dans le discours des hommes enquêtés, à propos de pratiques de réparation et d'entretien d'EEE. Bricoler et réparer demeurent associées à la masculinité dans les représentations. En témoigne la répartition de l'espace au sein du foyer, le garage et l'atelier étant souvent des pièces exclusivement fréquentées par les hommes (Gelber, 1997). Pour les enquêtés mobilisant le répertoire technique, être capable de démonter et remonter est une question de savoir et de compétences, rattachée à ce que l'un d'entre eux appelle une « culture technique », dont ils revendiquent la maîtrise. Ce savoir peut faire l'objet d'un désir de transmission. Brieuc, enseignant-chercheur en physique et fondateur d'un Repair Café, met en avant ce désir lorsqu'il parle d'apprentissage, de pédagogie, qu'il déploie en Repair Café, mais aussi ailleurs, notamment sur Internet en alimentant des pages Wikipedia.

Chez ces individus, souvent ingénieurs, la technique est – tout comme dans le contexte d'usine étudié par Steven Vallas (2001) – un moyen de tracer une frontière symbolique. Cette frontière sépare, d'un côté, ceux qui savent faire, connaissent le fonctionnement des objets et ainsi « ne se laissent pas faire » par eux et, de l'autre, ceux qui ne disposent pas de cette compétence. Pour Bernard, 60 ans, ancien ingénieur désormais au chômage, il est important d'être « indépendant » vis-à-vis des fabricants et seule la connaissance des objets permet cela. Il décrit la manière dont il cherche à mettre au jour les intentions qui ont guidé l'élaboration de tel ou tel produit, distinguant les objets « bien pensés », supérieurs techniquement et ergonomiquement, des objets « mal pensés ». La « culture technique », dont les Allemands seraient les principaux tenants, s'opposerait ainsi à une culture poussant à la « consommation de bas niveau, donc acheter Chinois », qui serait typique de la « culture française » de laquelle il se dissocie. L'association que Bernard, dans l'extrait qui suit, fait entre autonomie, culture, intelligence et maîtrise des objets donne les contours de cette frontière technique.

> *Bernard :* J'ai un esprit cartésien. Je suis très autonome. Je ne fais pas réparer, je répare moi. Donc c'est une différence. Et surtout je ne casse pas ; donc c'est encore mieux. [...] Les gens ont une utilisation qui favorise le gaspillage, alors qu'ils pourraient faire autrement.
> *Enquêtrice :* C'est quoi les astuces très pratiques ?
> *Bernard :* Sur la voiture de ma femme, c'est une Scenic allemande. Quand on coupe le contact, les phares restent allumés. Sauf si on ouvre la porte. Ma femme est juriste, pas ingénieure ; donc ça fait trois fois qu'elle change de batterie. Donc voyez, ce n'est plus de l'obsolescence programmée, on favorise ça. C'est vente forcée, vente cachée, enfin il y a tout un pan comme ça qui n'est pas visible. Ce que je fais moi, c'est que je coupe le contact et j'ouvre la porte tout de suite, et les phares s'éteignent. [...] Après je ne veux pas me mettre en avant, mais il se trouve que je connais beaucoup d'ingénieurs et ils font tous attention à ça. On a tous le petit truc... Mais c'est normal, on est formés à avoir... (Bernard, 60 ans, ancien ingénieur système au chômage, vit en couple avec sa femme à Munich, âge inconnu, juriste, environ 10 000 euros net/mois par UC ; source de revenus : salaire de sa femme).

Par sa maîtrise des objets, Bernard se distingue des « gens » ordinaires tout en s'associant lui-même aux ingénieurs qu'il revendique de compter parmi ses relations (préservant une appartenance à ce groupe mise à mal par la situation de chômage dans laquelle il se trouve). La frontière technique recouvre, pour Bernard, une frontière professionnelle et scolaire : son appartenance à un métier, avec l'apprentissage que cela a impliqué, rend son rapport aux objets supérieur à ses yeux. Elle recouvre également une frontière de genre : en racontant une anecdote centrée sur l'automobile, objet longtemps réservé aux hommes (Demoli & Lannoy, 2019), et en s'opposant dans ce récit à sa femme qui ne sait pas utiliser correctement l'objet dont elle est propriétaire, il réactive des stéréotypes de genre faisant de la maîtrise technique un trait masculin.

Cette mise en valeur des compétences techniques va souvent de pair avec le récit d'un parcours précoce d'apprentissage de la réparation, soit auprès de membres de la famille (souvent des pères ou des oncles), soit le plus souvent seul, en autodidacte. Les enquêtés avancent qu'ils ont commencé à démonter leurs propres jouets alors qu'ils étaient encore de jeunes enfants, naturalisant une curiosité technique qu'ils présentent comme innée. L'image d'eux-mêmes ainsi donnée apparaît d'autant plus cohérente et distinctive : les « vrais » sont ceux qui sont nés avec la fibre bricoleuse.

Le goût de l'ancien et la patrimonialisation des objets

Un troisième type de répertoire consiste en une valorisation des objets esthétiques, anciens et atypiques, dont il s'agit d'apprécier, en plus de leur originalité, l'inscription dans un héritage à préserver. Les pratiques de longévité s'inscrivent alors dans une logique de reproduction du groupe au travers de la transmission d'objets manifestant son capital économique, mais aussi culturel (Jourdain & Naulin, 2011). Cette logique de patrimonialisation est au cœur d'une économie de l'enrichissement profitant aux plus riches, au sein de laquelle les marchandises qui ont déjà circulé font l'objet d'une (re)valorisation *via* des narrations (Boltanski & Esquerre, 2017).

Les pratiques de longévité s'accompagnent, dans ce répertoire, d'un goût pour la petite boutique, l'objet artisanal et les matériaux « nobles ». Par contraste, les grandes enseignes, le plastique, le formica et les produits chinois font souvent figure de repoussoirs. Pour Pauline, anesthésiste de 47 ans, l'objectif de distinguer son style d'ameublement de celui du reste de la population devance même les motivations écologiques qu'elle valorise par ailleurs :

> Dans l'ancien appartement [...] on avait quand même pas mal de mobilier Ikea comme beaucoup. Alors après, pas tant que ça, parce qu'en fait, on n'avait pas envie de rentrer... pour des histoires de goût. À Paris, tout le monde a le même intérieur. Donc on voulait avoir un intérieur un peu différent. Au départ c'était ça, la motivation, et après s'est rajoutée la motivation écologique (Pauline, 47 ans, anesthésiste, vit en couple avec deux enfants à Paris 5e, environ 5 040 euros net/mois par UC ; source de revenus : salaires 9 700 euros + loyer 1 895 euros).

Pour ces individus, les pratiques de longévité permettent de tracer une frontière esthétique. Citons à nouveau Sylvie et Patrice qui brandissent l'ancienneté des objets comme un étendard. Au fil de l'entretien, ils présentent leurs meubles de « récup' » et le travail de restauration qu'ils ont dû accomplir pour les mettre au goût du jour. Par ce détournement d'objets, Sylvie et Patrice se rapprochent du style de vie des individus urbains à fort capital culturel qui participent à la gentrification de certains quartiers (Chalvon-Demersay, 1998 ; Collet, 2012). Dès les années 1990, Sabine Chalvon-Demersay relevait que les nouveaux habitants du 14e arrondissement parisien détournaient des « objets hétéroclites » pour leur logement, dans une recherche d'originalité. Elle donne l'exemple de cagettes récupérées sur les marchés, peintes et transformées en rangements. Anaïs Collet parle d'« esthétique de l'hybridation » pour décrire le mélange d'objets « entre le populaire et le distingué » qu'elle observe dans les lofts des « gentrifieurs » de Montreuil (Collet, 2012, p. 31-32).

Une partie de l'ameublement de Sylvie et Patrice provient aussi de leurs familles. Le critère esthétique est renforcé par un critère affectif : un beau meuble est, pour eux, un meuble qui a une mémoire.

> *Sylvie :* Il y a ce fauteuil qui vient de chez ma mère ; là-haut on a surtout des buffets, des vieilles armoires... Voilà. On mélange un petit peu, on aime bien mélanger un peu l'ancien et le plus récent.
>
> *Patrice :* Donc ce sont des objets pleins d'histoire, pleins de souvenirs... que t'as vus, toi, chez tes grands-parents, qui ont vécu, qui ont une trace. Une trace émotionnelle.
>
> (Sylvie, 58 ans, assistante commerciale dans une société d'agroalimentaire, vit en couple à Châtillon avec Patrice, 54 ans, chef de projet événementiel dans un centre de congrès, environ 4 470 euros net/mois par UC ; source de revenus : salaires).

Sylvie et Patrice évoquent des significations accordées aux meubles habituellement typiques d'un autre milieu social que celui des gentrifieurs : la grande bourgeoisie. Les meubles y sont parfois moins valorisés pour leur fonction que pour leurs qualités historiques et leur capacité à faire perdurer l'identité familiale (Le Wita, 1988 ; Pinçon & Pinçon-Charlot, 2007). Valorisées par de nombreux enquêtés, les manières d'acquérir le mobilier par des héritages familiaux et des achats chez des antiquaires ou dans des boutiques spécialisées sont également typiques des ménages de la classe dominante (Bourdieu, 2016 [1979]). Néanmoins, dans les univers grands bourgeois, les meubles sont généralement acquis auprès d'autres membres de la haute bourgeoisie, se maintenant au sein de la même classe sociale (Pinçon & Pinçon-Charlot, 2007). À l'inverse, dans les ménages étudiés, les meubles valorisés ont plutôt une origine rurale ou populaire. Ghyslaine, ingénieure cartographe, le décrit en évoquant ses parents. Elle a grandi à Lyon, auprès d'un père responsable technique en bâtiment et d'une mère enseignante. Dans les années 1970, ses parents louaient une pièce dans une ferme à la campagne pour y venir en vacances. Elle décrit l'interaction qui s'est déroulée entre eux et le propriétaire, Benoît, autour d'une armoire :

> Un jour mes parents arrivent, on était dans la cour, et le gars commençait à brûler une corniche d'une armoire. Il était en train de brûler l'armoire, c'était là où il mettait la vaisselle, et il la virait et il s'était commandé un ensemble de cuisine en formica ! Pour eux c'était le summum de la modernité ! Et là ils ont dit : « Ho là là, Benoît, mais qu'est-ce que tu fais ?! ». « Oh, mais c'est un vieux machin, on s'en débarrasse ! » « Arrête-toi » et tout. Donc sa corniche c'était mort, et les parents ont dit : « Mais t'es sûr de ton coup ? », et en fait c'était une armoire de style Louis XVI ! Mais après ils n'ont jamais regretté de l'avoir donnée à mes parents, au contraire ils étaient contents (Ghyslaine, 57 ans, ingénieure cartographe, vit seule à Paris 14e, environ 4 100 euros net/mois par UC ; source de revenus : salaire).

La famille de Ghislaine accordait de la valeur au mobilier ancien que l'on pouvait trouver dans les campagnes. La figure repoussoir est celle du « formica » considéré comme le « summum de la modernité » par les voisins « ruraux » desquels elle se distingue ainsi que ses parents, qui savent reconnaître et respecter un objet de valeur doté d'une certaine noblesse (« armoire de style Louis XVI »). Son cas évoque celui de la bourgeoisie du XIXe siècle étudiée par Manuel Charpy (2007), qui valorisait des objets porteurs de « pittoresque » qui puissent les « faire rêver » et manifestait une volonté « d'échapper au commerce et à la tyrannie de la nouveauté, à la modernité ». On reconnaît, dans les comportements de la bourgeoisie d'alors comme ceux des ménages interviewés, un attrait pour une forme d'authenticité qui se distinguerait du goût des masses pour la nouveauté. Les pratiques de longévité et les discours dont elles sont le support permettent de tracer une frontière esthétique : celle du bon goût, de l'originalité, de l'authenticité et de l'appréciation du patrimoine.

Si le rejet des meubles standardisés au profit du meuble atypique est présent dans la plupart des entretiens, la manière de valoriser le patrimoine familial varie. Femmes et hommes n'accordent pas la même importance à la dimension mémorielle des objets, les premières évoquant une volonté de conserver les objets hérités tandis que les seconds présentent un rapport plus utilitaire aux objets, rejetant une forme de sentimentalisme. Cet écart renvoie à la différence de rôles genrés dans la famille : aux hommes le rôle de « bâtisseurs », la responsabilité de fonder un patrimoine et de l'accumuler ; aux femmes, le rôle de « gardiennes », celui de l'entretien et de la conservation des objets présents (Billaud *et al.*, 2015). Cette tâche proprement féminine s'inscrit dans une division sexuée du travail de reproduction sociale, dans laquelle les femmes de classes supérieures sont en charge de convertir le capital économique en capital culturel (Albenga, 2015) et d'assurer l'entretien de ce dernier « dans sa forme traditionnelle » et désintéressée (Bourdieu, 2016 [1979], p. 361). Si les femmes ont, de manière générale, une propension plus importante à faire durer les objets, celle-ci s'accompagne, dans les ménages rencontrés, de la prise en charge d'un travail émotionnel et esthétique, en particulier pour les meubles et autres objets à faible contenu technologique.

Ces répertoires moraux, techniques et esthétiques ne sont pas nouveaux. Le répertoire éthique, valorisant la moralisation de la consommation, a été identifié au moins dès le XXe siècle avec l'avènement des associations de consommateurs (Chessel, 2012) et prend récemment une dimension écologique importante (Dubuisson-Quellier, 2018). Concernant le répertoire technique, la valorisation de la figure du bricoleur, associée à la figure du père et chef de famille, était déjà présente dans les années 1900 (Gelber, 1997). Le répertoire esthétique faisait déjà partie des discours bourgeois au XIXe siècle (Charpy, 2007) et se retrouve chez les gentrifieurs de certains quartiers franciliens, dès les années 1990 (Chalvon-Demersay, 1998). Ces répertoires sont aussi associés à des biens différents. Si les individus mobilisent le répertoire éthique pour tout type d'objets, promouvant une résistance à la consommation de biens en général, ils mobilisent davantage le répertoire technique pour des objets à forte technologie, mécanique (voiture) ou électronique (EEE). Enfin, ils s'inscrivent davantage dans le répertoire patrimonial au sujet des meubles et autres objets à fort potentiel mémoriel et esthétique.

Les frontières symboliques ainsi tracées ne recouvrent pas complètement des frontières de classes sociales. Certes, le rejet de matériaux tels que le formica, de commerces bon marché tels que les magasins Ikea ou de lieux de fabrication de produits à bas coût comme la Chine témoigne de l'effort fourni par nombre de ces ménages pour se distinguer des ménages des classes populaires et de leurs pratiques de consommation supposées. Mais les frontières symboliques qui se dessinent dans les discours de ces individus parcourent également la classe dominante. Celles-ci sont en partie des frontières de genre, comme nous l'avons vu au sujet des répertoires technique et esthétique. Mais plus généralement, les ménages aisés qui se considèrent dotés d'une certaine « force morale » et d'un goût de l'« authentique » se distinguent de ceux qui, d'après eux, se soumettent à la consommation des masses. Les ménages aisés rencontrés se perçoivent comme membres d'une petite élite de consommateurs-citoyens, de connaisseurs ou d'héritiers d'un patrimoine qui n'est pas réellement monétisable.

Conclusion

À travers l'étude des pratiques de longévité, nous avons exploré trois répertoires de distinction alternatifs à la consommation ostentatoire mobilisés par les classes supérieures aisées : la morale, qui s'incarne progressivement dans une mise en valeur d'une consommation éthique ; la technique, qui s'appuie sur la mise en évidence de savoir-faire et compétences masculines ; et l'esthétique patrimoniale, qui valorise l'objet ancien, unique et transmissible. Le croisement des méthodes et matériaux permet de mieux comprendre dans quelles configurations apparaît un tel recul du registre de la consommation ostentatoire au profit de l'affirmation d'un statut d'élite anti-consumériste. En effet, à l'échelle de la population française, la tolérance à l'usure demeure un phénomène social fortement associé à des situations de pauvreté, tandis que les ménages les plus aisés tendent toujours à accumuler et renouveler davantage leurs biens durables, consommant des objets neufs et récents. Si les ménages enquêtés mettent en avant des répertoires distinctifs alternatifs à l'ostentation matérielle, la composante consumériste du style de vie de la plupart des ménages aisés ne permet pas de généraliser au cas français la thèse de Elizabeth Currid-Halkett (2017) sur la transformation de la classe supérieure en « classe aspirationnelle », peu soucieuse de manifester son statut par la consommation matérielle. Les ménages aisés qui manifestent ce rejet de formes de consommation matérielle intensive au profit d'autres formes de distinction peinent à clairement se situer – et à assumer cette position – dans le pôle aisé de l'espace social. Le sentiment d'hériter d'une identité de « pauvre » et le ressenti de leurs conditions matérielles et de leurs évolutions récentes les amènent à ne pas revendiquer un statut socio-économique aussi élevé que leurs revenus laisseraient penser. L'étude de ces ménages permet alors de souligner la place centrale de la consommation ordinaire dans la construction, l'affirmation et parfois les paradoxes du statut social.

Annexes électroniques

Retrouvez les annexes de l'article déposées sur Nakala, l'entrepôt de données du TGIR Huma-Num : https://doi.org/10.34847/nkl.1074c6xt

Bibliographie

Albenga V. (2015). « Le féminisme entre genre, classe et capital culturel », *Politix*, n° 109, p. 159-165.

Amossé T. & Cartier M. (2019), « Si je travaille, c'est pas pour acheter du premier prix ! », *Sociétés contemporaines*, n° 114, p. 89-122.

Billaud S., Gollac S., Oeser A. & Pagis J. (2015), *Histoires de famille. Les Récits du passé dans la parenté contemporaine*, Paris, Rue d'Ulm.

Boltanski L. & Esquerre A. (2017), *Enrichissement. Une critique de la marchandise*, Paris, Gallimard.

Bourdieu P. (2016 [1979]), *La Distinction. Critique sociale du jugement*, Paris, Minuit.

Bourdieu P. (2018 [1980]), *Le Sens pratique*, Paris, Minuit.

Bourdieu P. & Delsaut Y. (1975), « Le couturier et sa griffe : contribution à une théorie de la magie », *Actes de la recherche en sciences sociales*, n° 1, p. 7-36.

Bourdieu P. & Passeron J. C. (2018), *La Reproduction. Éléments pour une théorie du système d'enseignement*, Paris, Minuit.

Bozouls L. (2020), « "Après vous allez penser qu'on est des nantis ou des privilégiés !". Saisir la position des classes supérieures du pôle privé dans l'espace social », *SociologieS*, dossier Les élites par leurs marges, http://journals.openedition.org/sociologies/12906.

Caplovitz D. (1963), *The Poor Pay More. Consumer Practices of Low-income Families*, New York, Free Press of Glencoe.

Carfagna L. B., Dubois E. A., Fitzmaurice C., Ouimette M. Y., Schor J. B., Willis M. & Laidley T. (2014), « An Emerging Eco-habitus. The Reconfiguration of High Cultural Capital Practices Among Ethical Consumers », *Journal of Consumer Culture*, vol. 14, n° 2, p. 158-178.

Chalvon-Demersay S. (1998), *Le Triangle du XIVe. Des nouveaux habitants dans un vieux quartier de Paris*, Paris, Éditions de la MSH.

Charpy M. (2007), « L'ordre des choses. Sur quelques traits de la culture matérielle bourgeoise parisienne, 1830-1914 », *Revue d'histoire du XIXe siècle*, n° 34, p. 105-128.

Chessel M.-E. (2012), *Histoire de la consommation*, Paris, La Découverte.

Clarke J., Newman J., Smith N., Vidler E. & Westmarland L. (2007), *Creating Citizen-consumers. Changing Publics and Changing Public Services*, Londres, Sage, Pine Forge Press.

Collectif Rosa Bonheur (2017), « Les garages à ciel ouvert : configurations sociales et spatiales d'un travail informel », *Actes de la recherche en sciences sociales*, n° 216-217, p. 80-103.

Collet A. (2012), « Montreuil, "le 21e arrondissement de Paris" ? La gentrification ou la fabrication d'un quartier ancien de centre-ville », *Actes de la recherche en sciences sociales*, n° 195, p. 12-37.

Comby J.-B. (2017), « Dépolitisation du problème climatique. Réformisme et rapports de classe », *Idées économiques et sociales*, n° 190, p. 20-27.

Coulangeon P. (2011), *Les Métamorphoses de la distinction*, Paris, Grasset.

Crane D. & Bovone L. (2006). « Approaches to Material Culture. The Sociology of Fashion and Clothing », *Poetics*, vol. 34, n° 6, p. 319-333.

Currid-Halkett E. (2017), *The Sum of Small Things*, Princeton, NJ, Princeton University Press.

Dassié V. (2012). « Les souvenirs domestiques, un retournement affectif », *Socio-anthropologie*, n° 30, p. 33-46.

Daumas J.-C. (2018), *La Révolution matérielle*, Paris, Flammarion.

Demoli Y. & Lannoy P. (2019), *Sociologie de l'automobile*, Paris, La Découverte.

Dubuisson-Quellier S. (2018), *La Consommation engagée*, deuxième édition, Paris, Presses de Sciences Po.

Duvoux N. & Papuchon A. (2018), « Qui se sent pauvre en France ? », *Revue française de sociologie*, vol. 59, n° 4, p. 607-647.

Elliott R. (2013), « The Taste for Green: The Possibilities and Dynamics of Status Differentiation Through "Green" Consumption », *Poetics*, vol. 41, n° 3, p. 294-322.

Gelber S. M. (1997), « Do-it-yourself. Constructing, Repairing and Maintaining Domestic Masculinity », *American Quarterly*, vol. 49, n° 1, p. 66-112.

Gilliotte Q. (2021), « La persistance de l'attachement aux biens culturels physiques », *Biens Symboliques/Symbolic Goods*, n° 9, http://journals.openedition.org/bssg/864.

Grignon C. & Grignon C. (1980), « Styles d'alimentation et goûts populaires », *Revue française de sociologie*, vol. 21, n° 4, p. 531-569.

Groncow J. & Warde A. (dir.) (2001), *Ordinary consumption*, Londres, Routledge.

Grossetête M. (2019), « Quand la distinction se met au vert. Conversion écologique des modes de vie et démarcations sociales », *Revue française de socio-économie*, n° 22, p. 85-105.

Guien J. (2019), « Obsolescences : philosophie des techniques et histoire économique à l'épreuve de la réduction de la durée de vie des objets », thèse de doctorat, Université Paris I Panthéon-Sorbonne.

Guien J. & Ramirez V. (2017), « Travailler à consommer. Expérimentation et émancipation dans les pratiques de consommation alternative », *Terrains & travaux*, n° 31, p. 45-62.

Halbwachs M. (1912), « La classe ouvrière et les niveaux de vie. Recherches sur la hiérarchie des besoins dans les sociétés industrielles contemporaines », thèse de doctorat, Faculté des lettres de l'Université de Paris (première édition 1913, Paris, Félix Alcan).

Halle D. (1992), « The Audience for Abstract Art: Class, Culture, and Power », *in* Lamont M. & Fournier M. (dir.), *Cultivating Differences. Symbolic Boundaries and the Making of Inequality*, Chicago, IL, University of Chicago Press.

Herlin-Giret C. (2018), « En quête de richesse. Comment faire parler d'argent ? », *Genèses*, n° 111, p. 137-155.

Herlin-Giret C. (2019), *Rester riche. Enquête sur les gestionnaires de fortune et leurs clients*, Lormont, Le Bord de l'eau.

Hoggart R. (1981), *La Culture du pauvre*, Paris, Minuit.

Holt D. B. (1998), « Does Cultural Capital Structure American Consumption? », *Journal of Consumer Research*, vol. 25, n° 1, p. 1-25.

Jarness V. (2017), « Cultural *vs* Economic Capital. Symbolic Boundaries within the Middle Class », *Sociology*, vol. 51, n° 2, p. 357-373.

Jourdain A. & Naulin S. (2011), « Héritage et transmission dans la sociologie de Pierre Bourdieu », *Idées économiques et sociales*, n° 166, p. 6-14.

Kennedy E. H. & Horne C. (2020), « Accidental Environmentalist or Ethical Elite? The Moral Dimensions of Environmental

Impact », *Poetics*, n° 82, https://doi.org/10.1016/j.poetic.2020.101448.

Kennedy E. H., Baumann S. & Johnston J. (2019), « Eating for Taste and Eating for Change. Ethical Consumption as a High-status Practice », *Social Forces*, vol. 98, n° 1, p. 381-402.

Lahire B. (2016), *La Culture des individus. Dissonances culturelles et distinction de soi*, Paris, La Découverte.

Lambert A. (2015). *« Tous propriétaires ! ». L'Envers du décor pavillonnaire*, Paris, Média Diffusion.

Lamont M. (1992), *Money, Morals, and Manners. The Culture of the French and the American Upper-middle Class*, Chicago, IL, University of Chicago Press.

Lamont M., Pendergrass S. & Pachucki M. (2015), « Symbolic Boundaries », *International Encyclopedia of the Social & Behavioral Sciences*, Amsterdam/Londres/New York, Elsevier, p. 850-855.

Le Wita B. (1988). *Ni vue ni connue. Approche ethnographique de la culture bourgeoise*, Paris, Éditions de la MSH.

Lebaron F. (2012), « L'éternel retour du "retour des classes sociales" », *Revue française de socio-économie*, n° 10, p. 281-287.

Mathé T. & Hébel P. (2013), « Comment consomment les hommes et les femmes ? », *Cahier de recherche du CREDOC*, n° 309.

Mathé T., Hébel P., Perrot M. & Robineau D. (2012), « Comment consomment les seniors », *Cahier de recherche du CREDOC*, n° 296.

Mudgal S., Tinetti B., Faninger T., Lockwood S. & Anderson G. (2012), « Étude sur la durée de vie des équipements électriques et électroniques », Paris, Ademe.

Packard V. & McKibben B. (1963), *The Waste Makers*, Harmondsworth, Penguin books.

Pan Ké Shon J.-L. (2015), « Pourquoi l'indicateur de pauvreté en conditions de vie baisse malgré la crise économique ouverte en 2008 ? », Insee, Documents de travail n° F1502.

Perrin-Heredia A. (2013), « Le "choix" en économie », *Actes de la recherche en sciences sociales*, n° 199, p. 46-67.

Piketty T. (2019), *Capital et idéologie*, Paris, Seuil.

Pinçon M. & Pinçon-Charlot M. (2007), *Les Ghettos du gotha*, Paris, Seuil.

Plessz M., Dubuisson-Quellier S., Gojard S. & Barrey S. (2016), « How Consumption Prescriptions Affect Food Practices. Assessing the Toles of Household Resources and Life-course Events », *Journal of Consumer Culture*, vol. 16, n° 1, p. 101-123.

Pulici C. (2012), « Le solennel et le parcimonieux dans l'alimentation. Les pratiques gastronomiques comme source de distinction des élites brésiliennes », *IdeAs. Idées d'Amériques*, n° 3, http://journals.openedition.org/ideas/441.

Renahy N. (2010), *Les Gars du coin*, Paris, La Découverte.

Rochefort R. (2002), « Modes de vie », *Revue Projet*, n° 271, p. 45-53.

Savage M., Devine F., Cunningham N., Taylor M., Li Y., Hjellbrekke J., Le Roux B., Friedman S. & Miles A. (2013), « A New Model of Social Class? Findings from the BBC's Great British Class Survey Experiment », *Sociology*, vol. 47, n° 2, p. 219-250.

Schor J. B. (1998), *The Overspent American. Upscaling, Downshifting, and the New Consumer*, New York, Basic Books.

Schwartz O. (2012), *Le Monde privé des ouvriers*, Paris, Puf.

Sherman R. (2017), *Uneasy Street. The Anxieties of Affluence*, Princeton, NJ, Princeton University Press.

Small M. L. (2011), « How to Conduct a Mixed Methods Study. Recent Trends in a Rapidly Growing Literature », *Annual Review of Sociology*, n° 37, p. 57-86.

Trentmann F. (2016), *Empire of Things. How We Became a World of Consumers, from the Fifteenth Century to the Twenty-first*, Londres, Penguin UK.

Vallas S. P. (2001), « Symbolic Boundaries and the New Division of Labor: Engineers, Workers and the Restructuring of Factory Life », *Research in Social Stratification and Mobility*, n° 18, p. 3-37.

Veblen T. (1970) [1899], *Théorie de la classe de loisir*, introduction de R. Aron, traduction de L. Évrard, Paris, Gallimard (première parution *The Theory of the Leisure Class*, 1899).

Warde A. (2016), *Consumption. A Sociological Analysis*, Londres, Palgrave Macmillan.

Warde A. & Shove E. (1998), « Inconspicuous Consumption. The Sociology of Consumption, Lifestyles and the Environment », *in* Gijswijt A., Buttel F., Dickens P., Dunlap R., Mol A. & Spaargaren G. (dir.), *Sociological Theory and the Environment, Part 2, Cultural and Social Contructivism*, Amsterdam, University of Amsterdam, SISWO.

Weber F. (1996), « Réduire ses dépenses, ne pas compter son temps. Comment mesurer l'économie domestique ? », *Genèses*, n° 25, p. 5-28.

Weber M. (2013 [1905]), *L'Éthique protestante et l'Esprit du capitalisme*, Paris, Presses électroniques de France.

SOCIOLOGIE

« Naturels » ou « naturalisés » ? Le travail d'identification des rapatriés d'Algérie par l'État et ses effets sur la recherche en sciences sociales

"Natural" or "naturalized"? The state's efforts at identifying Repatriates' from Algeria and their effects on social science research

par **Marie-Paule Couto** *

RÉSUMÉ

Il est commun de désigner sous l'expression « pieds-noirs » les Européens d'Algérie arrivés en métropole principalement pendant l'été 1962. Ces derniers sont susceptibles de porter, s'ils en ont fait la demande, le statut de « rapatriés ». À la sortie de la guerre d'Algérie, il fallait disposer de la citoyenneté française pour obtenir ce statut et bénéficier du secours de l'État. Les autorités ont donc procédé à l'identification, parmi les migrants originaires d'Algérie, des ressortissants français afin de soutenir leur installation en métropole. Cet article vise à dénaturaliser les labellisations institutionnelles de « citoyens » et de « rapatriés » en analysant la manière dont elles ont été construites par les pouvoirs publics, reçues par les administrés, mais aussi utilisées par les chercheurs en sciences sociales. Migrants mais citoyens, les rapatriés ne semblent pas représenter un objet d'étude légitime pour les sociologues de l'immigration, d'autant que les catégories de la statistique publique contribuent à les invisibiliser. En revenant sur la construction et les effets performatifs de leur identité de papier à partir de textes légaux, d'entretiens et d'archives de la statistique publique, ce travail entend interroger certaines prénotions concernant les Européens d'Algérie en France et souligne l'intérêt à mieux considérer le devenir de cette population.

MOTS-CLÉS : rapatriés d'Algérie, identification nationale, statistique publique

ABSTRACT

Pieds-noirs *is the common category used for Europeans who arrived in metropolitan France from Algeria during the summer of 1962. Upon request, such individuals could apply for status as* rapatriés *once in* France. *However, such a status was reserved to those with French nationality although it constituted a condition for access to state aid. The authorities henceforth proceeded to try to identify French nationals amongst migrants from Algeria, in order to support their settlement in metropolitan France. This article attempts to denaturalize the institutional labels of* citoyen *and* rapatrié *through analyzing the ways in which they were constructed by public authorities, received by people, and used by social scientists. At once migrants and citizens, the* rapatriés *have never been considered as a legitimate object of study by the sociology of immigration and they were made invisible by the categories employed in official statistics. This article therefore examines the construction and the performative effects of this "paper identity", based on legal texts, interviews, and archives of official statistics. It further interrogates some prenotions about Europeans from Algeria in France.*

KEYWORDS*: Returnees from Algeria, national identification, public statistics, France*

* Maîtresse de conférences en sociologie à l'Université Paris 8 Vincennes-Saint-Denis, membre du Cresppa-CSU
Cresppa-CSU, 59-61 rue Pouchet, 75849 Paris CEDEX 17, France
mp.couto@live.fr

Il est commun de désigner sous l'expression « pieds-noirs » les quelque 900 000 Européens d'Algérie arrivés en métropole principalement pendant l'été 1962 (Assante & Plaisant, 1992 ; Guillon, 1974) [1]. Ces derniers sont susceptibles de porter, s'ils en ont fait la demande, le statut de « rapatriés ». À la sortie de la guerre d'Algérie, il fallait disposer de la citoyenneté française pour obtenir ce statut et bénéficier du secours de l'État. Les autorités ont donc procédé à l'identification, parmi les migrants originaires d'Algérie, des ressortissants français afin de soutenir ou d'encadrer leur installation en métropole.

Dans cet article, nous revenons sur la manière dont ce travail de catégorisation a été opéré par les pouvoirs publics et appréhendé par les pieds-noirs eux-mêmes. Mais l'identification des rapatriés par les institutions sous la tutelle de l'État a également marqué la façon dont les sciences sociales ont abordé le devenir de cette population. Les catégories de la statistique publique, en premier lieu, ont participé à réifier l'appartenance nationale des Européens et juifs d'Algérie en les assimilant aux natifs de métropole (ou à la population dite « majoritaire »), à l'inverse des Français musulmans. Ce faisant, elles ont contribué « à contenir le questionnement sociologique dans un cadre préconstruit, en réponse à des préoccupations de gestion et d'intervention plus que de connaissance » (Simon, 1997, p. 13). Cet article vise donc à *dénaturaliser les labellisations institutionnelles* de « citoyens » et de « rapatriés » en analysant la manière dont elles ont été construites par les pouvoirs publics, reçues par les administrés et, enfin, utilisées par les chercheurs en sciences sociales.

D'un point de vue théorique, la présente recherche s'inspire des travaux de Gérard Noiriel et des concepts formulés par Martina Avanza et Gilles Laferté à leur lecture (Avanza & Laferté, 2005). L'*identification* est appréhendée chez ces auteurs comme « les pratiques sociales et juridiques de nomination et de catégorisation des personnes » (Noiriel, 2007, p. 5). Ces pratiques concrètes sont envisagées comme des relations de pouvoir entre les institutions susceptibles de définir l'identité des individus et les personnes qui subissent ces identifications, les contournent, les aménagent et parfois même les provoquent. Dans la même lignée, les travaux d'Anne-Sophie Bruno (2010, p. 18) interrogent « la pertinence des formes d'appartenance habituellement jugées comme allant de soi et [...] l'influence des "identités de papiers" – qui définissent un individu comme "protégé", "étranger" ou "national" – sur le cours des trajectoires ». L'intérêt est d'analyser les liaisons entre les pratiques d'identification par l'État et leur appropriation (ou non) par les administrés.

En « soumet[tant] à une réflexion critique les postulats de la pensée d'État », cet article se situe également dans le sillage de l'invitation d'Abdelmalek Sayad (1999, p. 7) pour qui il importe d'historiciser les usages des catégories arbitraires ou conventionnelles (telles que celles de « national » et de « non-national ») et d'examiner leurs effets sur la recherche en sciences sociales. Documenter et interroger le processus d'identification nous permettra ici d'envisager sous un angle nouveau une tension observée dans la littérature sur les Européens d'Algérie. En effet, la littérature concernant les Européens d'Algérie est structurée par deux approches apparemment antagonistes. La première approche, s'appuyant sur les discours des pieds-noirs, relève de la sociologie de la mémoire et propose de saisir la manière selon laquelle s'est constituée et se réactualise en métropole une forme de mémoire collective pied-noir. Ces travaux insistent sur un fort sentiment d'abandon de la part de l'État français (Baussant, 2002 ; Comtat, 2009). Emmanuelle Comtat (2009, p. 138-139), qui s'intéresse également aux comportements électoraux des pieds-noirs, évoque le « drame collectif des pieds-noirs » qui les a « profondément meurtris ». La seconde approche, mobilisant des archives, s'inscrit dans une histoire du rapatriement (Zytnicki, 1998 ; Scioldo-Zürcher, 2010). Elle montre au contraire l'investissement important des pouvoirs publics envers cette population. D'après Yann Scioldo-Zücher (2010, p. 20), l'analyse des dispositifs mis en œuvre par les pouvoirs publics permet « une relativisation des propos victimaires le plus souvent rapportés ». Il montre que les Français rapatriés d'Algérie ont bénéficié de la première politique intégrative initiée par l'État. Ainsi, l'étude des textes législatifs relatifs à la politique d'intégration des rapatriés d'Algérie en France, d'une part, et l'analyse des récits de vie menés auprès des pieds-noirs, d'autre part, rendent comptent d'un hiatus. Alors que l'État a engagé une politique d'intégration sans pré-

1. Je remercie les relecteurs anonymes de la revue *Sociologie* pour leurs discussions et remarques sur des versions antérieures de ce texte ainsi que d'autres collègues, parmi lesquels Margot Delon, Françoise de Barros, Joanie Cayouette-Remblière et Lucas Tranchant. Mes remerciements également aux personnes enquêtées dans le cadre de cette recherche.

cédent à destination des rapatriés d'Algérie, comment se fait-il que l'on observe chez ces administrés un fort sentiment d'abandon ?

Pour comprendre ce paradoxe, le parti pris méthodologique de l'article est d'appliquer aux matériaux « une égalité de traitement interprétatif » (Bertrand, 2011, p. 15-17). Il s'agit d'accorder aux textes législatifs, aux archives de la statistique publique, aux entretiens, ainsi qu'à la variété des points de vue dont ils rendent compte (institutionnel ou indigène) le même intérêt, alors qu'ils donnent à voir des résultats *a priori* contradictoires. Cet article explore ainsi l'hypothèse que le décalage tiendrait moins aux divergences entre les sources qu'aux grilles de lecture utilisées : une grille restituant l'expérience des pieds-noirs comme celle de *Français* insuffisamment soutenus par l'État dans un contexte singulier ; une autre considérant les rapatriés comme des *migrants parmi d'autres* et, de ce fait, l'objet de politiques publiques volontaristes. L'intérêt de la deuxième perspective est d'inscrire le rapatriement dans l'histoire plus vaste de l'immigration en France et d'interroger les conditions de possibilité d'une intégration souvent qualifiée de remarquable (Scioldo-Zürcher, 2010). Pourtant, lorsque nous avons engagé en 2008 une recherche doctorale sur le sujet, il n'existait pas d'études permettant de caractériser l'intégration socio-professionnelle des pieds-noirs durant la seconde partie du XXe siècle et, à notre connaissance, le chantier n'a pas été repris depuis concernant leurs enfants [2]. Alors que d'autres populations migrantes ont été plusieurs fois étudiées, comment se fait-il que les pieds-noirs n'aient pas suscité le même intérêt chez les sociologues de l'immigration ? Cela tient-il à la manière dont les Européens d'Algérie revendiquent l'identification de Français rapatriés (plutôt que celle de migrants) et/ou à la façon dont les chercheurs abordent ce statut ?

Une manière de saisir le positionnement des pieds-noirs vis-à-vis de la catégorie de Français rapatriés est de détailler leurs souvenirs des interactions « au guichet » (Siblot, 2006). En effet, c'est durant ce type d'échanges que les administrés sont le plus directement confrontés aux catégories de l'État. Après avoir examiné les modalités selon lesquelles les Européens d'Algérie ont été identifiés par les autorités (première partie), nous centrerons donc l'analyse des entretiens – réalisés auprès de pieds-noirs aux profils sociaux contrastés (Encadré) – sur leurs rapports concrets aux institutions publiques (deuxième partie). Les administrés sont aussi ponctuellement confrontés aux catégories étatiques lorsqu'ils répondent aux enquêtes de la statistique publique (telles que le recensement de la population en France), enquêtes dont font usage par ailleurs les chercheurs. La manière dont la statistique publique classe les individus et les exploitations réalisées à partir de ses données constitueront donc un autre « poste d'observation » pour étudier les frictions entre les identifications institutionnelles et leurs modes d'appropriation, cette fois dans les travaux scientifiques (troisième partie). L'analyse croisée des modalités selon lesquelles les rapatriés d'Algérie ont été identifiés par les pouvoirs publics et de la réception par les pieds-noirs de ce travail de catégorisation permettra de comprendre les divergences qui traversent l'histoire et la sociologie des rapatriés et plus généralement les effets performatifs des catégories de « nationaux » et d'« étranger » sur les recherches en sciences sociales.

L'identification des rapatriés d'Algérie par l'État

La catégorie administrative de « rapatriés » a été construite en vertu de la « solidarité nationale » affirmée par le préambule de la Constitution de 1946 (Art. 1er) qui définit le cadre de l'action de l'État envers ses ressortissants. Encore faut-il définir « ses ressortissants », tant le droit colonial concernant la nationalité est complexe. Il se caractérise par l'exclusion des Français musulmans d'Algérie, déjà bien documentée dans la littérature scientifique (Spire, 2003 ; Blévis, 2001) et *a contrario*, par l'inclusion des Européens d'Algérie. Ces deux processus connaissent des prolongements en France métropolitaine, après l'indépendance, à travers les dispositions relatives à la politique d'intégration des rapatriés. Alors que nombre de travaux se concentrent sur le statut des Français musulmans durant la colonisation (Spire, 2003 ; Blévis, 2001 ; Weil, 2005a), nous examinons ici les textes législatifs en déplaçant sensiblement la focale : il s'agit de relever le travail d'incorporation par l'État français des étrangers installés en Algérie dès lors qu'ils étaient originaires d'un pays européen et ses effets sur l'administration des pieds-noirs après l'indépendance.

2. Les travaux statistiques consacrés aux rapatriés étaient localisés et circonscrits dans le temps n'excédant pas la période dite des Trente Glorieuses.

Les matériaux exploités et leurs limites

Cet article mobilise trois types de sources : des textes législatifs relatifs aux codes de la nationalité en Algérie et à la politique d'intégration à destination des rapatriés en métropole, des entretiens biographiques menés auprès de pieds-noirs et des archives de la statistique publique concernant les recensements de la population en France. Ces sources permettent de saisir le travail d'identification des rapatriés d'Algérie par les institutions et ses effets.

Les textes législatifs considérés sont, pour la plupart, accessibles en ligne sur le site officiel du gouvernement Légifrance. Si le « contenu pratique de la loi [...] est l'aboutissement de lutte symbolique entre des professionnels dotés de compétences techniques et sociales inégales » (Bourdieu, 1986, p. 8), nous n'analyserons ici que le produit achevé de ces luttes, c'est-à-dire les textes législatifs effectivement publiés dans les bulletins officiels. Ces textes législatifs constituent un indicateur de la position de l'État, puisque le « droit consacre l'ordre établi en consacrant une vision de cet ordre qui est vision d'État garantie par l'État » (Bourdieu, 1986, p. 13).

Les entretiens auprès de pieds-noirs ont été menés entre 2008 et 2014 par interconnaissance (en Île-de-France et dans les Bouches-du-Rhône) en diversifiant les profils des personnes rencontrées. Dans la mesure du possible, plusieurs membres du lignage ont été interrogés afin de constituer des biographies familiales. Nous avons ainsi recueilli 49 entretiens individuels enregistrés (pour l'essentiel au domicile des personnes interrogées), auxquels s'ajoutent nombre de discussions formelles et informelles menées avec les enquêtés principaux, mais aussi avec des membres de leur famille : conjoint, enfants, neveux et nièces, dont certains ont initialement été approchés dans le cadre d'une post-enquête qualitative associée à l'enquête Trajectoires et Origines de l'Institut national d'études démographiques (Ined). Contrairement à d'autres travaux, nous n'avons pas utilisé la sphère associative pied-noir comme mode d'accès aux enquêtés puisque les entretiens visaient à saisir des rapports ordinaires au rapatriement, alors que les associations se composent d'« entrepreneurs d'identité » avec des ressources sociales et culturelles spécifiques (Saada, 1993). Près de cinquante ans après l'indépendance algérienne, les pieds-noirs décédés échappent logiquement à l'analyse. En France, les inégalités sociales face à la mort affectent, en premier lieu, les hommes de classes populaires, de fait moins représentés parmi les enquêtés.

L'analyse du travail d'identification des rapatriés par l'Institut national de la statistique et des études économiques (Insee) est facilitée par la multiplication d'archives à cette époque. Dès sa création, l'Insee s'inscrit dans le mouvement de rationalisation du travail engagé au XXe siècle et cherche à développer une organisation taylorienne du travail sur le modèle de l'industrie (Thévenot, 1983). Ce modèle nécessite de transmettre à chaque maillon de la chaîne de production des consignes écrites (Lomba, 2008). En outre, les spécificités mêmes du travail statistique impliquent la multiplication de notes internes : l'objectif de standardisation de la collecte et de la saisie des questionnaires impose un important dispositif de prescription et de contrôle du travail des agents. S'ajoute à cela que l'Insee connaissait durant la décennie 1960 une période de fortes transformations, liées au remplacement des machines à cartes perforées par des ensembles électroniques. Une réflexion sur les pratiques des agents était alors à l'œuvre se traduisant par la production de rapports d'activité. S'il est possible d'identifier les différents services à l'origine des écrits ou ceux auxquels ils sont adressés, il reste complexe de caractériser les auteurs des documents. De plus, il existe nécessairement une distance entre le travail prescrit et les pratiques effectives. Ces archives permettent tout de même d'étudier le travail de catégorisation des individus sur une période où l'observation directe des pratiques est impossible.

Faire des Européens en Algérie des citoyens français et les maintenir dans la citoyenneté

Jusqu'en 1847, le peuplement européen en Algérie n'a pas été tant le fait de Français que d'émigrés d'autres pays d'Europe (Kateb, 2001, p. 187). Avant même la conquête de l'Algérie par la France, des migrants (commerçants et pêcheurs) originaires d'Espagne, d'Italie et de Malte séjournaient de manière durable ou temporaire sur les côtes algériennes. Ces migrations de proximité se sont poursuivies après 1830 (au gré des crises économiques et politiques dans les pays d'émigration) sans que le peuplement français parvienne à compenser ces flux. En 1847, la part d'étrangers dans la population européenne était donc considérable (61 %), parmi laquelle nombre d'Espagnols (Brunet & Kateb, 2018). Ne souhaitant pas se voir contester par d'autres sa souveraineté, l'État français a mis en œuvre des procédures de naturalisation des habitants de l'Algérie visant à accroître le poids numérique de ses ressortissants sur le territoire.

En dépit de la Constitution de 1848 qui faisait de cette colonie un territoire français, le principe de spécialité législative offre alors à l'État la possibilité d'installer un droit de la nationalité spécifique à l'Algérie. À partir du 14 juillet 1865, la nationalité française est donc attribuée aux « indigènes musulmans » (tels qu'ils sont nommés dans le sénatus-consulte de 1865 relatif à l'état des personnes et la naturalisation en Algérie), mais ils restent régis par un statut civil particulier à l'Algérie. Ce statut les prive de droits politiques, économiques et sociaux attachés à la citoyenneté, tels que le droit de vote ou l'accès à certains emplois publics. Ce fut également le cas des « indigènes israélites » jusqu'au 24 octobre 1870, date après laquelle la citoyenneté leur a été accordée d'office. Le droit colonial différenciait donc des *Français citoyens* de droit commun, régis par les lois civiles et politiques françaises et des *Français non-citoyens* soumis à un droit local, les indigènes musulmans d'Algérie. Les indigènes musulmans occupaient ainsi une position intermédiaire entre les citoyens français et les *étrangers* (Spire, 2003). Mais le sénatus-consulte de 1865 aménageait aussi des conditions particulières d'acquisition de la citoyenneté française pour les étrangers.

Alors qu'en métropole, la procédure en vigueur permettait aux étrangers d'obtenir la citoyenneté après un délai de dix ans de résidence, ce délai était fixé à trois ans en Algérie. Plus accessible, la procédure nécessitait, tout de même, un acte individuel et volontaire des personnes intéressées. Kamel Kateb (2001, p. 1988) montre que loin de remporter une vive adhésion, elle « ne fut pas d'une grande efficacité et s'avéra insuffisante pour atteindre les objectifs assignés » en termes de naturalisations effectives. Afin d'accroître, encore, le nombre de ressortissants français, la loi du 26 juin 1889 sur la nationalité est adoptée en France et surtout étendue à l'Algérie coloniale. Cette loi – qui s'ajoute aux dispositions de 1865 – a, cette fois, un caractère automatique. Charles-Robert Ageron (1979, p. 118) affirme ainsi que la loi de 1889 est « l'acte de naissance du peuple européen d'Algérie ». Elle impose la nationalité française à la naissance à toute personne née en France dont un parent est également né en France sans possibilité de la répudier. Les étrangers nés en France domiciliés en France (y compris en Algérie) à l'époque de leur majorité sont également déclarés Français, à moins qu'ils ne déclinent *explicitement* la nationalité française dans l'année précédant leur majorité[3]. La situation des Français musulmans d'Algérie reste, quant à elle, inchangée. La loi entérine de la sorte « une distinction entre les "assimilables" et ceux qui ne le sont pas », au profit des étrangers (Weil, 2005b, p. 90).

Notons qu'en l'absence de mention contraire dans les textes législatifs, les dispositions relatives au droit du sol contenues dans la loi de 1889 offraient à tous les enfants de parents étrangers d'accéder à la nationalité *et* aux droits associés à la citoyenneté française, y compris aux enfants des ressortissants du protectorat français de Tunisie et ultérieurement du Maroc. Ce n'est plus le cas, à partir de la loi du 17 février 1942. À cette date, le législateur prive des droits de citoyens les enfants de protégés français. La loi précise désormais que l'enfant né en Algérie de parents protégés français « auquel la loi française sur la nationalité attribue la qualité de Français en raison de sa naissance ou comme conséquence de son domicile en France ou en Algérie [...] est régi par le même statut politique et civil que l'indigène musulman de l'Algérie » (Art. 1er). Ainsi, quelles qu'aient été les évolutions juridiques sur la période, les habitants de l'Algérie ont durablement été dissociés par le droit sur un critère ethno-religieux[4]. Concernant les Européens, ce processus s'est traduit par des facilités à acquérir la citoyenneté, mais aussi par des dispositions pour les maintenir dans la citoyenneté.

En effet, en 1962, après l'indépendance, les anciens indigènes musulmans ont perdu la nationalité française. Pour la conserver, ils devaient se soumettre à des formalités de reconnaissance de la nationalité (dite procédure recognitive[5]) ou, à défaut d'y avoir souscrit dans les délais, aux formalités de réintégration dans la nationalité. Dans les deux cas, une résidence en métropole était nécessaire. Les personnes de statut de droit commun ont, quant à elles, automatiquement conservé la nationalité française, qu'elles aient rejoint ou non l'hexagone. Parmi eux, on compte donc les Français d'ascendance métropolitaine, des Français par naturalisation ou acquisition (pour beaucoup originaires d'Espagne, d'Italie et de Malte), des Français israélites (le décret Crémieux du

3. Précisons aussi qu'à cette époque les femmes suivent la condition de leur mari.

4. Si la Constitution de 1946 était censée mettre fin au régime dérogatoire des départements d'outre-mer, elle maintient la possibilité d'« exceptions déterminées par la loi » (Art. 73) se traduisant en Algérie par des droits électoraux inégaux. La loi du 5 février 1958 corrige ces inégalités (en accordant le droit de vote aux femmes musulmanes et en instaurant un collège unique), mais la constitution de la même année ménage encore des possibilités d'« adaptations tenant aux caractéristiques et aux contraintes particulières » (Art. 73) en lien précisément avec le Code civil, qui assignait aux Français dès lors qu'ils étaient nés sur le territoire algérien, des statuts différents selon des catégories ethno-religieuses.

5. Durant la période prescrite par la loi pour procéder aux déclarations de reconnaissance, les personnes concernées possédaient la nationalité française, mais sous condition suspensive : « ils ne pouvaient exercer les droits attachés la nationalité française, mais ils bénéficiaient de certains effets qui en découlaient » (Barrière, 2002, p. 42). Si à la date du 23 mars 1967, aucune procédure n'était engagée, les intéressés perdaient la nationalité française de manière rétroactive (à la date du 1er janvier 1963).

24 octobre 1870 les déclarant collectivement Français a été abrogé le 7 octobre 1940, mais rétabli le 22 octobre 1943) et une infime minorité de Français musulmans qui avaient, déjà en Algérie, accédé aux droits de citoyens selon des dispositions spécifiques (Massicot, 1986 ; Blévis, 2003). En principe, tous les citoyens français y compris par reconnaissance pouvaient prétendre au statut de « rapatriés », défini par la loi du 26 décembre 1961.

La catégorie administrative de « rapatrié » : un droit et une reconnaissance sociale

La loi relative à l'accueil et à la réinstallation des Français d'outre-mer désigne comme rapatriés « les Français ayant dû ou estimé devoir quitter, par suite d'évènements politiques, un territoire où ils étaient établis et qui était antérieurement placé sous la souveraineté, le protectorat ou la tutelle de la France (Art. 1er, Loi no 61-1439, 26 décembre 1961). C'est donc au titre de leur nationalité française que ces migrants ont pu bénéficier de ce statut, autrement dit « au nom de leur reconnaissance comme membre de la nation française » (Scioldo-Zürcher, 2010, p. 161). À partir du corpus législatif qui vient d'être décrit, l'État se dote d'outils pour distinguer, parmi les habitants de l'Algérie, les « citoyens » des « autres ».

La catégorie « rapatrié », telle qu'elle est définie par la loi du 26 décembre 1961, détermine l'action des pouvoirs publics envers ceux qu'ils qualifient donc comme ses ressortissants. Elle ouvre à des aides de l'État, c'est-à-dire à un « ensemble de mesures de nature à intégrer les Français rapatriés dans les structures économiques et sociales de la nation ». Elles consistent, « en particulier, à accorder aux rapatriés des prestations de retour, des prestations temporaires de subsistance, des prêts à taux réduit et des subventions d'installation et de reclassement, des facilités d'accès à la profession et d'admission dans les établissements scolaires, des prestations sociales, ainsi que des secours exceptionnels » (Art. 1er, Loi no 61-1439, 26 décembre 1961). Elle crée ainsi une catégorie « d'ayant droit ». Selon Yann Scioldo-Zürcher (2010), ces dispositions à destination des rapatriés ont participé à les affranchir de leur condition de migrants.

Pour recevoir les aides, les familles devaient s'inscrire auprès des services du ministère, dans les délégations régionales, préfectures ou sous-préfectures par exemple. Le dossier se composait de fiches d'identification individuelles et de fiches professionnelles indiquant la profession antérieure pour chaque membre du ménage. Ces pièces conditionnaient le versement des aides sociales, en principe au seul chef de famille. Les services de l'État (délégations régionales et préfectures) avaient la charge de vérifier la validité des dossiers et d'identifier les éventuelles fraudes en s'appuyant sur le « Fichier central des rapatriés ». Les familles ont ainsi été encouragées à solliciter elles-mêmes leur identification pour accéder au statut de rapatrié et aux prestations sociales associées, identification qui matérialise donc des droits et une reconnaissance sociale par les institutions publiques.

Dans la même perspective, les pièces du dossier conditionnaient l'obtention d'une carte de sécurité sociale. Les rapatriés se voyaient ainsi attribués un numéro d'identité national, désormais nommé Numéro d'inscription au Répertoire national d'identification des personnes physique (NIR) et plus connu des administrés sous l'intitulé de « numéro de sécurité sociale ». La gestion de cet identifiant revenait à l'Insee qui est à l'origine de son utilisation dans les administrations françaises (fiscale, électorale, etc.). Ce dernier a été conçu pour être propre à chaque individu et *immuable*. Pourtant, la circulaire du 30 septembre 1996 autorise les rapatriés à modifier deux des quinze chiffres composant ce numéro d'identité, les chiffres renvoyant à leur département de naissance.

La raison en est simple, lors de leur installation en métropole, les rapatriés nés en Algérie avant le 3 juillet 1962, mais immatriculés en France par la suite se sont vu attribuer le code 99, indifféremment affecté à toutes les personnes nées à l'étranger, qu'elles soient françaises ou non. Mais, en 1996, une circulaire permet aux rapatriés « de faire apparaître la spécificité de leur naissance dans [des] départements français » en faisant rectifier leur NIR. Selon la circulaire, cette mesure vise à « régler certaines difficultés liées à des procédures touchant à l'État civil et ressenties comme discriminatoires par les rapatriés d'Algérie » (Circulaire du 30 septembre 1996 relative à l'immatriculation des rapatriés d'Algérie au Répertoire national d'identification des personnes physiques). D'après un article du journal *Libération*, daté du 22 décembre 1997 et intitulé « Les rapatriés d'Algérie numérotés français », l'Insee aurait reçu pas moins de 100 000 demandes de rapatriés souhaitant voir modifier leur numéro de sécurité sociale[6]. L'article rapporte les propos d'un responsable de l'Insee sur la procédure : « À l'Insee, de nombreux formulaires ont été renvoyés accompagnés de lettres pleines d'émotion : “certains demandeurs nous ont raconté leur vie, ils nous ont dit qu'ils avaient tout perdu en Algérie et qu'ils voulaient achever leur réhabilitation administrative française avant de mourir” ». Quarante ans après l'indépendance, sur les consignes du gouvernement, l'Insee (en tant qu'acteur du processus d'identification des citoyens français) poursuit d'effacer l'appartenance des rapatriés à un territoire étranger.

Ce rapide examen des textes législatifs montre que la naturalisation des Européens dans la colonie, d'une part, et leur incorporation en métropole après l'indépendance, d'autre part, repose sur un travail actif de l'État. Si l'on dénombrait encore en 1901, 38 % d'étrangers dans la population européenne d'Algérie, leur part n'est plus que de 5 % à la veille de la guerre. Pour nombre de lignages, l'entrée dans la citoyenneté coïncide avec la naissance sur le sol algérien d'un ou plusieurs de leurs membres comme on peut le voir sur la figure 1 avec l'exemple d'un lignage espagnol qui acquiert progressivement la nationalité française au fil des générations. C'est en raison de cette affiliation nationale qu'ils ont pu bénéficier, ensuite, du secours de l'État français à travers une nouvelle catégorie d'« ayant droit ». Dans un même temps, le principe de spécialité législative – qui jusqu'à l'indépendance autorisait l'application d'un droit spécifique aux colonies – a rendu possible l'incorporation des uns au détriment des autres. De fait, seuls les Européens et les juifs d'Algérie (hormis durant la Deuxième Guerre mondiale pour ces derniers) ont durablement accédé aux droits sociaux et économiques attachés à la citoyenneté, tandis que les Français musulmans en étaient privés. En cela, la continuité territoriale avec la métropole et l'assimilation législative de l'Algérie n'ont jamais été complètement réalisées (avec dans la colonie une hiérarchisation fine des populations selon leur appartenance ethno-religieuse). Ces premiers éléments permettent d'historiciser l'appartenance nationale des pieds-noirs et de comprendre (en deuxième partie) leurs modes d'appropriation de la nationalité française ainsi que leurs rapports au statut de rapatrié, en tant que catégorie de l'État social.

La réception de la catégorie de « rapatrié » par les administrés

Si l'origine et l'appropriation de la dénomination populaire de « pieds-noirs » ont déjà été questionnées (Savarèse, 2002) – de même que la notion de « rapatriement » pour une population dont nombre de ses membres « ne connaissaient le pays qui les recevait qu'à travers son image projetée en Algérie par l'idéologie républicaine » (Baussant, 2002, p. 396) –, les travaux évoquant la réception de la catégorie « rapatrié » en tant qu'identité administrative sont plus rares. La littérature portant sur d'autres catégories d'« ayant droit » montre pourtant que ce n'est pas sans difficulté et résistance que les administrés abordent les catégories véhiculées par les institutions publiques (Duvoux, 2009). Il s'agit donc ici d'interroger les relations entre les normes administratives d'identification des personnes et l'appropriation de ces normes par les personnes concernées (Mariot & Zalc, 2010, p. 56). Si d'après les textes législatifs, le statut de rapatrié (avec les prestations associées) matérialise la reconnaissance de l'État français, qu'en est-il de la réception de cette identité administrative par la population concernée ?

Une catégorie de l'aide sociale stigmatisante

Dans les discours des pieds-noirs apparaît une forme d'illégitimité par rapport aux « Français », dont ils partagent pourtant le statut (Couto, 2014a). Alors qu'elle ouvre à des droits et à une forme de reconnaissance sociale, la catégorie « rapatrié » semble nourrir ce sentiment. Examinons dans quelles circonstances elle revêt un caractère négatif et les raisons qui poussent les enquêtés, tels que Claude, à s'en démarquer.

Âgé de 81 ans au moment de l'entretien, Claude commence par décrire (à notre demande) des éléments sur son enfance. Comme d'autres enquêtés, il débute spontanément son récit

6. Les rapatriés qui ont sollicité ce changement se sont vu attribuer, à la place du code 99, le numéro correspondant à leur département de naissance avant l'indépendance algérienne (91, 92, 93 ou 94). Or, ces numéros ont été réaffectés en 1968 à la région parisienne. D'après un observateur de l'époque, « par la magie de l'Administration, [les rapatriés] se transforment ainsi en natifs de l'Essonne, des Hauts-de-Seine, de la Seine-Saint-Denis ou du Val-de-Marne » (*Libération*, 22 décembre 1997).

Figure 1 : Les chemins de la citoyenneté française. Le cas d'un lignage espagnol en Algérie

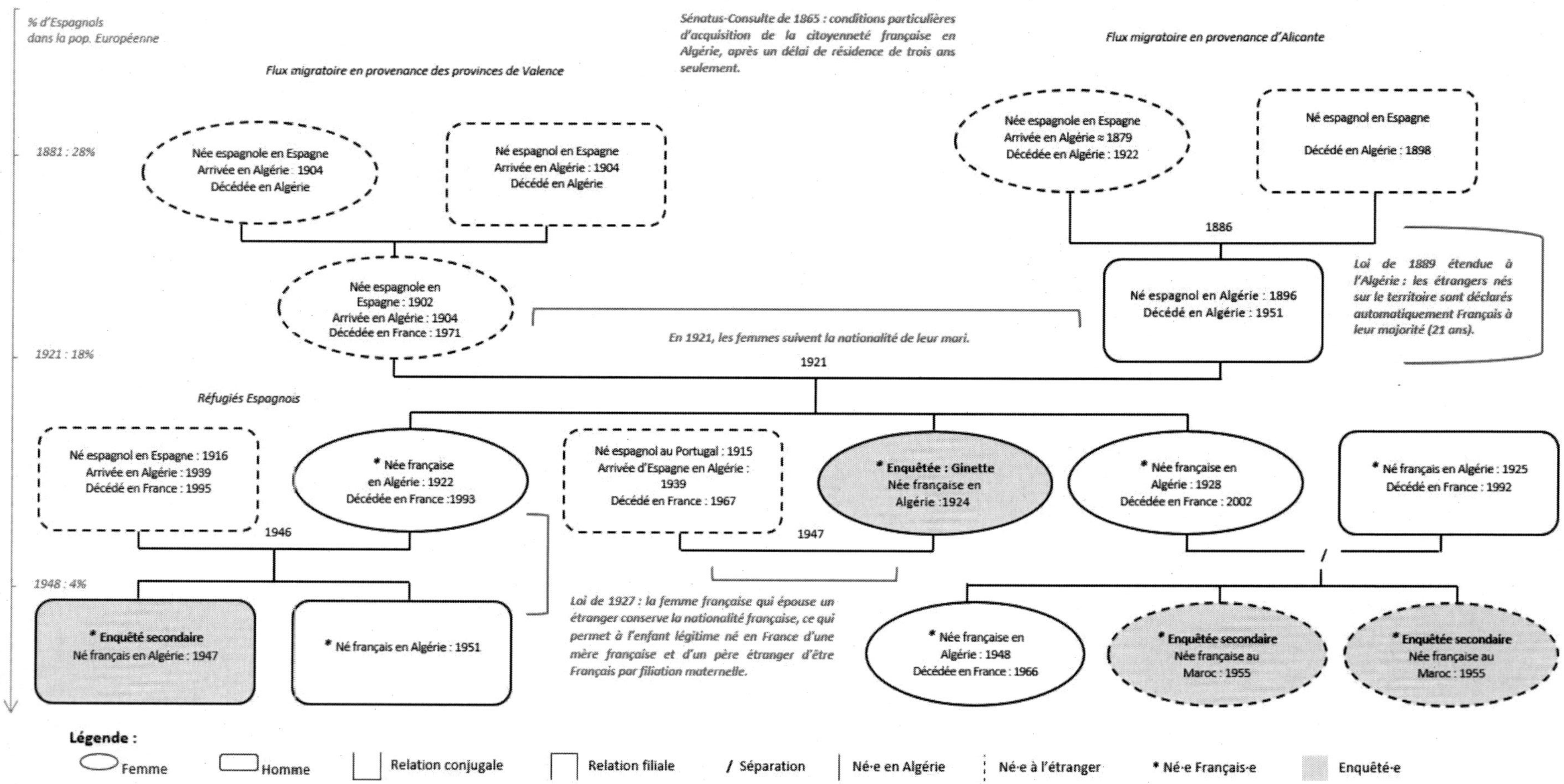

Ginette : « Au début, mon père ne voulait pas que l'on [Ginette et sa sœur aînée] se marie avec des réfugiés espagnols. Il disait : " Pourquoi elles vont prendre des Espagnols, elles sont Françaises ?" Il a quand même donné son accord et bien accueilli [mon beau-frère] car il était formé à un métier, celui de mécanicien ». Sources : la construction de cet arbre généalogique repose sur des entretiens approfondis avec Ginette (84 ans, certificat d'études, couturière en 1962, agent de service dans un établissement scolaire à la retraite) et sur des archives familiales collectées auprès d'autres membres du lignage, qualifiés d'enquêtés secondaires. Les pourcentages d'Espagnols dans la population européenne ont été calculés à partir des séries longues de Kamel Kateb (2001).

par l'origine migratoire de son lignage, en insistant sur la branche dont il porte le patronyme. Il définit de la sorte sa famille comme originaire d'Italie, avec des arrière-grands-parents pêcheurs venus de l'île de Procida et installés depuis 1840 dans la colonie. Cet enquêté a grandi dans un milieu privilégié puisque son père était capitaine de frégate dans la marine. De plus, Claude est diplômé : il a réalisé des études de médecine, dont une année à Toulon. Au moment de l'indépendance, il avait donc des attaches en métropole, d'autant que sa femme (désormais décédée) était native de Nice. Le couple a quitté l'Algérie en juin 1962, avant d'y revenir en septembre de la même année (initialement pour organiser le déménagement des biens de la famille) : « arrivé là-bas, je me suis dit "rien a changé sauf les drapeaux, je vais essayer de rester" et je suis resté trois ans ». En conséquence, le ménage ne s'installe réellement en France qu'en janvier 1966, installation suite à laquelle Claude exerce les fonctions de médecin-contrôleur à la sécurité sociale (après un « vague concours »). Lors de l'entretien, c'est au moment de détailler les circonstances de ce nouvel aménagement qu'il évoque les relations avec le « personnel subalterne » à la sécurité sociale et le caractère stigmatisant de la dénomination « rapatrié » pour lui-même et supposément pour ses enfants (en lien avec leur nom de famille « qui n'était pas français ») :

> Ils [le « personnel subalterne »] nous appelaient les rapat', ça veut bien dire ce que ça veut dire. Comme si c'était nous qui venions leur prendre le... On a eu des aides, mais ça a été très long. Ceux qui en avaient besoin, ça a dû arriver trop tard quoi. Moi, je n'en ai pas eu besoin pratiquement parce que je suis resté, je crois, quatre ou cinq mois sans travailler, c'est tout. [...] Ils [les enfants de Claude] avaient un nom qui n'était pas français dans une école à V., mais ils ne se sont pas plaints [...] À V., on a fait notre trou tout seul [...] Ils ont dû se faire traiter de rapat' aussi [...] Rapat', comme [un] rat qui grappille. Ce n'est pas bête comme truc, c'est dur. C'est la consonance de « rapat' ». On a l'impression de fourmis (Claude, né en 1927, 81 ans, médecin libéral en 1962, médecin-conseil à la sécurité sociale à la retraite).

L'identité administrative de « rapatrié » est perçue comme stigmatisante car elle relève de l'assistance. Dans le récit de Claude, la catégorie renvoie au chômage et à la situation de dépendance que ce dernier implique. De fait, nombreux sont les enquêtés qui manifestent une forme de distance avec ce statut ainsi qu'avec les prestations sociales associées. C'est le cas d'Axel qui – de confession juive – a suivi sa scolarité dans une école confessionnelle jusqu'au baccalauréat[7]. Il dirigeait une petite entreprise de parfumerie, lorsqu'en juin 1962, il quitte l'Algérie avec son épouse, d'origine italienne et son fils de deux ans. En septembre, alors qu'il est hébergé par son frère (capitaine de génie affecté dans l'ouest de la France), il trouve un emploi de représentant de commerce. Comme beaucoup d'hommes interrogés, il s'appuie sur cette reprise d'activité, dans un contexte économique favorable, pour relativiser le recours aux aides sociales et afficher une forme de respectabilité durant l'entretien :

> *Axel :* J'ai téléphoné à Paris. On m'a dit : « Écoutez, il y a un secteur qui se libère, c'est tout le centre de la France. » J'ai commencé à travailler au mois de septembre. Je n'ai pas tiré sur la corde des indemnités de rapatriés, etc.
> *Enquêtrice :* Vous avez pu en bénéficier des aides aux rapatriés ?
> *Axel :* Non, parce que j'ai tout de suite été salarié. Si, j'ai eu un prêt. J'ai acheté un appartement en 1964 et j'ai eu un prêt aux rapatriés. Ce n'était pas énorme, c'était le Crédit Foncier. Mais je gagnais ma vie ! J'ai pu avoir un prêt. Moi, cela ne s'est pas trop mal passé. Mais enfin, les deux premières années, cela a été très dur. On était fauché [...] Donc on mangeait des sardines. On mangeait très frugalement. Cela a changé après [...] Pratiquement tous les gens qui ont été courageux s'en sont sortis, les pieds-noirs. Ceux qui étaient malheureux, c'étaient les personnes âgées. Ma mère avait des liens en Algérie, elle a tout perdu. Elle était autonome, elle était veuve. Et quand elle est rentrée, on a dû l'aider parce que les indemnités de rapatriés étaient très faibles. Elle avait son autonomie jusqu'à l'indépendance. Donc les personnes âgées ont beaucoup souffert, encore plus moralement que pécuniairement. Si elles souffraient matériellement, elles ne le disaient pas. Elles étaient très dignes (Axel, né en 1931, 79 ans, niveau baccalauréat, dirigeant d'une société de parfumerie en 1962, directeur général d'entreprise à la retraite).

En abordant le sujet des aides aux rapatriés, Axel estime important de préciser qu'il n'a pas « tiré sur la corde des indemnités » et – avec une certaine insistance dans la voix – qu'il gagnait sa vie. De même, il insiste sur la dignité de sa mère malgré sa perte d'autonomie. Pour Claude, les aides « ont dû arriver trop tard » et de toute façon il n'en a eu que peu besoin. Si les ressources économiques et sociales de ces enquêtés leur permettaient de n'avoir qu'un recours temporaire aux prestations sociales, ces modes de distanciation n'ont rien d'atypique ou de spécifique aux pieds-noirs. Il s'agit, tout comme les allocataires des minima sociaux aujourd'hui, de conjurer ou de négocier, dans leur récit, un statut potentiellement stigmatisant (Duvoux, 2009). De fait, si l'appellation de

7. Axel a été scolarisé dans une école confessionnelle suite à l'abrogation du décret Crémieux, événement dont il garde un vif souvenir : « Comme je suis juif, j'ai été renvoyé à l'école en 1940. Étant déclaré "juif indigène" à la suppression du décret Crémieux, on m'a mis à la porte de l'école au moment où le premier levait le drapeau et l'on m'a interdit de lever le drapeau parce que j'étais juif. »

« rapatrié » – en tant qu'elle émane de l'État – semble *a priori* moins problématique que l'expression familière de « pieds-noirs », elle assigne en réalité les enquêtés à une identité administrative dévalorisée. Et cette violence symbolique s'exprime plus clairement encore, lorsque les personnes interrogées évoquent leurs interactions au guichet.

L'expérience d'une forme de migritude

L'identité administrative de rapatrié est perçue comme stigmatisante car elle relève de l'assistance, mais aussi en tant qu'elle rappelle aux pieds-noirs la situation des immigrés ou encore celle des étrangers dans leurs rapports directs avec les agents de l'administration. À travers ces relations, ils expérimentent une forme de *migritude* – pour reprendre un néologisme de Nancy Green (1985) –, comme le détail Nicole ci-après. Cette enquêtée, marquée politiquement à gauche, dit venir d'« une famille atypique » avec, du côté maternel, une « famille de petits colons, mais colons quand même : ils avaient tous une ferme » et, du côté paternel, des citadins « plus progressistes », favorables à l'indépendance algérienne [8]. Son père, sous-directeur d'une entreprise de négoce en vin, décède en 1954. Au moment de l'indépendance, la famille dispose donc pour seule ressource d'une pension de réversion, mais compte aussi des proches en métropole susceptibles de les accueillir. C'est chez sa tante que Nicole (cadette d'une fratrie de quatre enfants) s'installe durant l'été 1962. Âgée de 16 ans à l'époque, elle évoque les démarches administratives relatives aux prestations de retour et subsistance à travers l'expérience de sa mère :

> On a eu le droit à 10 000 francs de l'époque. Enfin, c'était en deux fois pour pouvoir acheter ce qu'il fallait, trouver un logement, etc. Mais il fallait déposer un dossier avec une date limite et en bonne et due forme avec quantité de papiers que les trois-quarts des gens n'avaient pas. Enfin, ça a été vraiment dégueulasse. Et quand [ma mère] a porté son dossier à la préfecture, elle s'est fait traiter de voleuse par une bonne femme du guichet qui a essayé de ne pas lui prendre son dossier, pour l'emmerder quoi en fait. Il y en avait qui étaient comme avec les immigrés maintenant, c'est pareil. On a vraiment vécu la même chose (Nicole, née en 1946, 62 ans, baccalauréat, employée administrative dans la fonction publique).

Les démarches administratives nécessaires à l'obtention des aides associées au statut de *Français* rapatriés nécessitent logiquement de faire preuve de son identité, de sa citoyenneté. À ce moment, les rapatriés rencontrent des difficultés à obtenir des documents officiels de la part des autorités algériennes : état civil et livret de famille, par exemple. Même si le gouvernement français a pris des mesures pour assouplir la procédure, ces démarches ont exercé sur eux une forme de violence symbolique. Ainsi, le caractère paradoxal du statut de rapatrié est visible dans le discours de Nicole : les démarches nécessaires à l'obtention de la protection de l'État français dans lequel elle se reconnaît et qui la reconnaît aussi, pour paraphraser Abdelmalek Sayad (1999, p. 6), y sont appréhendées comme une expérience réservée, en principe, aux immigrés. Et cette violence symbolique était variable selon les ressources économiques et sociales dont disposaient les enquêtés. Elle était d'autant plus forte que les individus ne disposaient pas des ressources administratives pour y faire face et que leur situation matérielle, au moment de l'installation, était fragile (par exemple, en l'absence de logement, d'emploi ou encore de capital social directement mobilisable en métropole). Leur situation nécessitait alors des contacts fréquents avec l'administration, une dépendance et une urgence à l'égard des prestations accordées.

À cela s'ajoute que les démarches ne recouvraient pas la même complexité selon les cas. Ainsi, Ginette (voir la figure 1) n'est pas parvenue à faire valoir ses droits :

> Moi je n'ai pas eu d'aide…C'est-à-dire ma sœur a eu droit […]. Mais moi, mariée avec un Espagnol, on m'a dit : « Ah non, c'est un Espagnol, il n'a pas le droit ». Les aides c'était automatique avec les papiers que tu avais de rapatrié. Et là, on s'était inscrit au chômage. Mais, au chômage, il y avait une chose, c'est qu'on avait chacun une carte et j'ai été un jour au chômage, là-bas pour encaisser ce qu'on donnait […] Et quand j'y étais, j'ai demandé : « Mais comment ça se fait, que l'on ne m'a pas payé le chômage ? », on m'a répondu : « Ah ! Parce que votre mari travaille ». Ah j'ai dit : « Ah ! C'est très bien. Mon mari était Espagnol quand j'ai demandé la prime de déménagement et maintenant, on m'enlève, à moi qui suis française, mon chômage parce que mon mari qui est espagnol travaille » (Ginette, née en 1924, 84 ans, certificat d'études, couturière en 1962, agent de service dans un établissement scolaire à la retraite).

Ginette est arrivée seule en métropole – comme ce fut le cas de nombreuses femmes et enfants. Les agents de l'administra-

8. Notons que dans le discours des pieds-noirs, l'expression « colons » désigne exclusivement les propriétaires terriens et donc une minorité d'Européens en Algérie. Fin 1954, le secteur agricole n'occupait qu'une place restreinte dans l'emploi de cette population (9 % contre 27 % en métropole). Le faible poids démographique des colons (au sens indiqué) contraste avec l'importance de leur représentation et de leur influence politique (Kateb, 2001, p. 220).

tion ont opposé un refus sur son dossier car elle était mariée à un Espagnol (installé dans la colonie après avoir fui le franquisme et resté en Algérie jusqu'en 1964). À cette époque, le Code civil n'émancipait pas les femmes, mais des dispositions particulières étaient censées intervenir, d'une part, pour les couples mixtes et, d'autre part, pour les conjointes séparées par la migration du « chef de famille », en principe seul bénéficiaire des allocations. Ginette – entrée à l'âge de 15 ans dans un atelier de couture, mais titulaire d'un certificat d'études – n'est pas complètement démunie face à l'administration. Elle sait lire, écrire et comprendre les papiers, mais sa configuration familiale était, à l'époque, complexe au regard des cases à cocher sur les formulaires administratifs. Il était plus difficile pour elle de rendre lisible son parcours aux agents des préfectures en comparaison à celui de sa sœur cadette. Les difficultés qu'elle rencontre la renvoient à la nationalité étrangère de son conjoint et par extension l'interrogent sur la fragilité de son propre statut (« maintenant, on m'enlève à moi qui suis française, mon chômage parce que mon mari qui est espagnol travaille »). Ainsi, le décalage entre les catégories de l'administration (chef de ménage, français) et certaines configurations familiales redouble la violence symbolique ressentie par les familles, quand d'autres pieds-noirs ont simplement échappé aux démarches associées à l'obtention des aides matérielles car ils disposaient des ressources économiques et sociales en métropole pour s'en dispenser.

Si, à l'instar de Nicole et Ginette, nombre de pieds-noirs expriment l'idée qu'ils ont été administrés comme des immigrés ou des étrangers, c'est aussi en raison des opérations de contrôle lors de la migration. Le souvenir de ces dernières suscite de vives réactions chez nombre d'enquêtés, comme lors de notre entretien avec Annie. Elle a quitté l'Algérie à l'âge de 21 ans, accompagnée de sa mère, le 28 juin 1962[9]. Elle souhaitait alors rejoindre le domicile de son oncle, parti en métropole bien avant l'indépendance pour des raisons professionnelles. Il résidait dans les alentours de Toulouse, où une partie de la famille était déjà installée.

> L'incident que j'ai eu, c'est qu'au moment où on m'a demandé mes papiers, on m'a demandé ma carte d'identité que je ne retrouvais plus. Devant moi, j'avais un gendarme et un douanier, qui étaient en train de me presser pour que je retrouve ma carte d'identité. J'ai fini par la retrouver et j'ai dit : « Vous savez Monsieur, j'ai honte d'être française. » Il m'a regardée et je lui ai dit : « Vous savez, je me demande si je ne vais pas la déchirer. » C'est maman qui m'a tiré le bras et qui m'a dit : « Surtout ne fais pas ça. » Mais là, je me suis dit : « Je la déchire ou je ne la déchire pas ? » Cela m'aurait coûté cher de déchirer ma carte d'identité, ça c'est sûr, parce qu'après, il aurait fallu refaire tous nos papiers. On est rentrés en France comme si on était des étrangers (Annie, née en 1941, 69 ans, BEPC, employée dans une banque en 1962, employée administrative d'une grande entreprise à la retraite).

Dans le récit d'Annie, c'est la situation d'avoir à fournir la preuve de sa nationalité et l'inquiétude qu'elle a déclenchée – le temps pendant lequel, cherchant sa carte égarée, le fait qu'elle soit française n'aille plus de soi, à ses yeux du moins – qui fait sentir l'expérience de l'étranger. Dans un même temps, tout indique qu'elle ne s'est pas présentée comme tel au guichet : elle accorde à l'acte de détruire sa carte d'identité une portée symbolique forte puisque ses papiers constituent précisément un marqueur tangible de son appartenance nationale. Pour envisager, aujourd'hui comme hier, de réaliser ce geste, il faut évidemment disposer de ces papiers, mais aussi de l'identité et des droits qu'ils recouvrent. La capacité d'Annie à percevoir ce contrôle d'identité comme injuste repose en effet sur son sentiment d'avoir des droits, en l'occurrence ceux attachés à sa citoyenneté. Ainsi, lorsqu'elle déclare : « On est rentrés en France comme si on était des étrangers », elle vient pourtant de raconter l'expérience contraire.

En résumé, c'est parce qu'elles entrent directement en conflit avec la manière dont les rapatriés s'approprient l'identification nationale que les opérations de contrôle d'identité, à l'entrée du sol français, les renvoient à une forme de migritude ; et cette dissonance est d'autant plus forte que – dans les représentations de la plupart – ils « quittaient leur pays pour retrouver leur pays » (d'après la formule d'un autre enquêté).

« Être né à l'étranger » ou la remise en cause d'un statut social

La question de la continuité territoriale entre la France métropolitaine, d'une part, et l'Algérie, d'autre part – partiellement appliquée durant la colonisation et rompu avec l'indépendance (voir *supra*) –, est au centre d'un hiatus entre l'identité

9. Les fonctions de son père, agent à la société algérienne des eaux, lui imposaient de rester en Algérie.

prescrite par l'institution aujourd'hui et celle mobilisée par les pieds-noirs.

Dans le droit français, il est tout à fait possible de disposer de la nationalité française en ayant vu le jour à l'étranger et en y résidant. Être originaire d'un pays et disposer de la nationalité d'un État sont des caractéristiques distinctes, même si fréquemment elles se recoupent. Ainsi, dans les récits des pieds-noirs, l'appartenance à un territoire (en l'occurrence, le territoire français) et l'appartenance à un État (définie par la nationalité) sont deux dimensions imbriquées. Cela explique leur émoi face au chiffrement 99 dans le répertoire des personnes de l'Insee (voir *supra*), trouble dont nous restituons ici un exemple à travers le cas de Suzanne et Sophie, dont les parents sont originaires d'Espagne, mais toutes deux nées françaises en Algérie [10].

Suzanne, 69 ans, et Sophie, 63 ans, se présentent comme deux sœurs aux parcours très dissemblables. Sophie s'est mariée à l'âge de 16 ans avec un métropolitain de passage en Algérie. Elle ne se reconnaît pas dans la catégorie « rapatrié » puisque, dès 1961, elle s'est installée avec son époux dans l'hexagone. Suzanne, elle, est arrivée en France avec son conjoint, au moment de l'indépendance. Elle vit aujourd'hui dans les Bouches-du-Rhône, mais est venue aider quelque temps sa cadette, souffrante, qui réside, elle, en Île-de-France. C'est donc chez Sophie qu'a lieu l'entrevue, mais c'est à Suzanne que nous avons initialement été adressées. Juste avant notre visite, Suzanne s'est rendue à la pharmacie récupérer les médicaments de sa sœur. Ces derniers et la carte vitale de Sophie sont posés sur l'un des guéridons du salon où nous sommes toutes trois installées autour d'un café. L'entretien touche à sa fin lorsque débute entre elles une discussion. La discussion porte, sans qu'elles en maîtrisent bien les enjeux, sur l'immatriculation des rapatriés d'Algérie au Répertoire national d'identification des personnes (RNIPP), thématique très investie par ailleurs par les associations de rapatriés :

> *Sophie :* Moi, je ne me cache pas de dire que je suis pied-noir.
> *Suzanne :* Ah, moi non plus ! Ah, non, non, ça je le dis.
> *Sophie :* Ça peut être avec n'importe qui : « Tu es née où ? Je suis née à… » C'est pareil que pour [Sophie hésite, cherche ses mots] que pour la carte d'immatriculation […].
> *Suzanne :* Moi, j'ai 99. Je crois que ma sœur, elle a 92.
> *Sophie :* Non. Je sais que ma belle-sœur qui est née en Algérie, elle n'a pas voulu changer. Moi, je n'ai pas eu besoin.
> *Suzanne :* Parce qu'il paraît que sinon, on est étranger, qu'on est étranger à la France ! J'ai 99 je suis certaine.
> *Enquêtrice :* Le code 99 signifie *né à l'étranger.*
> *Suzanne :* […] Sur la sécurité sociale, ça doit être marqué. La carte vitale aussi, ça doit être marqué. Vous voyez, je n'ai pas beaucoup été à l'école, mais tout ce que je sais, je l'ai appris de mes enfants […] 92, là [montrant à sa sœur le numéro de sécurité sociale inscrit sur sa carte vitale]. Là, 92.
> *Sophie :* Donc, moi je suis française.
> *Suzanne :* Moi, je suis arabe [Suzanne rit]. Je m'en fous. Qu'est-ce que ça me donne de plus ? Ah oui, je suis étrangère. Je sais, je suis étrangère. Mais maintenant, on ne peut plus changer […] Je vais demander quand même parce que je ne veux pas être étrangère quand même (Suzanne, née en 1939, 69 ans, sans diplôme, vendeuse avant son mariage en 1959, aide à domicile à la retraite).
> *Sophie :* Pour tout courrier dans ton truc, tu comptes que tu es étrangère. Comme Portugais, Italien, Arabe (Sophie, née en 1945, 63 ans, sans diplôme, employée administrative dans une entreprise à la retraite).

Suzanne et Sophie ne sont pas les seules à relier leur nationalité au statut du territoire sur lequel elles sont nées et, en conséquence, à être troublées par la (re)qualification de leur lieu de naissance. Ainsi, Ginette (voir la figure 1) offre un autre exemple de l'enchevêtrement des critères de territoire d'origine et d'appartenance nationale dans ses représentations avec une anecdote récente :

> Je suis allée refaire mes papiers à la préfecture et là, j'ai eu un problème avec la secrétaire. Elle voulait mettre que *j'étais née à l'étranger.* Je me suis énervée, elle m'a entendue ! Je lui ai demandé d'appeler son supérieur et *qu'on allait voir si je n'étais pas française* (Ginette, née en 1924, 84 ans, certificat d'études, couturière en 1962, agent de service dans un établissement scolaire à la retraite).

L'émotion de Ginette est le résultat d'un décalage entre l'identité prescrite désormais par l'administration (« née à l'étranger ») et la manière selon laquelle elle s'approprie son identification nationale. Ce sentiment se comprend, d'abord, par les modalités d'acquisition de la citoyenneté française en Algérie – les ascendants de nombre de pieds-noirs, émigrés européens en Algérie, étant entrés dans la citoyenneté par le biais du droit du sol, rendu automatique et étendu à la colonie en 1889. Il s'explique, ensuite, par l'intériorisation des hiérarchies coloniales : les Français musulmans (privés de l'accès à

10. Précisément, leur mère a immigré d'Alméria, tandis que leur père est né à Oran de parents également originaires d'Andalousie. Les modalités d'acquisition de la nationalité française dans ce lignage sont semblables à celles exposées dans la figure 1.

certains emplois) restaient séparés des Européens, mais les positions sociales au sein de la population européenne différaient aussi selon l'origine migratoire (avec au sommet de la hiérarchie les colons venus de métropole). L'intériorisation de cette hiérarchie alimente un sentiment de déclassement – et donc le souhait d'y résister [11] – lorsque les personnes interrogées se voient assigner, aujourd'hui, à un territoire étranger.

La figure 1 permet d'illustrer les modalités de naturalisation en Algérie, évoquée en première partie, mais aussi dans quelle mesure elles contribuent à définir un statut social. Concrètement, le père de Ginette, tourneur-mécanicien, doit sa naturalisation, à l'âge de 21 ans, à sa naissance sur le territoire algérien, alors que ses parents étaient originaires d'Alicante. La mère de l'enquêtée, elle-même née en Espagne, a obtenu la citoyenneté française à la suite de son union avec ce dernier. Lorsque Ginette et sa sœur aînée envisagent, à leur tour, de se marier avec des réfugiés espagnols, le père de famille considère cela comme un déclassement, alors même qu'à cette date les femmes peuvent conserver leur nationalité après leur mariage et la transmettre à leurs enfants (« pourquoi elles vont prendre des Espagnols, elles sont Françaises ? »). Dans les représentations du père, cette dégradation statutaire est compensée par les qualifications professionnelles de ses gendres (« il a quand même donné son accord et bien accueilli [mon beau-frère] car il était formé à un métier, celui de mécanicien »). Ainsi, pour nombre de lignages, l'acquisition de la citoyenneté française – dans une société où elle contribue fortement à la stratification sociale (Brunet & Kateb, 2018) – représente une étape décisive d'un projet migratoire ou de mobilité sociale. La citoyenneté constitue un marqueur important du statut social, y compris pour les familles juives (qui en ont été, un temps, exclues) ou d'ascendance métropolitaine, en particulier pour celles qui – en l'absence d'autres ressources valorisables lors de l'installation en métropole (comme la mère de Nicole, sans emploi et qualification) – se sont raccrochées à ce statut.

Aujourd'hui encore, la nécessité récurrente de devoir faire preuve de son identité est donc appréhendée par les pieds-noirs comme une remise en question de leur statut social et du caractère légitime de leur appartenance nationale. En conséquence, leur discours n'est pas contradictoire avec l'investissement de l'État en leur direction. Au contraire, ce sont bien les modalités d'acquisition de la citoyenneté française en Algérie et celles d'obtention de la protection de l'État dont ils sont membres en France avec les relations concrètes à l'administration qu'elles impliquent (la nécessité de faire administrativement preuve de son identité nationale), qui alimentent un sentiment d'injustice et celui d'avoir été administré comme des étrangers ou des immigrés. Il reste que la manière dont les Européens d'Algérie ont été identifiés par l'État (présentée en première partie) et les modalités selon lesquelles ils réaménagent cette identification (exposée ici) complexifient les grilles ordinaires d'analyse qui séparent nettement les étrangers des nationaux et montrent qu'il existe une zone grise dans la manière d'envisager les migrations coloniales. Dans ce contexte, comment la statistique publique – qui se situe à la croisée d'enjeux de gestion et de connaissance – et, dans son sillage, les travaux sociologiques sur l'immigration en France ont-ils caractérisé cette population ?

L'invisibilisation des Européens d'Algérie dans la recherche en sciences sociales

Après avoir précisé en quoi il est pertinent d'analyser la manière dont la statistique publique classe les personnes, nous détaillerons comment cette dernière a procédé à l'identification des migrants coloniaux après l'indépendance. Nous montrerons que l'Insee a poursuivi de séparer les populations originaires d'Algérie selon un critère ethno-religieux alors que cette distinction n'avait plus d'existence légale. Précisément, les taxinomies utilisées ont contribué à incorporer les Européens d'Algérie au « cas général », à en faire – contrairement aux anciens indigènes musulmans – des Français « naturels » (Sayad, 1993). Toutefois, en raison de la complexité du droit colonial de la nationalité, l'identification respective des populations originaires d'Algérie reste complexe, cantonnant les pieds-noirs et leurs descendants à la position de « bruit statistique » dans l'étude de l'immigration en France (Meurs *et al.*,

11. Thérèse, une autre enquêtée, très à l'aise en informatique et un temps conseillère municipale, ira jusqu'à écrire au Ministère : « Pour refaire ma carte d'identité, j'étais très embêtée et pourtant elle avait été faite déjà une première fois. Il a fallu que je demande… on m'a demandé le livret militaire de mon père. Heureusement que mon frère l'avait gardé ! Il a fallu que je fournisse le livret militaire de mon père pour prouver que j'étais française, c'est incroyable. C'était il y a une dizaine d'années, un peu moins. J'étais folle furieuse ! Alors j'ai écrit au ministre des Affaires étrangères [Thérèse rit], il a eu ma lettre. J'ai eu ma carte quand même. »

2006, p. 787). Si certaines données de l'Insee autorisent l'analyse du devenir de cette population en France, nous verrons qu'elles ont peu été exploitées dans ce sens.

La statistique publique, un outil de gouvernance utilisé par les chercheurs

L'Insee est d'abord un outil pour le gouvernement et représente une partie du « capital informationnel » de l'administration étatique, mais des chercheurs l'utilisent pour caractériser les populations qu'ils étudient (Penissat, 2009, p. 15). Les catégories qu'ils rencontrent étant celles à travers lesquelles l'État pense le monde social (Desrosières, 1993), ils sont exposés au risque de les reprendre sans suffisamment les questionner et d'importer ses implicites dans l'analyse du phénomène migratoire à l'instar de ce qui a été montré pour le travail des femmes (Meron & Maruani, 2012) ou la stratification sociale (Sinthon, 2018). Il convient donc d'examiner ces implicites pour dénaturaliser certaines catégories de perception de la réalité sociale.

En outre, certains fichiers de l'Insee sont historiquement associés à l'identification individuelle des personnes. L'Échantillon démographique permanent (EDP) en est un exemple. Il s'agit d'un échantillon, tiré du recensement, de personnes qui seront suivies tout au long de leur vie. Il offre l'opportunité de suivre les mobilités géographiques et professionnelles des individus sur plus de cinquante ans (de la création du fichier en 1967 à aujourd'hui). Sa construction repose sur la juxtaposition d'information provenant de différentes sources : les bulletins d'État civil et les recensements de population. Nous mobiliserons des archives relatives à cette source dans la mesure où le recensement, en catégorisant les individus, est un élément essentiel de la définition de la nation par l'État (Schor & Spire, 2005).

Dès 1851, la question sur la nationalité est posée dans les recensements et permet de différencier les « nationaux » des « étrangers ». En France, le critère juridique de « nationalité » est particulièrement important à l'inverse des enregistrements statistiques mis en œuvre aux États-Unis, où la ligne de démarcation a été historiquement tracée entre les personnes « nées à l'étranger » et les « natifs » et « progressivement construite en statistique de l'ethnicité » (Schor & Spire, 2005, p. 93). Mais la prédominance de la nationalité sur le pays de naissance (ou même l'ethnicité) est moins ancienne en France qu'il n'y paraît. Ces critères sont restés longtemps imbriqués, en lien précisément avec les ambiguïtés du projet colonial. Si des travaux ont montré l'importation des classifications coloniales dans le recensement de la population en France (Spire & Merllié, 1999 ; Simon, 1998 ; Escafré-Dublet *et al.*, 2018), aucun ne se centre sur le traitement réservé aux Européens d'Algérie.

Le travail d'incorporation des Européens d'Algérie au « cas général »

La codification utilisée lors du recensement de 1962 constitue une première illustration de l'imbrication complexe des critères de nationalité, pays de naissance et ethnicité dans la statistique publique. La nationalité des individus y est décrite à l'aide d'une nomenclature emboîtée (Figure 2), comme celle des PCS, mieux connue. Elle se compose de trois catégories (Français de naissance, Français par acquisition et Étrangers) qui elles-mêmes se décomposent en plusieurs postes : le premier niveau d'agrégation renvoie aux items proposés sur le bulletin individuel du recensement à la question 5 sur la nationalité, le second niveau, plus détaillé, découle de la question 4 relative au lieu de naissance [12]. La catégorie « Français de naissance » est ainsi déclinée selon dix modalités.

Dans ce code, le pays de naissance est présenté comme une « indication approximative du groupe ethnique », mais dans le cas de l'Algérie ce critère est jugé insuffisant à distinguer les Français musulmans des autres personnes nées en Algérie. Le statut colonial n'étant pas spécifié sur les bulletins individuels, les agents en charge de leur chiffrement (autrement dit de leur saisie) vont avoir pour consigne de s'appuyer sur le nom et le prénom des personnes recensées afin d'opérer ce classement. Ils utiliseront une « liste des prénoms musulmans les plus usuels relevés sur les registres d'état-civil en Algérie » communiquée à l'occasion du recensement de 1954. On trouve à la Délégation générale de l'Insee cette liste définissant les frontières entre nationaux sur la base du prénom. À cette liste s'en ajoute une seconde, celle de noms *israélites* d'origine arabe ou berbère, visant pour les agents de l'Insee à ne pas confondre ces patronymes avec ceux des musulmans. Ainsi,

12. Voir un exemple de bulletin individuel du recensement en annexe électronique.

Figure 2 : Code n° 18 du recensement de la population de 1962. Nationalités

I. PRINCIPES DU CODE

Les personnes sont classées en trois grandes catégories, chaque catégorie étant elle-même divisée en un certain nombre de postes.

1re catégorie. — FRANÇAIS DE NAISSANCE

Ce sont les ressortissants de la République française (1) qui possèdent la nationalité française à titre de **nationalité d'origine** et qui peuvent posséder le **statut civil français** ou un **statut personnel** (2).

Ces personnes sont classées en dix postes suivant leur **pays de naissance** (3) [utilisé comme une indication approximative du groupe ethnique].

a. **Français de naissance : 1re** partie du code.

Le numéro de code sera déterminé d'après le **pays de naissance** indiqué à la question 4.

Les personnes nées en Algérie seront classées en deux postes :

01. Musulmans : personnes nées en Algérie ayant à la fois un nom et un prénom à consonance arabe ou berbère (1);

02. Autres personnes nées en Algérie : personnes ayant un prénom chrétien ou israélite.

CODE DE LA NATIONALITÉ (N)

(Colonnes 28-29 des cartes types 1 à 5)

1re partie. — FRANÇAIS DE NAISSANCE

(Personnes ayant coché la 1re case de la question 5)

	Pays de naissance (Question 4)	Code
	RÉPUBLIQUE FRANÇAISE	
01 à 90	France métropolitaine (90 départements)	00
91	Algérie : musulmans algériens (nom et prénom à consonance arabe ou berbère; personnes se déclarant « algériennes »)	01
92	Algérie : autres personnes nées en Algérie	02
93	Guadeloupe Martinique	03
94	Guyane Réunion T.O.M. : Côte des Somalis, Comores, Saint-Pierre-et-Miquelon, Nouvelle-Calédonie, Polynésie	04
	AUTRES PAYS AYANT FAIT PARTIE DE L'UNION FRANÇAISE	
95	A.O.F. : Côte-d'Ivoire, Dahomey, Guinée, Haute-Volta, Mali ou Soudan, Mauritanie, Niger, Sénégal A.E.F. : Congo (Brazzaville) ou Moyen-Congo, Gabon, République centrafricaine ou Oubangui-Chari, Tchad Madagascar ou République malgache	05
	AUTRES PAYS ÉTRANGERS	
96	Maroc	06
97	Tunisie	07
98	Autres pays	08
99	Pays non déclaré	09

Source : Service des archives économiques et financières à la Délégation générale de l'Insee (SAEF), A100062_1_1600.

parmi les dix postes que compte la catégorie de « Français de naissance » en 1962, une modalité est réservée aux individus nés en Algérie avec « un nom et prénom à consonance arabe ou berbère » (définis comme « musulmans »), tandis qu'une autre désigne spécifiquement les autres personnes nées en Algérie disposant « d'un prénom chrétien ou israélite ».

Cependant, à partir de 1968, plusieurs changements s'opèrent. Dans une logique de gestion de la population, le recensement, prévu en 1970, est avancé en 1968, précisément pour mesurer l'ampleur du rapatriement. Pourtant, les nomenclatures relatives à *la nationalité* ne permettent plus de distinguer, parmi les nationaux, les Européens ou juifs d'Algérie. Les nationaux ont été ventilés en quatre postes :

Figure 3 : Note du département Populations et Ménages adressée aux ateliers de mécanographies en 1969 pour le chiffrement et la perforation des « 3/4 léger »

(2 - Nationalité (N)

1 – Français de naissance (cas général),
2 – " " " (musulmans nés en Algérie).
3 – Devenus Français (cas général).
4 – Devenus Français (musulmans nés en Algérie).
5 – Algériens
6 – Ressortissants des pays du Marché Commun — Etrangers
7 – Etrangers de nationalité sélectionnée.
8 – Autres étrangers
+ – Non déclaré (ou impossible à déterminer).

N.B. : a) Les pays du Marché Commun sont: la Belgique, les Pays-Bas, l'Italie, l'Allemagne et le Luxembourg.

b) Il y a neuf nationalités sélectionnées, celles que possèdent les ressortissants des pays suivants : Espagne, Grande-Bretagne, Pologne, Portugal, Suisse, Yougoslavie, Maroc, Tunisie, Turquie.

c) Parmi les Français de naissance et les personnes devenues françaises nées en Algérie, il y a lieu de distinguer les musulmans (en recherchant les personnes ayant un nom et un prénom à consonnance arabe ou berbère) : on respectera, pour effectuer cette recherche, les consignes qui figurent dans les codes n° 25 et 25 bis du chiffrement "lourd".

d) Si une personne a indiqué une nationalité antérieure sans cocher la case correspondante, chiffrer néanmoins 3 (sauf dans le cas des personnes musulmanes nées en Algérie, cas auquel il faut chiffrer 4).

Au regard du volume de données collectées, le dépouillement du recensement est réalisé en plusieurs étapes. Le chiffrement au « 3/4 » correspond au traitement d'un sondage aux trois quarts. Il est qualifié de « léger » lorsqu'une partie des questions seulement est traitée et de « lourd » quand il concerne davantage de variables. Source : SAEF, A100068_1_1656.

« Français de naissance (cas général) », « Français de naissance (musulmans nés en Algérie) », « Devenus Français (cas général) », « Devenus Français (musulmans nés en Algérie »). On le voit dans les consignes transmises aux ateliers de mécanographie (Figure 3), seuls les « musulmans » demeurent isolés, les rapatriés ne font plus l'objet d'un poste spécifique distingué du cas général. Le recensement de 1968 montre ainsi un processus de naturalisation des uns – au sens de rendre naturel (Sayad, 1999) – à l'inverse des autres.

En 1968, les taxinomies renvoyant aux *pays de naissance* différencient encore les « musulmans » des autres migrants originaires d'Algérie, mais la mention des personnes disposant d'« un prénom chrétien », explicite en 1962 (voir *supra*), disparaît des archives disponibles à la Délégation générale de l'Insee. Désormais, il s'agit exclusivement d'une définition en creux de cette population : les « non-musulmans », les « autres » (Figure 4).

La documentation montre la difficulté pour les agents de la statistique publique de nommer ou désigner une population que l'État, précisément, ne souhaite pas distinguer, contrairement aux Français musulmans dont l'altérité est présentée comme une évidence (Figure 3 : « il y a lieu »). En 1968, parmi les migrants originaires d'Algérie recensés dans l'Échantillon démographique permanent 18 % ont été identifiés comme « musulmans » (10 % d'entre eux s'étaient déclarés « Français de naissance »), les 82 % restant étant placés dans la catégorie « autre » (dont 95 % se présentaient comme « Français de naissance »).

Au recensement de 1975, les dénominations de « musulmans » et « autres » disparaissent définitivement des nomenclatures relatives à la nationalité et au pays de naissance[13] : « un gain pour les libertés, une perte pour les historiens »,

13. On retrouve encore les expressions « musulmans » et « non-musulmans » dans la description du fichier codifié du recensement de la population de 1975 (SAEF, A100075_4_1789), mais elles ne sont employées que pour préciser qu'il n'y a plus lieu de différencier les deux populations.

Figure 4 : Codes n° 25 et 25bis. Recensement de la population de 1968

Dans le code *"pays de naissance"* et *dans ce code seulement*, on chiffre la réponse *"Algérie"* de deux manières différentes selon qu'il s'agit d'algériens *musulmans* (DN = 30) ou de *non-musulmans* (DN = 31).

<u>ATTENTION</u> : Pour une personne, née en Algérie, on essaiera de déterminer s'il s'agit d'un musulman algérien (personne ayant un nom et un *prénom* à consonance arabe ou berbère)(1), auquel cas on chiffrera : *30*, ou si, au contraire, il s'agit d'un non-musulman, auquel cas on chiffrera : *31*.

(1) On pourra consulter la liste des principaux prénoms arabes ou berbères en annexe du code n° 25 bis ; à la fin de cette liste, figure une liste des noms *israëlites* d'origine arabe ou berbère : les personnes qui portent de tels noms et qui n'ont pas un prénom arabe ou berbère devront évidemment être chiffrées *31*, le chiffrement *30* étant réservé aux seuls "musulmans".

Source : SAEF, A100068_6_1776.

observe Nancy Green (1985, p. 263) dans le cas des Français de religion juive. Mais, une trace involontaire de ce chiffrement subsiste : les informations relatives au pays de naissance (avec la classification onomastique) enregistrées en 1968, figurent dans l'Échantillon démographique permanent de l'Insee et le caractère longitudinal du fichier amène dans le temps présent cette taxinomie désuète et, aujourd'hui, explicitement interdite par la loi [14]. L'EDP permet, grâce aux variables qu'il contient et au suivi individuel qu'il autorise, de saisir les trajectoires des pieds-noirs indépendamment de celles des personnes étiquetées comme « musulmans [15] ». Pourtant, les statisticiens de l'Insee, qui disposent d'un accès privilégié aux données, n'ont jamais procédé à cette analyse. Leurs études, mais aussi celles des chercheurs, se concentrent sur d'autres populations.

Les Européens d'Algérie, un « bruit statistique »

L'identification et la gestion des étrangers par l'État français ont été l'objet de nombreux travaux socio-historiques. Ces travaux analysent le travail de catégorisation des individus opéré par le droit et ses conséquences sur l'administration des étrangers par les agents de l'État (Bruno *et al.*, 2006 ; Laurens, 2018). Dans ce champ, les chercheurs se sont intéressés à l'identification administrative et à l'encadrement en métropole des Français musulmans originaires d'Algérie durant la période coloniale et des Algériens dans les décennies suivantes (de Barros, 2005 ; Hmed, 2006, 2008). Comme indiqué, leur statut se distingue nettement de celui appliqué aux Européens d'Algérie dont l'appartenance nationale n'a pas été remise en cause par la loi. Ces écarts de traitement expliquent que la question du devenir des Européens d'Algérie en France métropolitaine a été peu investie en sociologie de l'immigration [16]. Migrants mais citoyens, les rapatriés ne semblent pas s'être imposés comme un objet d'étude pour les sociologues de l'immigration, en particulier quantitativistes. La manière dont la statistique publique caractérise les immigrés l'explique pour partie.

---

14. La loi informatique et libertés du 6 janvier 1978 interdit explicitement de « recueillir et d'enregistrer des informations faisant apparaître, directement ou indirectement, les origines "raciales" ou ethniques, ainsi que les appartenances religieuses des personnes. En tout état de cause, de tels critères ne peuvent pas être utilisés pour opérer des tris » (https://www.cnil.fr/fr/statistiques-ethniques-quel-cadre-legal).

15. Au-delà de la classification onomastique de 1968 (dont la pertinence peut être discutée), le caractère longitudinal de l'EDP offre la possibilité de contrôler les déclarations des enquêtés aux questions relatives à leur nationalité à la naissance au fil des recensements. Ainsi, 7 % des migrants originaires d'Algérie sont d'abord décrits en 1968 comme Français de naissance et ultérieurement comme nés étrangers (ou inversement). Souvent appréhendées comme des incohérences, les modifications dans l'identification des enquêtés illustrent l'appropriation différenciée de la nationalité française selon le traitement réservé aux populations dans l'Algérie coloniale. En effet, les incohérences ou changements de déclaration concernent, en premier lieu, les individus étiquetés comme « musulmans » (14 %) et moins fréquemment les autres ressortissants d'Algérie (5 %).

16. D'après Richard Alba et Roxanne Silberman notamment, « l'arrivée des pieds-noirs a constitué une véritable immigration dans la mesure où elle a amené en France métropolitaine des individus dont les racines familiales dans les colonies françaises remontaient à plusieurs générations et d'autres qui n'avaient aucune ascendance métropolitaine. Pourtant, elle n'a pas fait l'objet d'une étude approfondie dans la littérature sur l'immigration en France » (Alba & Silberman, 2002, p. 1191 ; traduction de l'auteur).

Depuis 1990, la statistique publique considère comme « immigrée », « toute personne vivant en France née étrangère à l'étranger ». Cette définition repose sur deux critères : le pays de naissance et la nationalité à la naissance. Construite bien après l'indépendance, elle n'inclut pas les Français d'Algérie. Elle a été produite par le Haut Conseil à l'Intégration, composé d'élus, de membres de l'administration et de chercheurs. Ce dernier a été créé en 1989 à l'initiative du gouvernement afin « de donner son avis et de faire toute proposition utile sur l'ensemble des questions relatives à l'intégration des résidents étrangers ou d'origine étrangère » (Thave, 1996, p. 197). La définition répond donc « à la convergence [à cette époque] de plusieurs préoccupations, à la fois scientifiques et politiques », parmi lesquelles l'intégration des immigrés et de leurs enfants en France (Spire, 1999, p. 51).

Pour les usagers de la statistique publique (agents de l'Insee et chercheurs) mobilisant cette définition, les Européens d'Algérie et leurs enfants représentent d'abord un « bruit statistique » car les informations disponibles dans les enquêtes (pays de naissance et/ou nationalité à la naissance selon les fichiers) ne permettent pas « de distinguer [avec certitude] les Français rapatriés d'Algérie des anciens "Français musulmans" devenus algériens » (Meurs *et al.*, 2006, p. 787 et 797)[17]. Contrairement aux premiers, les seconds sont appréhendés comme des immigrés et entrent dans le champ de la sociologie de l'immigration. Suzanne Thave (1997, p. 26), administratrice de l'Insee, admet « qu'il ne semble pas possible de revenir sur le fait de considérer [...] les "Français musulmans" comme des immigrés ». On cherche, dès lors, à élaborer des stratégies complexes (ou indirectes) s'appuyant sur la langue parlée avec les parents, le niveau d'instruction ou encore la position socio-professionnelle pour parvenir à écarter les Européens du groupe des migrants venant d'Afrique du Nord et de celui de leurs enfants. Michèle Tribalat (2004, p. 60) insiste sur la nécessité de développer ce type de procédure : « La complexité est telle que la solution adoptée pour séparer les descendants d'immigrés du Maghreb et descendants de rapatriés sera forcément imparfaite. Mais la nécessité de ne retenir que les descendants d'immigrés en cohérence avec la définition des immigrés paraît évidente. »

Les arguments énoncés pour séparer les Français musulmans des Européens d'Algérie, d'une part, et ne pas considérer les seconds comme des migrants, d'autre part, renvoient à l'institutionnalisation de la catégorie « immigré » et occulte « le processus par lequel elle a été légitimée par toute une série d'agents de l'institution » (Spire, 1999, p. 51). Les raisons pour lesquelles « il y a lieu » d'écarter les Européens d'Algérie de la mesure du phénomène migratoire en France – ou qu'il n'est « pas possible » de considérer les Français musulmans autrement que comme des immigrés – sont ainsi présentées sur le registre de l'évidence. Or, en assimilant, d'emblée, les pieds-noirs au « cas général » ou à la population dite « majoritaire », les chercheurs poursuivent le travail de naturalisation engagée par l'État sans en interroger les présupposés (en partie hérités des hiérarchies coloniales) ; de même, ils ignorent ses effets sur l'encadrement ou l'expérience migratoire de cette population – qui constitue pourtant le mouvement de population le plus important des dernières décennies (Figure 5).

En outre, les procédés déployés pour apurer les catégories d'immigrés et de descendants d'immigrés d'éventuels pieds-noirs soulèvent de réels problèmes méthodologiques et analytiques. En écartant d'emblée du groupe des immigrés ou de leurs descendants les individus appartenant à des milieux privilégiés – dont on considère les propriétés (trop) semblables à celles de la population majoritaire – les usagers de la statistique publique accentuent mécaniquement les écarts observés entre les immigrés et les natifs et assignent les migrants à une position socialement dominée. Ces procédures tendent aussi à ignorer l'hétérogénéité sociale de la population rapa-

17. Le questionnaire de l'enquête Trajectoires et Origines (TeO1) de l'Ined marque un tournant dans l'identification des migrants d'Afrique du Nord et de leurs enfants en introduisant des questions précises sur la nationalité au moment de l'indépendance, mais l'enquête a été administrée en 2008 seulement. En outre, les questions visaient principalement à exclure les enfants de rapatriés de l'échantillon de descendants d'immigrés. Lorsque les enquêteurs rencontraient des enquêtés dont les parents nés en Algérie étaient restés français, ils interrompaient l'entretien. À la suite d'une modification du protocole, l'enquête TeO2 devrait permettre de considérer les trajectoires des enfants nés en France dont au moins un des parents est rapatrié. Si, dans cette enquête, les questions concernant la nationalité ont été précisément adaptées au passé colonial français, notons que les questions relatives au pays de naissance (avec pour modalités communément admises « en France » et « à l'étranger ») constituent également un défi pour le statisticien dans la mesure où les contours du territoire national ont changé et que certains pieds-noirs, on l'a vu, refuse de se voir rattacher à un territoire étranger, revendiquant, au contraire, une forme de continuité nationale entre leur lieu de naissance et la métropole.

Figure 5 : Solde migratoire en France métropolitaine (1946-2016)

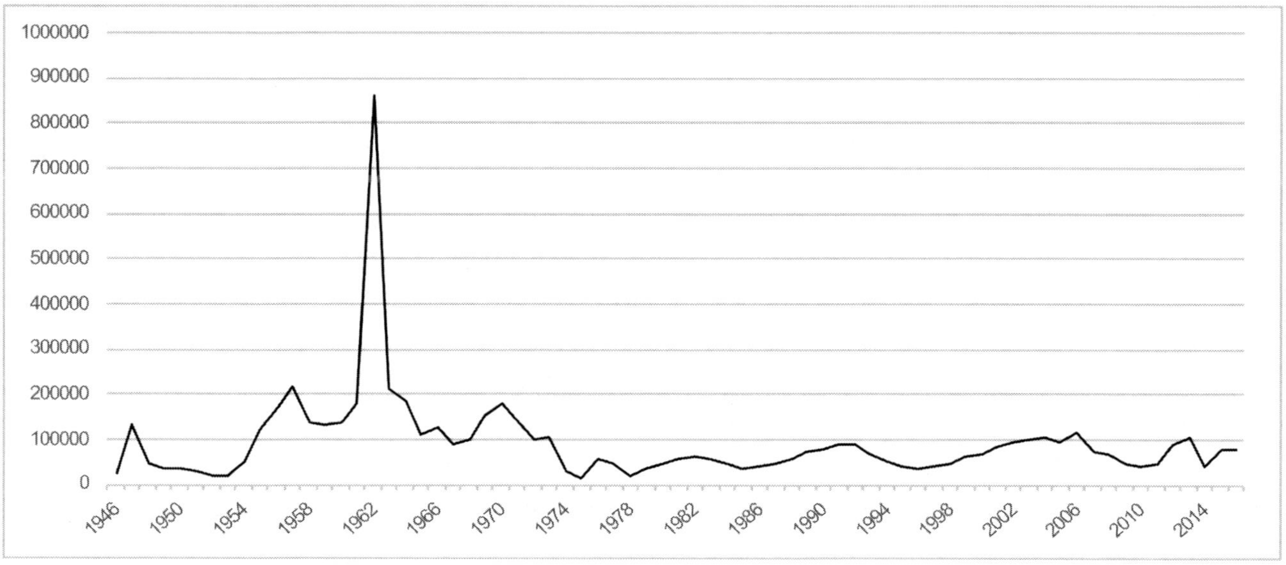

Source : Insee.

triée, de fait trop peu étudiée [18]. En l'absence d'analyses approfondies sur le parcours des Européens d'Algérie après les Trente Glorieuses (ou même sur le devenir de leurs enfants), ce sont nos représentations et celles des pieds-noirs sur leur « bonne intégration » qui s'imposent. Ces représentations, construites autour de la figure du « chef de ménage » – premiers bénéficiaires du secours de l'État et dont l'emploi est historiquement mieux mesuré par l'Insee (Meron & Maruani, 2012) – laissent dans l'ombre la situation spécifique des femmes sur le marché du travail. D'après les données de l'EDP, une part non négligeable d'entre elles est restée en marge de l'emploi (bien davantage que les métropolitaines et de manière équivalente aux migrantes d'Europe du Sud). Or, si les femmes sont minoritaires chez les « immigrés » sur la période, elles représentent plus de la moitié des pieds-noirs (Couto, 2014b).

Conclusion

Cet article a entrepris de dénaturaliser les labellisations institutionnelles de « rapatriés » et celle de « citoyens » qui lui est associée en analysant la manière dont elles ont été construites par les pouvoirs publics, reçues par les Européens d'Algérie et utilisées par les chercheurs en sciences sociales. Les identifications étatiques influencent les catégories des statisticiens et des chercheurs, étroitement imbriquées. Elles placent les Européens d'Algérie hors du champ de la sociologie de l'immigration et réservent leur étude à une sociologie de la mémoire des pieds-noirs, celle-ci s'appuyant alors principalement sur leur discours et insistant sur le sentiment double d'un abandon de la part de l'État et d'une « intégration modèle » en France. Les historiens se sont emparés de l'objet, mais les archives exploitées, qui émanent des services en charge de l'encadrement des rapatriés et montrent l'investissement important des pouvoirs publics pour cette population, ne permettent que rarement de saisir l'ambivalence des expériences vécues par les pieds-noirs. *Marqués* comme nationaux, les Européens d'Algérie ont bénéficié d'une politique d'intégration inédite. C'est en tant que nationaux, aussi, qu'ils expérimentent les relations aux guichets lors de leur arrivée et souffrent de devoir faire preuve de leur identité – avec plus ou moins de force selon leurs propriétés sociales – faisant ainsi l'expérience d'une forme de migritude. Les matériaux mobilisés ici ne permettent pas d'analyser le pouvoir discrétionnaire

18. Á titre d'exemple encore, en soixante an, un seul article a été publié dans la revue *Population* de l'Ined sur l'intégration des rapatriés en France. Précisément, il s'agit d'une note rédigée en 1975 par un géographe sur des données départementales (Baillet, 1975). Si nous avons réalisé une thèse sur le sujet, l'analyse de l'hétérogénéité interne à ce groupe doit encore être approfondie.

des agents des guichets, leurs propriétés sociales ainsi que les contraintes qui pèsent sur eux. En ce sens, ils ne proposent pas une sociologie de l'État par le bas. Mais, en réunissant, à travers des matériaux peu souvent assemblés, le travail d'identification mené par l'État et la manière dont il a été appréhendé par les administrés, cet article constitue une tentative pour concilier des analyses apparemment antagonistes et décloisonner l'étude du devenir des rapatriés d'Algérie en France.

Mieux inscrire cet objet dans la sociologie de l'immigration présenterait, il nous semble, plusieurs avantages. D'abord, cela permettrait d'ouvrir la voie à de nouveaux travaux sur cette population en revalorisant cet objet d'étude. Alors que l'arrivée des pieds-noirs constitue un élément notable de l'histoire migratoire française, on manque d'éléments pour caractériser leur parcours et les déplacements sociaux connus par leurs enfants. Les confondre à la population générale revient à ignorer la singularité de leur expérience migratoire et ses effets différenciés sur les personnes. De fait, les différences internes à ce groupe selon l'origine sociale, le genre ou les générations demeurent peu étudiées (notamment en l'absence de champ dans lequel légitimement s'inscrire). Si la statistique publique a contribué à invisibiliser les pieds-noirs, certaines sources permettent de décrire comment ils ont vécu ou participé aux transformations sociales du XXe siècle. Parce qu'il contient les vestiges d'une nomenclature bricolée avant l'indépendance pour tenir compte de la diversité des populations coloniales, l'Échantillon démographique permanent de l'Insee constitue l'une de ces sources [19].

Ensuite, un intérêt renouvelé sur le devenir des pieds-noirs en France permettrait de décentrer le regard sur les transitions entre mondes coloniaux et métropole en considérant non plus seulement les anciens colonisés, mais aussi ceux qui occupaient une position plus favorable dans les hiérarchies coloniales. La littérature montre en effet que les classifications coloniales et les représentations (notamment raciales) associées ont été importées en métropole et qu'elles ont, à ce titre, durablement marqué l'administration des migrants d'Afrique du Nord en France. Dans ce contexte, il semble pertinent d'analyser séparément les trajectoires des anciens Français musulmans et des Européens d'Algérie – de même que celles de leurs enfants –, mais il convient aussi d'interroger les procédés déployés pour y parvenir ainsi que les arguments ou connaissances effectives sur lesquels ils reposent. Sans cet effort de réflexivité et d'explicitation, le chercheur risque de reprendre à son compte, voire de renforcer, les stéréotypes véhiculés sur ces populations, la méconnaissance ou la naturalisation des uns contribuant à renforcer l'altérité des autres. En décrivant les procédés déployés par l'Insee pour catégoriser les populations, cet article plaide en effet pour un usage réflexif des données de la statistique publique et des conventions définissant les personnes comme étrangère ou nationale. Ne pas prendre pour acquises les catégories étatiques permet en effet de mieux saisir comment elles s'inscrivent dans des rapports de pouvoir historiquement construits et d'analyser la manière dont les individus s'en saisissent ou y résistent selon leurs propriétés sociales et la pente de leur trajectoire.

19. La deuxième édition de l'enquête Trajectoires et Origines (TeO2) représente une autre source puisqu'elle inclut désormais dans son champ les descendants de rapatriés. Elle est encore sous embargo à ce jour, mais sera prochainement à la disposition de l'ensemble de la communauté scientifique.

Annexes électroniques

Retrouvez l'annexe de l'article déposée sur Nakala, l'entrepôt de données du TGIR Huma-Num : https://doi.org/10.34847/nkl.acd45103

Bibliographie

Ageron C.-R. (1979), *Histoire de l'Algérie contemporaine, 1871-1954, Tome II*, Paris, Puf.

Alba R. & Silberman R. (2002), « Decolonization Immigrations and the Social Origins of the Second Generation. The Case of North Africans in France », *International Migration Review*, vol. 36, n° 4, p. 1169-1193.

Assante M. & Plaisant O. (1992), « Origine, évolution et enjeu de la dénomination "pied-noir" », *Langage et société*, n° 60, p. 49-65.

Avanza M. & Laferté G. (2005), « Dépasser la "construction des identités" ? Identification, image sociale, appartenance », *Genèses*, n° 61, p. 134-152.

Baillet P. (1975), « L'intégration des rapatriés d'Algérie en France », *Population*, vol. 30, n° 2, p. 303-314.

Barros de F. (2005), « Des "Français musulmans d'Algérie" aux "immigrés". L'importation de classifications coloniales dans les politiques du logement en France (1950-1970) », *Actes de la recherche en sciences sociales*, n° 159, p. 26-53.

Baussant M. (2002), *Pieds-noirs. Mémoires d'exils*, Paris, Stock.

Bertrand R. (2011), *Histoire à parts égales. Récits d'une rencontre Orient-Occident (XVe-XVIIe)*, Paris, Seuil.

Blévis L. (2001), « Les avatars de la citoyenneté en Algérie coloniale ou les paradoxes d'une catégorisation », *Droit et société*, n° 48, p. 557-581.

Blévis L. (2003), « La citoyenneté française au miroir de la colonisation. Étude des demandes de naturalisation des "sujets français" en Algérie coloniale », *Genèses*, n° 53, p. 25-47.

Bourdieu P. (1986), « La force du droit. Éléments pour une sociologie du champ juridique », *Actes de la recherche en sciences sociales*, n° 64, p. 3-19.

Brunet G. & Kateb K. (2018), « Les Espagnols dans la région d'Oran au milieu du XIXe siècle. Mariage, comportements matrimoniaux, liens familiaux et liens sociaux », *Annales de démographie historique*, n° 135, p. 81-112.

Bruno A.-S. (2010), *Les Chemins de la mobilité. Migrants de Tunisie et marché du travail parisien depuis 1956*, Paris, Éditions de l'EHESS.

Bruno A.-S., Rygiel P., Spire A. & Zalc C. (2006), « Jugés sur pièces. Le traitement des dossiers de séjour et de travail des étrangers en France (1917-1984) », *Population*, n° 61, p. 737-762.

Comtat E. (2009), *Les Pieds-noirs et la politique. Quarante ans après le retour*, Paris, Presses de Sciences Po.

Couto M.-P. (2014a), « L'intégration professionnelle des pieds-noirs : l'empreinte de la décolonisation », *in* Paugam S. (dir.), *L'Intégration inégale*, Paris, Puf, p. 347 à 360.

Couto M.-P. (2014b), « Les paradoxes de la citoyenneté. Le devenir des pieds-noirs en France métropolitaine », thèse de doctorat en sociologie, Paris, EHESS.

Desrosières A. (1993), *La Politique des grands nombres. Histoire de la raison statistique*, Paris, La Découverte.

Duvoux N. (2009), *L'Autonomie des assistés. Sociologie des politiques d'insertion*, Paris, Puf.

Escafré-Dubet A., Kesztenbaum L. & Simon P. (2018), « La greffe coloniale en métropole. Les Français musulmans dans le recensement de 1954 », *Sociétés contemporaines*, n° 110, p. 35-59.

Green N. (1985), *Les Travailleurs immigrés juifs à la Belle époque : le « Pletzl » à Paris*, Paris, Fayard.

Guillon M. (1974), « Les rapatriés d'Algérie dans la région parisienne », *Annales de géographie*, n° 460, p. 644-675.

Hmed C. (2006), « "Tenir ses hommes". La gestion des étrangers "isolés" dans les foyers Sonacotra après la guerre d'Algérie », *Politix*, n° 76, p. 11-30.

Hmed C. (2008), « L'encadrement des étrangers "isolés" par le logement social (1950-1980). Éléments pour une socio-histoire du travail des *street-level bureaucrats* », *Genèses*, n° 72, p. 63-81.

Kateb K. (2001), *Européens, « indigènes » et juifs en Algérie (1830-1962)*, Paris, Ined.

Laurens S. (2008), « Les agents de l'État face à leur propre pouvoir. Éléments pour une micro-analyse des mots griffonnés en marge des décisions officielles », *Genèses*, vol. 3, n° 72, p. 26-41.

Lomba C. (2008), « Avant que les papiers ne rentrent dans les cartons. Usages ethnographiques des documents d'entreprises », *in* Arborio A.-M., Cohen Y., Fournier P., Hatzfeld N., Lomba C. & Muller S. (dir.), *Observer le travail. Histoire, ethnographie, approches combinées*, Paris, La Découverte, p. 28-44.

Mariot N. & Zalc C. (2010), *Face à la persécution. 991 juifs dans la guerre*, Paris, Odile Jacob.

Massicot S. (1986), « Effet sur la nationalité de l'accession à l'indépendance de territoires ayant été sous la souveraineté française », *Population*, vol. 41, n° 3, p. 533-546.

Meron M. & Maruani M. (2012). *Un siècle de travail des femmes en France. 1901-2011*, Paris, La Découverte.

Meurs D., Pailhé A. & Simon P. (2006), « Persistance des inégalités entre générations liées à l'immigration. L'accès à l'emploi des immigrés et de leurs descendants en France », *Population*, vol. 61, n° 5, p. 763-801.

Noiriel G. (2007), *L'Identification. Genèse d'un travail d'État*, Paris, Belin.

Penissat É. (2009), « L'État des chiffres. Sociologie du service de statistique et des statisticiens du ministère du Travail et de l'Emploi (1945-2008) », Thèse de sociologie, Paris, EHESS.

Saada E. (1993), « Les territoires de l'identité. Être juif à Arbreville », *Genèses*, n° 11, p. 111-136.

Savarèse É. (2002), *L'Invention des Pieds-Noirs*, Paris, Séguier.

Sayad A. (1993), « Naturels et naturalisés », *Actes de la recherche en sciences sociales*, n° 99, p. 26-35.

Sayad A. (1999), « Immigration et "pensée d'État" », *Actes de la recherche en sciences sociales*, n° 129, p. 5-14.

Schor P. & Spire A. (2005), « Les statistiques de la population comme construction de la nation », *in* Kastoryano R. (dir.), *Les Codes de la différence*, Paris, Presses de Sciences Po, p. 91-121.

Scioldo-Zürcher Y. (2010), *Devenir métropolitain. Politique d'intégration et parcours de rapatriés d'Algérie en métropole (1954-2005)*, Paris, Éditions de l'EHESS.

Siblot Y. (2006), *Faire valoir ses droits au quotidien. Les services publics dans les quartiers populaires*, Paris, Presses de Sciences Po.

Simon P. (1997), « La statistique des origines. "Race" et ethnicité dans les recensements aux États-Unis, Canada et Grande-Bretagne », *Sociétés contemporaines*, n° 26, p. 11-44.

Simon P. (1998), « Nationalité et origine dans la statistique française : les catégories ambigües », *Population*, vol. 53, n° 3, p. 541-567.

Sinthon R. (2018), *Repenser la mobilité sociale*, Paris, Éditions de l'EHESS.
Spire A. (1999), « De l'étranger à l'immigré. La magie d'une catégorie statistique », *Actes de la recherche en sciences sociales*, n° 29, p. 50-56.
Spire A. (2003), « Semblables et pourtant différents. La citoyenneté paradoxale des "Français musulmans d'Algérie" en métropole », *Genèses*, n° 53, p. 48-68.
Spire A. & Merllié D. (1999), « La question des origines dans les statistiques en France. Les enjeux d'une controverse », *Le Mouvement social*, n° 188, p. 119-130.
Thave S. (1996), « Les sources statistiques d'études sur les immigrés en France », *Espace populations sociétés*, n° 2-3, p. 197-214.
Thave S. (1997), « Mesure de l'immigration à travers les recensements », *in* Rouault D. & Thave S., « L'estimation du nombre d'immigrés et d'enfants d'immigrés », *Insee méthodes*, n° 66, p. 15-31.
Thévenot L. (1983), « L'économie du codage social », *Critiques de l'économie politique*, n° 23-24, p. 188-222.
Tribalat M. (2004), « Une estimation des populations d'origine étrangère en France en 1999 », *Population*, vol. 59, n° 1, p. 51-81.
Weil P. (2005a), « Le statut des musulmans en Algérie coloniale. Une nationalité française dénaturée », *Histoire de la justice*, n° 16, p. 93 à 109.
Weil P. (2005b), *Qu'est-ce qu'un Français ? Histoire de la nationalité française depuis la révolution*, Paris, Gallimard.
Zytnicki C. (1998), « L'administration face à l'arrivée des rapatriés d'Algérie. L'exemple de la région Midi-Pyrénées », *Annales du Midi, revue archéologique, historique et philologique de la France méridionale*, n° 224, p. 501-521.

Du « capital d'autochtonie » au « capital international » Penser la structuration scalaire des capitaux et des espaces sociaux

From "capital of autochtony" to "international capital" Conceptualizing the scalar structuring of capitals and social spaces

par **Fabrice Ripoll** *

RÉSUMÉ

Le concept de capital, tel qu'il a été réélaboré par Pierre Bourdieu, connaît ces dernières décennies un grand succès qui va de pair avec l'invention de multiples variantes. S'il est incontestable que cela produit un mouvement général d'inflation lexicale et sémantique, ces nouvelles variantes ne doivent pas être rejetées *a priori* et méritent au contraire d'être discutées. Cet article constitue l'un des volets d'un travail inédit qui s'attache à l'ensemble des propositions intégrant plus ou moins explicitement l'espace géographique et plus largement la dimension spatiale du monde social. Il se focalise en particulier sur le cas des variantes qui soulignent d'une façon ou d'une autre l'échelle spatiale de production, d'usage et de reconnaissance des capitaux : du « capital d'autochtonie » au « capital international » ou « cosmopolite ». Elles ont en effet en commun de souligner la nécessaire contextualisation géographique de toute trajectoire et position sociales, de toute pratique inscrite dans des rapports sociaux, et de souligner que cette contextualisation se décline à plusieurs échelles possibles (du local à l'international). Il invite donc, en systématisant ces analyses, à expliciter et analyser la structuration scalaire des capitaux et des espaces sociaux.

ABSTRACT

The concept of capital, as reworked by Pierre Bourdieu, has enjoyed great success in recent decades, and this has been accompanied by the invention of many variants. If it is undeniable that this produces a general movement of lexical and semantic inflation, these new variants should not be rejected a priori *and deserve to be discussed. This article is one of the components of a new work that focuses on all the proposals that seek to integrate geographical space and, more broadly, the spatial dimension of the social world. It focuses in particular on the case of variants that emphasize the spatial scale of production, use, and recognition of capital : From "capital of autochtony" to "international" or "cosmopolitan" capital. What they have in common is that they underline the necessary geographical contextualization of any social trajectory and position, of any practice inscribed in social relations, and that this contextualization is declined at several possible scales (from local to international). By systematizing these analyses, it invites us to clarify and analyze the scalar structuring of capital and social spaces.*

MOTS-CLÉS : capitaux, dimension spatiale, échelle spatiale (géographique), espace social, épistémologie

KEYWORDS*: Capitals, epistemology, spatial (geographical) scale, social space, spatial dimension*

* Maître de Conférences HDR, Université Paris Est Créteil, Lab'urba, en délégation CNRS à l'UMR Géographie-Cités, équipe EHGO
UFR Lettres, langues et sciences humaines, Université Paris Est Créteil, Campus Centre, 61 avenue du général de Gaulle, 94010 Créteil CEDEX, France
fabrice.ripoll@u-pec.fr

Le concept de capital tel que réélaboré par Pierre Bourdieu (1979, 1986) – avec son principe de déclinaison en espèces et sous-espèces variables en fonction des contextes sociaux d'accumulation et d'usage – est sans doute l'un des plus connus et réutilisés en sociologie, au point d'être souvent détaché du reste de son appareil théorique (Swartz, 2005) [1]. Si ce principe de déclinaison/variation est cohérent avec une approche relationnelle et donc non essentialiste (ou substantialiste) de la valeur, qui permet notamment d'identifier et d'analyser la pluralité de ses formes d'existence sociale (de genèse, d'usage, etc.), il est incontestable qu'il ouvre la porte à une multiplication tous azimuts de nouvelles propositions conceptuelles, pour ne pas dire une inflation pas toujours contrôlée. S'alarmant de cette situation à l'occasion d'une longue note critique, Érik Neveu (2013, p. 338) a montré l'importance d'une « discussion sérieuse [...] sur les conditions de légitimité de telles initiatives ». Il avait en effet identifié plus d'une vingtaine de « variantes » – terme qu'il n'avait pas défini mais qui lui permettait de rassembler toutes les expressions rencontrées sans préjuger de leur statut : « capital d'autochtonie, bureaucratique, corporel, cosmopolite, culturel, économique, émotionnel, étatique, ethnique, ethnographique, humain, international, juridique, linguistique, médiatique, militant, moral, philosophique, politique, professionnel, religieux, scientifique, scolaire, social, symbolique... » (Neveu, 2013, p. 339). Et encore n'avait-il pas atteint l'exhaustivité – qu'il disait ne pas avoir cherchée. Et c'était il y a une dizaine d'années...

Il me semble difficile de ne pas souscrire à cette invitation au débat. Il ne s'agit pas de rejeter toutes ces nouvelles variantes en bloc et *a priori*, mais bien de les examiner sur pièces l'une après l'autre. Il n'y a aucune raison en effet de limiter par principe le nombre de capitaux. Après tout, rien ne dit que P. Bourdieu ait fait le tour des variantes existantes. Il ne s'agit donc pas d'excommunier des hérésies pour défendre une quelconque orthodoxie. Mais les mots étant à la fois nos principaux moyens de communication et nos principaux outils de recherche (d'enquête comme d'analyse), l'objectif premier de ce travail est de limiter les risques de malentendus générés par les polysémies, les glissements sémantiques, les usages métaphoriques, etc., en même temps que de conserver à ce lexique une certaine fonction heuristique en ne dissolvant pas certaines distinctions analytiques pertinentes. Loin d'empêcher les innovations et réappropriations lexicales et sémantiques, il vise simplement à s'assurer que l'ensemble constitué par les différentes variantes de capital conserve une certaine cohérence. Ce faisant, cette opération permet aussi, et c'est un second objectif, d'expliciter et de discuter un certain nombre d'enjeux méthodologiques ou théoriques que ces nouvelles variantes peuvent impliquer.

Pour mener à bien cette discussion, plusieurs questions méritent d'être posées (Neveu, 2013). D'abord, étant donné les significations qui leur sont conférées, ces expressions peuvent-elles prétendre désigner quelque chose comme du *capital* ? On peut penser en effet que cette catégorie lexicale n'est pas tout terrain et mérite d'être réservée à des situations bien particulières – étant entendu que cette question sémantique fait bien évidemment débat [2].

Une fois vérifié que l'expression analysée désigne bien une forme de capital, la question se pose de savoir si cette variante peut être considérée comme une nouvelle espèce fondamentale à ajouter aux quatre déjà conceptualisées par P. Bourdieu (les capitaux économique, culturel, social et symbolique), ou bien si elle qualifie à l'inverse une sous-espèce (par exemple un type de capital culturel spécifique à un champ donné, tel que les savoirs et savoir-faire reconnus dans une discipline), ou encore une « combinatoire » de plusieurs capitaux comme le suggère É. Neveu (2013) avec raison (par exemple une combinatoire de capital foncier, d'alliés divers et de savoirs et savoir-faire spécifiques à l'agriculture biologique) [3], ou même autre chose qui reste à déterminer ? Enfin, chaque nouveau syntagme proposé est-il heureux ou doit-il être évité, du fait des usages dominants et des connotations qu'il véhicule, ou de divers autres critères épistémiques ou pragmatiques que la discussion pourrait révéler ?

Cet article vise à contribuer à cette discussion en se focalisant sur un certain type de constructions lexicales et concep-

1. Pour une mise au point sur ce concept, sa généalogie, ses déclinaisons, etc., je me permets de renvoyer à (Sapiro, 2020) ainsi qu'à (Ripoll, 2021b), notice qui en propose une présentation personnelle. Je tiens à remercier les personnes ayant relu et discuté les premières versions de cet article qui a ainsi pu être considérablement amélioré. Je garde évidemment l'entière responsabilité des propos tenus ici.

2. Je me permets là aussi de renvoyer à ma notice qui fait une proposition en ce sens (Ripoll, 2021b).

3. Le terme désigne un ensemble de capitaux différents ayant valeur dans un champ donné, et qui sont toujours des sous-espèces des quatre espèces fondamentales.

tuelles : celui qui consiste à croiser plus ou moins explicitement la catégorie de capital avec l'espace physique et plus largement *la dimension spatiale (géographique*[4]*) du monde social*. À lui seul, ce type de croisement a déjà donné lieu à un nombre significatif d'expressions qui viennent augmenter le nombre de variantes repérées par É. Neveu, à commencer par capital spatial, la plus évidente et sans doute la plus utilisée, mais aussi capital territorial ou socio-territorial, d'habitat ou résidentiel, de situation ou de position, environnemental, de mobilité, d'autochtonie, de proximité, international, global, cosmopolite, etc.[5] À cette profusion lexicale s'ajoute le fait qu'une même expression peut renvoyer à des significations très hétérogènes et, inversement, que des significations proches peuvent être portées par des syntagmes différents. Logiquement, deux options s'offrent donc à l'analyste qui ne sont pas exclusives l'une de l'autre. La première consiste à prendre une entrée lexicale, qui permet de suivre pas à pas l'histoire d'un nouveau syntagme et ses différents usages conceptuels. Cette option tend à s'imposer chaque fois qu'une expression connaît un succès significatif, surtout s'il se marque par une inflation sémantique qui mérite une étude de cas, à l'image de « capital spatial » (Ripoll, 2019, 2021a). La seconde option, qui a été prise ici, consiste à l'inverse à rassembler diverses propositions lexicales selon le critère de la proximité de leurs significations dominantes. Trois grands ensembles de significations ont ainsi été identifiés : certaines renvoient à des questions de déplacement et de capacité de déplacement (capital spatial, de mobilité, motilité...) ; d'autres à des questions de localisation, de proximité et d'environnement immédiat (capital spatial, résidentiel, environnemental...) ; et d'autres encore à des questions d'échelle spatiale/géographique d'usage ou de reconnaissance des capitaux (capital d'autochtonie, international, cosmopolite...).

C'est cette dernière famille de notions qui est discutée ici. L'article débutera donc par une présentation des principaux usages qui ont pu être faits de la notion de capital d'autochtonie, puis de celle de capital international (ou cosmopolite), avant d'en faire une analyse critique qui reprendra les différentes questions énoncées plus haut. Il s'agira de s'interroger à la fois sur leur contenu sémantique commun et sur les problèmes lexicaux que pose sa désignation. Ces notions ont en effet en commun de souligner la nécessaire contextualisation spatiale (géographique) de toute trajectoire et position sociales, de toute pratique inscrite dans des rapports sociaux – une contextualisation qui se décline à plusieurs échelles possibles (du local à l'international), ce qui invite à penser, parler et travailler en termes de *structuration (multi)scalaire des capitaux et des espaces sociaux*[6].

Le « capital d'autochtonie » et son élargissement progressif : l'importance des positions sociales locales

Ce concept apparaît au tournant des années 1990 dans les recherches de Jean-Noël Retière (1991, 1994a) sur une commune ouvrière. Resté longtemps discret, il n'est vraiment repris qu'une décennie plus tard dans des travaux d'ethnographie des classes populaires rurales françaises, à l'image de Nicolas Renahy dans sa thèse sur « les gars du coin » (Renahy, 2005, 2010), puis de Caroline Mazaud (2010) sur les petits artisans ruraux ou de Julian Mischi (2012) sur des chasseurs. Il connaît depuis un succès plus important (Aunis *et al.*, 2016), incluant son transfert aux classes supérieures, à la faveur d'une articulation avec les questions de « mobilité » dans le cadre d'une réflexion collective sur « la dimension spatiale des ressources sociales » (*Regards sociologiques*, 2010).

Dans un article important pour la publicisation du concept, J.-N. Retière (2003) l'attribue à Michel Bozon et Jean-Claude Chamboredon (1980) :

> La notion, pour ne pas dire le concept, de « capital d'autochtonie » a été, à ma connaissance, utilisée pour la première fois dans un article particulièrement suggestif de Jean-Claude Chamboredon et Michel Bozon à un moment (aujourd'hui révolu ?) où l'objet « local » bénéficiait [...] d'une certaine faveur auprès des chercheurs. Il

4. Cette précision s'impose dans le contexte d'une orientation théorique qui utilise beaucoup le lexique spatial mais dans un sens que certains considèrent comme métaphorique, où l'espace est à peu près synonyme de structure (ensemble de positions objectives).

5. Les publications sur ces notions étant bien trop nombreuses pour être toutes mentionnées, je me contente de quelques références indicatives. Sur la notion de capital spatial, mais aussi celles de capital d'habitat ou résidentiel, de position/situation, voir (Ripoll, 2019) qui donne une série de références complémentaires. Sur les notions de capital de mobilité ou de motilité, voir (Poupeau & François, 2008 ; Kaufmann *et al.*, 2004). Sur la notion de capital environnemental, voir (*Norois*, 2017).

6. Cet article ne mène donc pas une discussion critique sur la place de l'espace dans les travaux de Pierre Bourdieu lui-même, commencée ailleurs (Ripoll, 2013, 2020 ; Savage, 2011 ; Wacquant, 2018). Il ne propose pas non plus une sociologie des sociologues proposant ces nouveaux concepts, bien qu'une telle enquête serait passionnante.

s'agissait, pour ces deux sociologues, de nommer la ressource symbolique que représentait, pour des migrants des classes populaires ayant quitté la campagne pour la ville, leur statut d'originaire du « pays » dans la concurrence pour l'accès aux réserves de chasse (Retière, 2003, p. 121).

Précisons avec N. Renahy (2010) que si l'article évoque bien « l'autochtonie » et les enjeux qu'elle recouvre, la notion n'y apparaît pas et semble donc bien avoir été forgée par J.-N. Retière lui-même [7]. Mais il a sans doute beaucoup puisé dans les travaux de ces auteurs – et d'autres – sur les usages sociaux de l'espace rural, notamment la combinaison d'une entrée par le local, d'une étude des classes populaires et des différenciations sociales des pratiques, ainsi que d'une primauté conférée à l'enquête ethnographique, le tout dans un rapport de proximité critique avec les travaux et propositions théoriques et conceptuelles de P. Bourdieu et son équipe. Jean-Noël Retière (1994a) raconte qu'il a d'abord réfléchi à cette notion en thèse, quand il analysait les sociabilités populaires à Lanester, une petite localité proche de Lorient et dominée par les ouvriers de l'Arsenal de la marine et leurs familles, omniprésents depuis plusieurs générations sur les principales scènes locales (associations, mutuelle, municipalité, etc.). Puis d'autres enquêtes, notamment sur les pompiers volontaires (Retière, 1994b), ont confirmé l'intérêt de cette notion :

> Ensuite, une partie de mes travaux ultérieurs, loin de me détourner de cette question, m'ont amené à interroger de nouveau la place centrale que revêtent, pour les classes populaires, le fait et/ou le sentiment d'appartenir à l'espace local dans la participation à la vie publique, au double sens de l'engagement et de l'intérêt *a minima* manifesté pour la chose publique (Retière, 2003, p. 122).

Ce faisant, la signification conférée à cette notion tend à se déplacer. Dans ses travaux sur Lanester, s'il conserve l'idée d'une appartenance à un espace local ayant des effets sur les pratiques populaires et en particulier les formes d'engagement militant et leur légitimité, il ne s'agit plus d'un facteur de discrimination autour d'une ressource rare que les gens « du pays » se réserveraient, mais d'un facteur de « hiérarchie entre les habitants », entre la fraction dominante (autour des ouvriers de l'arsenal) qui domine « l'espace social communal » et se réserve les profits symboliques de l'origine ou de l'enracinement, et les fractions marginalisées. Jean-Noël Retière révèle deux pièges dans lesquels il a failli tomber du fait même de l'hégémonie locale du groupe : celui de l'enracinement comme support objectif du groupe (toutes les « vieilles familles lanestériennes » ne pouvant se prévaloir de ce titre) et celui de l'identité collective comme donnée partagée (tant il s'agit d'un enjeu de lutte) – ce qui justifie l'introduction du lexique du capital :

> En définitive, j'avais commencé une thèse sur la culture ouvrière et sur la tradition et je me retrouvais confronté à un processus d'appropriation symbolique de l'identité locale par des « capitalistes de la mémoire », ceux-là mêmes qui nageaient comme des poissons dans l'eau dans les arcanes municipales et associatives. Mon regard sur l'enracinement s'en trouvait alors passablement brouillé : je ne pouvais plus le percevoir comme un simple support d'une identité sociale collective localement constituée (les Lanestériens, tous les Lanestériens, vus de/par l'extérieur) dès lors que l'autochtonie était comme revendiquée, capitalisée par une fraction seulement de la population qui, de plus, ne se gênait guère pour la dénier aux autres (Retière, 2003, p. 126).

C'est au sein même du monde ouvrier/populaire que se construisent ces hiérarchies symboliques :

> Ce capital d'autochtonie dépend [...] de l'appartenance ou de la ramification au monde de l'arsenal et agit comme un sésame des réseaux de sociabilité où le style populaire peut s'épanouir sans être dédaigné. Ce capital, n'échappant nullement à ce qui, selon Marx, distingue un capital d'une ressource, fonctionne comme un véritable rapport social au sens où il concourt à la différenciation des classes populaires résidentes. En effet, cette sociabilité de l'ancrage ne peut être qualifiée de populaire qu'à la condition de préciser qu'elle ne réserve pas d'égales chances d'accès à tous ceux que l'on serait spontanément tenté de ranger parmi ses publics de prédilection, à savoir les catégories sociales les plus modestes (Retière, 2003, p. 132).

Mais inversement, cette valorisation relative ne vaut *que* dans l'espace social communal, ce qui fait du capital d'autochtonie, « pour parler comme Bourdieu, un capital social dont la valeur deviendrait obsolète à l'extérieur du "marché franc" que constitue la commune de Lanester » (*idem*, p. 131-132). Et encore ne vaut-elle que tant que sont maintenues les ressources des ouvriers et les règles du jeu qu'ils avaient réussi à établir dans la commune, donc leur capacité à conserver leur hégémonie locale. Ainsi :

> L'enracinement et l'héritage que l'on pouvait naguère considérer comme des ressources n'ont de chances de devenir capital d'autochtonie conférant une puissance (d'accès à des positions, à des titres de reconnaissance, etc.) à son détenteur que pour autant que les autorités locales en reconnaissent ou se trouvent contraintes d'en reconnaître la valeur (Retière, 2003, p. 139).

7. Voir aussi sa notice de dictionnaire (Retière, 2013).

Retraçant la généalogie des usages du concept, N. Renahy en propose une approche moins circonscrite en ce sens que cette hégémonie locale n'est plus nécessaire :

> Une définition minimale de la notion de capital d'autochtonie pourrait consister à dire qu'elle est l'ensemble des ressources que procure l'appartenance à des réseaux de relations localisés. Il s'agit de nommer des ressources symboliques, symboliques en ce qu'elles ne tiennent ni d'un capital économique, ni d'un capital culturel, mais d'une notoriété acquise et entretenue sur un territoire singulier. Un tel ensemble ne subsume cependant pas que des biens symboliques, il désigne aussi des formes pratiques de pouvoirs, puisque le fait d'appartenir à un groupe d'interconnaissance n'est pas une donnée neutre, mais est au contraire susceptible d'avoir un poids social permettant de se positionner avantageusement sur différents marchés (politique, du travail, matrimonial, associatif, etc.) (Renahy, 2010, p. 9).

Il s'agit de qualifier une forme de capital social et symbolique à la fois locale et populaire, dont N. Renahy (2005) analyse la démonétisation dans une petite commune rurale et ouvrière ayant perdu en peu de temps ses emplois industriels traditionnels. S'il est légitime à ses yeux d'opérer cet « élargissement » de la notion (Renahy, 2010, p. 17), c'est sans doute qu'il avait déjà été opéré par J.-N. Retière (1994b, 2003). Le fait que le groupe ouvrier n'ait plus besoin d'être localement hégémonique pour justifier l'usage de la notion est, *de facto*, un moyen de l'étendre à des groupes et contextes locaux très différents et bien plus nombreux. Il suffit de souligner l'existence de capitaux, même minimes, des membres de catégories dominées face à des individus mieux dotés :

> [L'utiliser] permet de mettre au jour la force potentielle de ceux qui ne disposent que de leur ancrage local comme support de ressources sociales. Paysans kabyles qui basent leur économie marchande sur une économie de l'honneur, liée à l'affiliation à un clan et à un village ; générations « dépaysannées » de la France de la fin des années 1970 qui, par la pratique de la chasse, réaffirment une appartenance à leur localité de naissance ; ouvriers d'État établis qui accèdent à l'espace politique grâce au contrôle du pouvoir municipal ; enfants de ceux de la métallurgie qui s'accrochent à la bande de copains du village quand la structure économique locale ne garantit plus de reconnaissance professionnelle : il s'agit de manière récurrente de donner à voir et à comprendre des logiques qui échappent à des analyses par trop macroscopiques (Renahy, 2010, p. 25).

Il est certain que ces capitaux n'entrent pas dans la construction des espaces sociaux dessinés à partir des grandes enquêtes statistiques nationales, tels qu'on les trouve dans *La Distinction* (Bourdieu, 1979) et les travaux qui s'en inspirent (Coulangeon & Duval, 2013 ; Lebaron & Leroux, 2015). Ils restent de ce fait comme invisibles si on les observe depuis cette échelle (ou focale) d'analyse. Mais surtout, même rendus visibles par des enquêtes ethnographiques, ces capitaux sont peu, voire pas, pertinents et efficaces à l'échelle de l'espace social national et de ses enjeux. De ce fait, les membres des catégories populaires qui les détiennent peuvent bel et bien être considérés comme dominés à l'échelle nationale tout en pouvant acquérir une position plus ou moins dominante à l'échelle locale du fait d'y constituer un groupe social relativement intégré. Ou plutôt, ils *pouvaient* acquérir cette position – le point commun de ces différentes enquêtes étant de souligner que ce capital tend à s'amenuiser, sinon à disparaître, du fait notamment d'une désintégration de ces groupes (Beaud & Pialoux, 1999).

L'élargissement des usages de la notion se poursuit avec son transfert à des groupes non ouvriers, qu'il s'agisse d'artisans (Mazaud, 2010) mais aussi de membres des catégories supérieures (Wagner, 2010 ; Tissot, 2010a, b, 2011). Dans le premier cas, même s'il y a détention d'un minimum de capital économique, on peut encore considérer qu'il s'agit de catégories populaires ou relativement peu dotées à l'échelle nationale, et qui sont d'ailleurs bien souvent proches socialement du groupe ouvrier du fait que les petits artisans en sont souvent issus :

> Les artisans sont en effet traditionnellement des ouvriers de métier qui, par leur qualification et leurs expériences professionnelles, ont cumulé les ressources suffisantes pour s'installer à leur compte. Ce groupe est ainsi le lieu de l'ascension sociale par l'indépendance pour les ouvriers qualifiés de type artisanal (Mazaud, 2010, p. 45).

Sauf que ces artisans sont de plus en plus concurrencés par des « gestionnaires sans qualification technique qui rachètent des entreprises artisanales et dirigent une équipe d'ouvriers qualifiés sans participer eux-mêmes directement à l'activité productive » (*idem*, 2010). Face à cette concurrence, c'est là aussi l'ancrage local qui permet aux moins doté·es de résister :

> C'est ainsi que j'ai peu à peu découvert le rôle indispensable joué par l'autochtonie dans la transmission d'entreprises artisanales à la campagne : elle influe fortement sur le choix du repreneur, aux yeux du cédant, qui se sent appartenir à la communauté des habitants locaux à laquelle il est attaché par une sorte d'engagement moral. L'usage du capital d'autochtonie freine ainsi l'arrivée de repreneurs extérieurs au territoire, même fortement dotés en capitaux économique et culturel, venus acheter une entreprise en zone rurale pour y « exploiter » les savoir-faire et les atouts locaux, en ne participant ni à l'effort productif ni à la vie de la commune (Mazaud, 2010, p. 46).

S'assurer de l'appartenance locale du repreneur, c'est tenter de maintenir l'encastrement des relations commerciales dans le réseau d'interconnaissance et la subordination des pratiques marchandes aux logiques sociales (dévouement, alliances...), en même temps que de « bénéficier toujours [soi-même] de cette notoriété locale en n'ayant pas mis la population locale “dans la gueule du loup” » (*idem*, p. 52). Plus besoin d'une usine ou autre activité économique localement dominante sur longue période, ni du groupe socio-professionnel relativement intégré et enraciné qu'elle peut contribuer à produire. Mais une interdépendance économique se combine toujours à de l'interconnaissance localement circonscrite, en même temps qu'une certaine capacité à peser sur l'entrée des nouveaux venus : « En fait, l'économie locale reste aux mains de travailleurs d'origine locale et résidant localement » (*idem*, p. 53), ce qui leur permet de maintenir « un style de vie rural et populaire [...] inscrit dans l'attachement à la valeur du travail et aux collectifs local et professionnel », dans un contexte de « rurbanisation » (*idem*, p. 55).

De leur côté, Sylvie Tissot et Anne-Catherine Wagner montrent, chacune à sa manière et avec des objets différents, que les classes supérieures ne vivent pas « hors sol » et ont aussi besoin d'un ancrage. Dans leurs travaux sur la grande bourgeoisie française, Michel Pinçon et Monique Pinçon-Charlot (1989, 2007, 2016) ont montré que dominer les « beaux quartiers » suppose des concentrations relatives pour maintenir un certain niveau d'entre soi et d'appropriation de l'espace. En retour, cette domination locale (maîtrise du cadre de vie et de la composition sociale du quartier, mainmise sur l'école même publique...) apporte bien des avantages, à commencer par la production et l'entretien d'un capital social ainsi que d'un environnement ajusté à la socialisation souhaitée des enfants, condition d'une reproduction sociale réussie [8]. Cela dit, à ma connaissance, le duo n'utilise pas la notion de capital d'autochtonie. Est-ce parce qu'elle a d'abord été associée aux classes populaires voire aux seuls ouvriers ? C'est du moins une hypothèse que l'on peut formuler. On peut d'ailleurs noter que S. Tissot et A.-C. Wagner ne la mobilisent pas non plus dans un premier temps. Dans le petit livre de synthèse sur *Les classes sociales dans la mondialisation* (Wagner, 2007), on la trouve uniquement dans le chapitre sur « la mondialisation “par le bas” », c'est-à-dire du côté des classes populaires, ce qui montre que la seule connaissance de la notion ne suffit pas à susciter sa transposition à d'autres classes [9]. Pour les deux sociologues, celle-ci s'opère lors de l'organisation d'une journée d'étude appelant à croiser les notions de mobilité et d'autochtonie respectivement associées aux classes supérieures et populaires, arguant que ces associations méritaient d'être remises en cause (*Regards sociologiques*, 2010) [10].

Les réflexions conceptuelles présentées dans ce numéro ne se placent pas toutes à la même échelle spatiale. Les travaux présentés par S. Tissot (2010a, b, 2011) montrent, dans son enquête sur la gentrification dans un quartier central de Boston, que même les gentrifieurs les mieux dotés ont besoin de se regrouper et de se mobiliser pour faire corps et asseoir leur domination sur le quartier, notamment mais pas seulement face aux velléités des « nouveaux arrivants », et maintenir ainsi le contrôle du degré de « mixité sociale » considéré comme désirable et suffisant.

> Dans le South End, [le pouvoir de ce groupe] est politique dans le sens où il implique une gestion des affaires du quartier sans pour autant être lié directement, contrairement aux ouvriers de Lanester, à la conquête de l'appareil municipal. Il est constitué de capital culturel (écriture et célébration de l'histoire du quartier ; transformation de l'architecture délabrée du South End en patrimoine reconnu par les institutions les plus légitimes de la ville) et de capital social (*via* l'établissement de liens avec les associations caritatives ou les conseillers municipaux). Mais il repose aussi sur une autorité morale constituée à partir de la défense d'une mixité sociale limitée mais valorisée, de l'engagement en faveur de la *community* contre la municipalité sourde aux revendications des habitants. Cette autorité provient aussi de l'organisation d'une sociabilité de voisinage régulée et d'un contrôle des espaces publics (Tissot, 2010a, p. 103).

Comme à Lanester, cette notabilité s'est construite contre d'autres groupes, complexifiant le schéma des « anciens » contre les « nouveaux » et justifiant de parler de capital :

> Au discours des notables, répond l'affirmation d'un autre South End, celui des locataires et de toutes les populations à bas revenus, notamment noires, bref la « vraie communauté » contre des intérêts

8. Voir aussi le dossier de *Sociétés contemporaines* et son introduction (Cayouette-Remblière *et al.*, 2019).

9. Comme le souligne l'une des personnes ayant relu et discuté cet article, le fait de ne pas travailler sur des formes d'ancrage et de pouvoir locaux peut sans doute contribuer à ce non-recours. Mais ce facteur n'opère pas dans le cas des travaux de M. et M. Pinçon-Charlot ou de S. Tissot qui ont bel et bien travaillé ces objets durant cette période.

10. Cette journée fait elle-même suite à une session du colloque pluridisciplinaire que nous avons initié, Vincent Veschambre et moi-même, à Caen en 2007 (Backouche *et al.*, 2011). J'avais alors proposé d'associer des communications sur le local et le capital d'autochtonie (au sens de C. Mazaud, qui aboutira à l'article cité plus haut) et d'autres sur la mobilité. L'idée de penser en termes de dimension spatiale des ressources sociales et des capitaux a émergé lors de réflexions encore antérieures au sein d'un séminaire sur « l'appropriation de l'espace » (*Norois*, 2005 ; Veschambre, 2006).

> particuliers comme ceux des agents immobiliers. Néanmoins, aucune frontière claire ne sépare deux camps : une fraction non négligeable des nouveaux propriétaires vient soutenir les militants radicaux tandis que d'autres font alliance avec des « anciens », notamment les logeuses, québécoises, irlandaises ou noires, très investies dans les associations de quartier (Tissot, 2010a, p. 107).

Si ce groupe a dû mobiliser des ressources extérieures au South End, du côté de la municipalité de Boston, et des ressources savantes et bourgeoises diverses, et si certains de ses membres se construisent une identité « cosmopolite », son pouvoir sur l'espace y est relativement circonscrit et se limite pour l'essentiel au quartier. De son côté, A.-C. Wagner se place à une bien plus large échelle, soulignant plus spécifiquement l'importance maintenue des appartenances nationales dans les jeux et enjeux internationaux auxquels participent les fractions les plus mobiles des classes supérieures :

> Dans l'espace des élites économiques lui-même, les avantages liés à l'enracinement sont non négligeables. [...] Les cadres « internationaux », dont la carrière se déroule dans plusieurs pays, ont des positions importantes, mais ce sont rarement les positions de premier rang : ils peuvent être directeurs de filiales, diriger des départements d'import-export, coordonner les activités dans une région du monde ; ils sont en revanche peu représentés au sommet. Les enquêtes sur le pouvoir économique montrent en effet la pérennité des élites traditionnelles. Les plus hauts postes dans les plus grandes entreprises sont toujours détenus par des nationaux, formés, sélectionnés et consacrés selon des procédures nationales (Wagner, 2010, p. 96).

Si l'échelle change, deux critères reviennent malgré tout comme une sorte de noyau dur de la notion, justifiant sans doute son transfert : il s'agit toujours d'un capital social et symbolique, construit de longue date et entretenu à force travail :

> La prééminence des filières nationales doit être mise en rapport avec la place centrale de la durée dans l'efficacité de la domination sociale. Les compétences nouvelles des « *managers* internationaux » ne peuvent rivaliser avec la légitimité que confère l'enracinement sur le territoire. Parmi les ressources sûres procurées par cette inscription territoriale, les liens tissés avec les réseaux politiques nationaux, voire régionaux, sont essentiels. L'interpénétration des familles des affaires et de la haute fonction publique est une caractéristique centrale du monde du pouvoir en France, qui explique sa force de résistance à une simple importation de principes d'excellence étrangers. C'est ce qui pourrait définir une ressource d'autochtonie propre au monde du pouvoir : une inscription de longue date dans des cercles d'interconnaissance et d'interreconnaissance où s'entremêlent d'une manière souvent indissociable alliances d'intérêts et liens de famille (Wagner, 2010, p. 97).

Ayant ainsi à réfléchir sur les jeux d'échelles dans ces hautes sphères du monde social, cette même sociologue opère un autre croisement entre le lexique du capital et celui des échelles avec la notion de « capital international ».

Le « capital international » ou « cosmopolite » : prendre en compte le transnational

Les économistes parlent depuis longtemps de « capital international » ou « mondial », la notion étant confinée au cas bien circonscrit des capitaux financiers possédés par des étrangers à un pays considéré ou à la dimension « plurinationale » des patrimoines et investissements de certaines entreprises et donc de certaines catégories d'actionnaires. Le transfert dans les autres sciences sociales semble assez récent, et finalement concomitant de ce qu'on appelle de plus en plus le « tournant transnational » ou « tournant global des sciences sociales » pour reprendre le titre d'un livre collectif (Caillé & Dufoix, 2013), lui-même largement déterminé ou favorisé par la conviction de plus en plus partagée que l'économie, mais aussi les autres types de relations sociales, connaissent un processus de « mondialisation » ou « globalisation » accéléré depuis les années 1980-1990.

Anne-Catherine Wagner est ainsi l'une des premières sociologues françaises à utiliser les notions de « capital international » ou « cosmopolite [11] » dans le cadre de ses recherches de thèse sur les fractions les plus internationalisées des classes supérieures, menées dans les années 1990 [12]. Elle analyse les transformations sociales récentes dans le champ économique des grandes entreprises, les capitaux qui s'y trouvent dévalorisés/revalorisés, les critères de légitimité qui s'y redéfinissent, etc. Après avoir rappelé que la bourgeoisie a toujours été pour une part internationalisée, à travers notamment des relations familiales et amicales qui étaient inséparablement des relations économiques, constituant une identité « cosmopolite » transmise de génération en génération, elle souligne que la période récente voit des recompositions importantes s'opérer :

11. Un syntagme plus courant semble-t-il dans la littérature anglophone, notamment en sociologie de l'éducation, à la suite de Weenink (2007, 2008). Sont aussi accolés à capital les adjectifs « global » (Kim, 2011) ou « transnational » (Weiss, 2005).

12. Sa thèse, soutenue en 1995, est intitulée : « Le jeu du national et de l'international : les cadres étrangers en France ». Voir la version publiée (Wagner, 1998) ainsi que les textes plus récents (Wagner, 2003, 2004a, 2007, 2010, 2020 ; Wagner & Réau, 2015).

> La concentration des entreprises, le développement des grandes organisations ont transformé les conditions d'accès à la scène internationale, faisant émerger de nouveaux acteurs. On assiste ainsi au développement d'une population de *managers* et de dirigeants internationaux, occupant des positions stratégiques dans les entreprises ou les organisations multinationales, dans les groupes financiers, les cabinets de conseils et les industries juridiques travaillant à l'échelle mondiale. Ces dirigeants se définissent par leurs « compétences » internationales. La connaissance des langues et des pays étrangers, l'insertion dans des réseaux de relations à l'échelle de plusieurs pays, la forte mobilité géographique et la possibilité de gérer sa carrière à l'échelle internationale sont des attributs systématiquement cultivés et entretenus au sein d'un groupe brassant les nationalités les plus diverses (des pays industrialisés) (Wagner, 2003, p. 34).
>
> On peut ainsi définir un capital international, fait d'une sorte d'alchimie des dimensions professionnelle, sociale, culturelle, symbolique de la connaissance de l'étranger, qui trouve de plus en plus à se valoriser dans le champ mondialisé des grandes entreprises (Wagner, 2004a, p. 128).

Il faut souligner ici qu'A.-C. Wagner n'affirme pas que ces capitaux constituent une nouvelle espèce : il ne s'agit que de « formes spécifiques » des capitaux sociaux, culturels et symboliques (Wagner, 2007, p. 43) même si, inscrits dans un champ international, ce sont « des formes de capitaux qui ne se réduisent pas aux atouts traditionnels » (Wagner, 2004a, p. 139). À la construction d'un champ économique (ou des grandes entreprises) international ne peut que correspondre des capitaux plus ou moins proches ou éloignés des types de ressources ayant une valeur dans les différents pays ainsi mis en relation de concurrence et de domination. Ces capitaux peuvent donc être ancrés dans le pays d'origine, afin d'obtenir une reconnaissance auprès des interlocuteurs visés. Ainsi de certaines écoles qui se disent « internationales » mais qui ne valent pas tant pour la valeur de leurs formations que pour celle du carnet d'adresses, international, que l'on peut théoriquement s'y constituer et entretenir *via* les associations d'anciens élèves (Wagner, 2003, p. 34-35).

Précisons que ce n'est pas parce que ces capitaux sont « internationaux », c'est-à-dire *a priori* d'échelle supérieure aux capitaux « nationaux », que les cadres qui les détiennent peuvent accéder aux plus hautes sphères des entreprises multinationales : comme indiqué plus haut, celles-ci sont toujours, dans leur immense majorité, réservées aux « nationaux » même si certains de ces derniers, à l'exemple des Français, sont souvent critiqués par les cadres et dirigeants étrangers mais aussi par les Français les plus internationalisés pour leur « fermeture » (sociale, comme d'esprit). Si les notions d'« espace international » et de « cosmopolitisme » sont mobilisées :

> Cela ne signifie pas qu'on assiste à l'institutionnalisation d'une nouvelle culture qui unifierait les références cognitives ou les modes de vie des classes supérieures les plus internationalisées des différents pays. Les nationalités déterminent au contraire les positions hiérarchiques des uns et des autres dans les groupes internationaux, et les choix internationaux se comprennent à partir des différents points de départ nationaux (Wagner, 2007, p. 62).

À la même période, en ouverture d'un numéro spécial des *ARSS* sur la « sociologie de la mondialisation », Yves Dezalay (2004) [13] plaide « pour une sociologie du capital international ». Malheureusement, le concept n'est pas précisé alors que l'ensemble de son texte vise à souligner la diversité et la complexité des trajectoires, des stratégies et des (doubles) jeux de pouvoir entre le national et l'international, allant du simple détour par l'international pour s'assurer et justifier sa position nationalement dominante, à la construction de véritables scènes internationales où se jouent les rapports de force entre champs du pouvoir nationaux, en passant par l'investissement de certaines de ces scènes pour compenser un déclassement ou une position marginalisée dans son espace national d'origine. Dans un article publié dans ce même numéro, Franck Poupeau amorce ainsi une critique des analyses qui négligent le fait que certaines « élites » ont toujours été internationalisées. Prenant le cas de la Bolivie sur lequel il mène alors des recherches, il souligne que les transformations récentes constituent plutôt « une redéfinition des relations au capital international sous toutes ses formes (financière, culturelle, etc.) » (Poupeau, 2004, p. 127). Il s'agit donc d'analyser « la façon dont un champ du pouvoir national s'articule à l'international, ou plus exactement la façon dont diverses formes d'accumulation de capital international (économique, mais aussi politique ou culturel) peuvent être rentabilisées dans l'espace national » (*idem*, p. 127), dans le cadre d'une concurrence avec d'autres groupes sociaux qui n'y font pas appel. Cette réflexion sur l'articulation nécessaire entre champs du pouvoir nationaux et l'international sera plus large-

13. Yves Dezalay, qui ne cite pas les travaux d'A.-C. Wagner dans cet article, travaille sur le transnational depuis plus de dix ans au moins à cette date, à travers le cas des juristes et autres experts en « savoirs d'État ».

ment développée dans un chapitre du *Nouveau manuel de science politique* publié en 2009 et réédité (Dezalay & Madsen, 2015). Cette fois, l'analyse s'appuie beaucoup sur A.-C. Wagner (2007) et parle des différentes espèces de capital cosmopolite.

De même que pour les questions de mobilité, et en lien évident avec elles, l'assimilation qui pourrait être faite entre capital international ou cosmopolite et classes supérieures doit être plus que nuancée. Si les enfants de la bourgeoisie et de ses diverses fractions sont à tous points de vue favorisés dans ces nouvelles concurrences pour une redéfinition d'une « excellence » que certain·es voudraient ne voir être qu'« internationale », A.-C. Wagner souligne que des enfants de militaires, de fonctionnaires et d'enseignants sont de plus en plus nombreux parmi les cadres se lançant dans une carrière internationale, et plus largement à faire le choix de formations « internationales » ou de « s'expatrier ». Les membres de la CS des employés sont même de plus en plus nombreux à partir à l'étranger, profitant parfois de l'effet de « flou » dans la position sociale que cette sorte d'extériorité peut produire (Wagner, 2004a, p. 136-137 ; 2007). Dans le cadre d'une enquête sur le syndicalisme européen, c'est pour le groupe ouvrier qu'A.-C. Wagner (2004b, 2005) forge les notions de « ressource » ou de « capital international militant », spécifiant le concept proposé par Frédérique Matonti et Franck Poupeau (2004). Il s'agit d'abord de « contribuer à l'analyse des conditions sociales d'accession aux espaces internationaux » (Wagner, 2004b, p. 13). Face à des espaces socialement sélectifs, l'accès des syndicalistes français des comités sociaux et économiques (CSE) est *a priori* improbable étant donné que, « majoritairement issus des fractions supérieures des classes populaires ou des classes moyennes, [ils] sont peu pourvus en ressources sociales, culturelles et linguistiques internationales ». Pour compliquer le tout, « l'insertion dans l'univers bien particulier des institutions européennes impose de développer des compétences spécifiques, qui peuvent sembler éloignées de l'*ethos* du syndicaliste, tel qu'il s'est historiquement constitué en France », dans la proximité revendiquée au « terrain ». D'où les questions posées par A.-C. Wagner :

> Comment se construisent dès lors des dispositions et des savoir-faire internationaux dans ces milieux syndicaux ? Dans quelle mesure peut-on définir un « capital international militant », distinct des ressources mobilisées par les hautes classes et par les élites ? (Wagner, 2004b, p. 13).

En réponse à la première question, le capital « tout à la fois relationnel, politique et symbolique accumulé dans les internationales ouvrières » est particulièrement « précieux » pour s'y retrouver et s'adapter dans « le champ du syndicalisme européen » (*idem*, p. 20), de même que les expériences préalables de migrations internationales. Mais il faut insister sur le fait que les « compétences internationales légitimes » (savoirs, lexique, mais aussi codes de comportement) sont l'objet et l'enjeu de luttes entre syndicalistes aux trajectoires différentes, quant à la place de la connaissance de l'anglais par exemple. Car les syndicalistes « issus du rang » pourrait-on dire, bien plus nombreux dans le syndicalisme français, ont à faire face de plus en plus à la concurrence des « universitaires », en fait de jeunes salarié·es très diplômé·es, qui commencent souvent leur parcours syndical par un poste de chargé d'études et non d'élu dans les instances de base. Mais l'analyse des effets en retour est tout aussi importante, à travers « les conditions de la diffusion des savoir-faire européens à d'autres niveaux de l'activité syndicale » et la façon dont les « ressources syndicales internationales » sont mobilisées dans les entreprises. Or, parmi les obstacles que les syndicalistes européens ont à affronter, il y a la méfiance qu'ils suscitent bien souvent auprès des camarades ne pratiquant pas ces espaces institutionnels, ce qui montre au passage que la qualité de « syndicaliste européen » ou la détention de « capital international » sont loin de constituer *ipso facto* un « capital symbolique » au niveau national ou local.

Dans un *Guide de l'enquête globale en science sociale*, collectivement produit par les membres du laboratoire CESSP sous la direction de Johanna Siméant (2015), un chapitre revient sur le concept de « capital international » et le justifie en dialogue si ce n'est en réponse explicite à l'article d'É. Neveu (Wagner & Réau, 2015). Dans cette discussion, Anne-Catherine Wagner et Bertrand Réau commencent ainsi par évoquer l'existence d'autres expressions qu'ils considèrent comme « très proches » :

> La « mondialisation » est particulièrement propice à l'émergence de nouveaux capitaux. Les notions de capital international, ou, avec des sens très proches, de capital cosmopolite, de compétences étrangères, de capital transnational, cherchent à appréhender de nouvelles formes de domination (Wagner & Réau, 2015, p. 33-34).

Si l'intertitre suivant n'évoque la définition que sous l'angle d'un questionnement – « Définir le capital international ? Des indicateurs ambigus » (*idem*, p. 34) – la première phrase précise que « le capital international se construit à partir de l'ensemble des ressources sociales, culturelles, linguistiques, économiques et symboliques liées à la familiarité avec plusieurs pays » (*idem*, p. 34). Il ne s'agit donc pas d'une nouvelle espèce mais plutôt d'une « combinatoire » (Neveu, 2013) des ressources existantes. Dans leur présentation de son contenu sémantique, ils prennent en exemple le petit article de P. Bourdieu sur « les trois états du capital culturel » afin de transférer la typologie au cas du capital international et, ce faisant, ce sont bien plusieurs capitaux qui sont mis en avant – même si l'on peut regretter qu'ils passent d'une espèce de capital à l'autre selon les états considérés : les états institutionnalisés et incorporés renvoient plutôt au capital culturel, sous les formes respectives des diplômes et autres titres reconnus à l'échelle internationale et des savoir-faire et savoir-être constitutifs d'« habitus cosmopolites », alors que l'état objectivé renvoie au capital économique, sous la forme d'actions ou autres propriétés en même temps que de résidences. Si les indicateurs mobilisables pour tenter de mesurer ce capital sous toutes ses formes sont considérés comme ambigus, c'est que « les attributs "d'internationalisation" ne fonctionnent pas en eux-mêmes comme des capitaux. Leur valeur dépend des positions sociales » (Wagner & Réau, 2015, p. 36). De fait, avoir des parents de nationalités différentes, avoir résidé dans différents pays ou même connaître une langue étrangère, pour reprendre des exemples de critères utilisés, n'a pas de valeur en soi… et peut même se retourner en stigmate ! Les deux sociologues en arrivent donc à considérer le capital international comme ayant un « effet multiplicateur de ressources dont la valeur ne peut être estimée indépendamment de la possession d'autres formes de capitaux » (*idem*, p. 37) et, bien entendu, des espaces sociaux ou champs où il est mobilisé. Dans la lignée des analyses d'Y. Dezalay, la suite du chapitre distingue et articule les « usages nationaux du capital international », à travers notamment l'intérêt d'études internationales pour reproduire une position sociale supérieure, et la participation à des « champs internationaux relativement autonomes [pouvant] construire des capitaux spécifiques, qui seront principalement voire exclusivement investis dans ces champs » (*idem*, p. 43), à l'exemple de la Commission européenne étudiée par Didier Georgakakis et Marine de Lassalle (2007) ou d'autres grandes organisations internationales (FMI, Banque mondiale ou même de grandes ONG comme Amnesty international ou Greenpeace), mais jamais tout à fait séparables des champs du pouvoir nationaux.

Penser et dire les espaces et échelles de référence des capitaux et positions sociales : intentions et confusions

Il est bien évident que ces différentes conceptualisations ont été construites dans des contextes géo-historiques et intellectuels spécifiques, à partir d'objets de recherche différents et notamment de classes sociales d'abord opposées (classes populaires pour le capital d'autochtonie, classes supérieures pour le capital international et ses proches parents). Cela dit, les présentations qui viennent d'être faites montrent qu'elles ont en commun :

– de rester fidèle au noyau dur de la conceptualisation des capitaux telle que proposée par P. Bourdieu (1986), donc d'éviter les glissements sémantiques qui vont souvent de pair avec l'inflation lexicale ;

– de ne pas prétendre avoir découvert une nouvelle espèce fondamentale qui viendrait s'ajouter aux quatre autres (capitaux économiques, culturels, sociaux ou symboliques) ;

– et de chercher à spécifier le périmètre et l'échelle des espaces sociaux où se jouent les rapports de concurrence et de domination ainsi que la construction, accumulation et mobilisation des capitaux, ce qui ne manque pas de bousculer le cadre théorique et méthodologique initial, et pas seulement son cadre spatial/géographique. Si ces capitaux ne sont pas des capitaux « scalaires » ou « spatiaux » qui seraient distincts des espèces fondamentales déjà conceptualisées, inversement, chacun des capitaux déjà identifiés et conceptualisés ne saurait rester « hors sol » et doit être rapporté à (au moins) un espace et une échelle de référence. Notons d'ailleurs que tout se passe comme si ce besoin ne s'était fait sentir que pour des contextes où cette échelle n'était pas nationale, comme si l'échelle nationale était restée longtemps invisible aux yeux des sociologues, en tant qu'échelle évidente ou naturelle de « la société » et, ce faisant, de la légitimité ordinaire – ce que certains ont qualifié de « nationalisme méthodologique » (comme Weiss, 2005). Ces travaux rappellent ainsi dans un même mouvement que les mondes sociaux sont non seulement multisectoriels mais aussi multiscalaires.

Au-delà du capital d'autochtonie : les capitaux propres à une échelle donnée des champs ou espaces sociaux

Pour des raisons sans doute multiples qu'il serait intéressant d'identifier (bonne connaissance des propositions de

P. Bourdieu, faible intérêt proprement disciplinaire à autonomiser « l'espace »...), ces chercheur·es ont d'autant plus de mérite à ne pas proposer une nouvelle espèce de capital que leurs enquêtes mettent le doigt sur des ressources parfois différentes des deux grandes variétés de capitaux culturels et économiques classiquement utilisés dans la construction statistique des espaces sociaux (généralement approchés par le niveau scolaire et la CS).

C'est surtout le cas du capital d'autochtonie car il s'agit précisément de rendre visible des capitaux (de) dominés qui ne sont pas réductibles à ceux qui structurent l'espace national et, plus encore, qui peuvent les concurrencer, invitant à un changement de regard sur les classes populaires qui les détiennent et qui ne peuvent pas être vues comme partout et toujours totalement démunies et dominées (Grignon & Passeron, 2015). Dans le titre même de son article de défense du concept, J.-N. Retière (2003) parle ainsi d'un « capital social populaire », mais le contenu montre qu'il s'agit tout autant de désigner les enjeux symboliques associés à l'autochtonie – et sa notice de dictionnaire, publiée après le numéro de *Regards sociologiques*, souligne clairement l'articulation des deux espèces, social et symbolique, de capital (Retière, 2013). De l'article de M. Bozon et J.-C. Chamboredon aux travaux de N. Renahy et C. Mazaud, la valorisation de l'appartenance locale est au cœur de l'objet : être du coin (Renahy, 2005), en être originaire, y être toujours resté ou y avoir conservé des attaches comme on dit, sont autant d'attributs identitaires qui sont susceptibles de soutenir la construction d'un statut valorisant par et auprès des habitants du coin en question, capital symbolique qui permet d'obtenir divers types de profits, de se voir ouvrir certaines portes (territoire de chasse, scène municipale, emploi dans l'usine locale, etc.) au détriment d'autres personnes qui ne sont pas reconnues comme du coin, comme appartenant aux « anciennes familles », etc. Cette nature d'atout relatif, accumulable et inégalement distribué dans des luttes symboliques et des concurrences de diverses natures pour l'accès à un bien rare (qu'il soit économique, politique, etc.) permet quant à elle de justifier le lexique du capital : il ne s'agit pas d'un simple « lien social ».

Mais de ce point de vue, l'expression capital d'autochtonie peut tout de même induire quelques malentendus auxquels il faut prendre garde. D'abord, l'appartenance à l'espace local sous ses différentes formes imaginables (qui est le fondement sémantique de la notion d'autochtonie) n'est pas en soi un capital. Pour qu'elle le devienne, il faut qu'elle soit reconnue et constituée en enjeu et en arme dans des rapports de concurrence ou de domination. Ensuite, la concurrence ou la lutte n'oppose pas seulement les « autochtones » et les « allochtones » mais aussi divers « autochtones » entre eux. Le risque dans la lecture hâtive de l'expression – et la lecture hâtive est loin d'être rare – est de penser que l'appartenance à la « société locale » apporte par soi seule des ressources et des profits, et donc que la position sociale importe peu. Vision « communautariste » à éviter comme le souligne fortement N. Renahy (2010). Il peut ainsi sembler un peu paradoxal de qualifier « d'autochtonie » un capital auquel tous les « autochtones » n'ont pas également accès. Quant à l'ancienneté d'appartenance, le « poids de l'enracinement » mis en avant par J.-N. Retière (2003, p. 122) au point de sembler constitutif du concept, il faut là aussi s'en méfier et le relativiser. Jean-Noël Retière souligne bien que ce n'est pas l'ancienneté ou l'enracinement objectifs qui comptent – même si la durée favorise la multiplication des relations entre les membres du groupe, les alliances familiales, amicales, etc. – mais le fait de revendiquer avec succès le monopole de l'ancienneté légitime pourrait-on dire en paraphrasant Max Weber. D'ailleurs, on peut se demander si, plus que l'enracinement, ce n'est pas surtout l'antériorité qui prime dans certains cas. Elle constitue en effet l'un des facteurs des divisions sociales dans l'enquête de Norbert Elias et John L. Scotson (1997) sur une petite localité ouvrière dans laquelle la fraction la plus ancienne de la population rejette et domine la fraction la plus récemment installée sans qu'aucun autre critère ne vienne fonder cette « exclusion ». Norbert Elias conceptualise ces observations comme relevant d'une configuration relationnelle entre *established* et *outsiders* (difficilement traduits par « établis » et « marginaux », « intrus », « exclus ») : c'est l'antériorité qui semble le seul critère d'opposition symbolique entre établis et *outsiders*, et c'est surtout la forte cohésion (capital social) des établis qui leur permet de tenir la place et de ne rien lâcher face à des *outsiders* plus récemment installés et surtout moins organisés et solidaires.

On voit qu'il ne serait pas inutile, comme le fait S. Tissot (2010a), d'ajouter ce travail (comme d'autres, notamment en sociologie ou géographie urbaine), si ce n'est à la généalogie du concept de capital d'autochtonie, tout au moins au corpus de travaux permettant d'y réfléchir. Et en même temps de ne pas l'y enfermer. Norbert Elias plaide en effet pour une généralisation de son analyse, notamment aux situations catégorisées comme relevant du racisme : selon lui, le critère de l'appartenance raciale supposée, associée à l'apparence physique, n'est pas le fondement des comportements mais plutôt un cas de figure permettant d'identifier plus facilement les *outsiders* (ou de croire en cette possibilité…). Plus généralement, l'importance de l'ancienneté comme de l'antériorité de la résidence locale ne saurait être généralisée à tous les cas de figure, *bien d'autres critères symboliques comme d'autres ressources pouvant être valorisés* dans les groupes populaires comme dans les espaces locaux.

On pourrait même réfléchir à l'analogie et ses limites avec l'opposition que fait P. Bourdieu entre les prétendants et les dominants des différents champs sociaux, les premiers devant payer un « droit d'entrée » plus ou moins élevé et se retrouvant généralement dominés une fois entrés dans le champ : dans le cas d'un espace social (d'échelle nationale ou non) et non d'un champ (au sens de secteur d'activités spécialisées), la question du droit d'entrée ne se pose clairement pas de la même manière et offre des contre-exemples (quartiers ou communes populaires facilement gentrifiés, pays entiers envahis par des pays les dominant militairement, ou plus facilement ouverts aux classes dominantes étrangères qu'aux catégories démunies, etc.). Comme le souligne N. Elias, c'est bien le rapport de force qui prime sur les réactions et comportements des uns et des autres. Il ne faut donc pas autonomiser ces enjeux symboliques des capitaux de toutes natures effectivement mobilisés dans ces rapports de force. Si le capital d'autochtonie est un capital symbolique adossé/articulé à un capital social, la nature comme la valeur des profits susceptibles d'en être tirés sont elles-mêmes dépendantes du volume des capitaux économiques ou culturels et/ou des positions de pouvoir détenus par le groupe ou réseau de relations ainsi mobilisé. Elles (ne) sont maximales (que) lorsque le groupe est localement dominant, comme cela a pu être le cas des ouvriers de l'arsenal dans la commune de Lanester. Or, tout porte à penser qu'ils n'ont pu devenir localement dominants que parce qu'ils constituaient la fraction supérieure du monde ouvrier local, en termes de qualifications, de niveau de revenus et plus encore de stabilité de l'emploi et des revenus (permettant un niveau de vie relativement favorisé, incluant l'accession à la propriété), tout en étant à la fois les plus nombreux, les plus organisés et mobilisés sur un plan professionnel (scène ou champ syndical local) comme résidentiel (scène ou champ politique municipal, associations…), s'autoconstruisant ainsi en groupe solidaire. L'ancienneté de l'appartenance locale et sa valorisation n'ont pu elles-mêmes se constituer que grâce à la perpétuation de ces conditions sociales et leur reproduction intergénérationnelle, c'est-à-dire grâce à une stabilité sur longue durée de l'activité de l'arsenal et de divers dispositifs permettant la cooptation des enfants des salarié·es, mais aussi grâce à l'absence de concurrents sérieux sur la scène résidentielle/municipale. Et c'est surtout de ce côté que s'ouvre une brèche quand des membres des classes moyennes ou supérieures investissent (dans) la commune. Dans le village étudié par N. Renahy, c'est au contraire la fermeture de l'entreprise industrielle principale pourvoyeuse des emplois qui provoquera la démonétisation du capital d'autochtonie, révélant sa grande dépendance aux variations de ses conditions socio-professionnelles et économiques (locales) de possibilité.

Autrement dit, les profits susceptibles d'être apportés par le capital d'autochtonie, et donc son volume comme sa structure, dépendent de la position sociale du groupe ou réseau social dans ce qui peut être appelé la « structure sociale locale », expression utilisée par J.-C. Chamboredon (2001) qui soulignait l'importance de prendre en compte ses effets, ou « l'espace social localisé » (Laferté, 2014 ; Bruneau *et al.*, 2018) ou encore « l'espace social local » (Ripoll, 2013 ; Rivière, 2022). Et ils tendent aussi à être circonscrits à cet espace.

En conséquence, utiliser l'adjectif « local » pour qualifier les espaces sociaux et les positions sociales invite à le transposer aux capitaux : ne pourrait-on parler de « capital local » ? Cette expression aurait le triple avantage d'avoir la même structure lexicale que « capital international », de permettre d'éviter certains des inconvénients repérés pour « capital d'autochtonie » (pas tous : on pourrait croire que tout habitant local en a) et de ne pas laisser penser que ce dernier est le seul concept permettant d'analyser des capitaux propres à un espace ou un champ local. Que devrait faire en effet tout chercheur ou chercheuse identifiant ce genre de structuration scalaire des capitaux sans pour autant retrouver l'ensemble des critères et donc des processus identifiés par J.-N. Retière ou N. Renahy (qui opèrent déjà un élargissement) ? Doit-on reprendre malgré tout le concept quitte à continuer d'assouplir ses règles d'usage, mais aussi d'affaiblir encore son contenu sémantique ? Pour éviter d'aller trop loin dans l'élargissement-affaiblissement du concept, on peut considérer qu'il vaut mieux conserver au syntagme l'essentiel de son contenu initial

et donc trouver d'autres adjectifs pour qualifier les contenus moins exigeants, tels que « local » ou « de proximité » (Fol, 2010 ; Ripoll, 2010) – étant entendu :
1) que ce capital peut être non seulement social et symbolique mais aussi économique ou culturel et
2) que ces considérations valent, *mutatis mutandis,* pour les autres échelles.

Comment expliciter les échelles de référence sans produire de confusion ?

Mais il existe encore des confusions possibles dans cette déclinaison scalaire du capital quels que soient les adjectifs et les niveaux visés (du local à l'inter- ou au transnational en passant par le régional, le national, etc.) : *accoler un adjectif scalaire sans autre précision laisse planer de sérieux doutes quant à ce que cet adjectif qualifie.* Que désignent par exemple le « capital international » ou ses proches parents ? Au moins trois ou quatre réalités qui mériteraient d'être distinguées :
– le niveau scalaire de l'espace social ou du champ où il est mobilisé (est international un capital mobilisé et valorisé dans un espace ou un champ lui-même international ou transnational [14]) ;
– certaines caractéristiques du capital lui-même, telle que sa provenance géographique, qui peut elle-même se comprendre de deux façons différentes :
- soit comme l'importation d'un capital depuis un autre espace qui peut être de même échelle que celui où il est mobilisé (est international un capital qui provient d'un pays étranger et vaut dans plusieurs pays, sans qu'il y ait nécessairement de champ international relativement autonome),
- soit comme l'usage d'un capital produit dans un espace ou champ de ce même niveau scalaire (est international un capital qui provient d'un champ international même s'il est mobilisé et valorisé à une autre échelle, nationale ou locale) ;

– ou même sa qualification comme tel plus ou moins communément admise par les protagonistes concernés (est « international » ce qui est considéré comme tel, ou prétendu tel, dans le monde social étudié), autrement dit un attribut proprement symbolique.

Ce dernier cas de figure, qui est loin d'être anodin, peut être traité de la même manière que le sont les autres termes indigènes ou ordinaires servant d'armes dans les luttes symboliques et autres luttes de classement : avec des guillemets voire des périphrases permettant de les mettre à distance des catégorisations scientifiques et plus encore de souligner leur nature rhétorique et performative (stratégique). Pour ce qui est des deux ou trois autres options, l'affaire est plus délicate et vaut pour toute qualification scalaire des capitaux. La forme « capital + [adjectif] », pour commune qu'elle soit devenue, produisait déjà une certaine confusion, y compris chez P. Bourdieu, étant donné que l'adjectif peut désigner soit le type de champ où le capital est mobilisé et reconnu (comme dans le cas du capital politique), soit l'espèce fondamentale dont il relève (par exemple du capital social), soit les deux en même temps (capital culturel reconnu dans un champ lui-même culturel comme la littérature). On voit qu'un adjectif scalaire produit le même genre de confusion. Et la question se pose effectivement : diverses analyses présentées ici comme ailleurs soulignent que des capitaux produits dans des champs nationaux (par exemple un titre scolaire) peuvent avoir une valeur dans des champs internationaux, et réciproquement que des capitaux produits dans des espaces nationaux étrangers ou des champs internationaux (par exemple une reconnaissance scientifique étasunienne ou internationale) peuvent avoir une valeur dans l'espace national étudié (français par exemple). De même qu'il faudrait marquer la distinction entre une espèce de capital et le type de champ où elle est mobilisée, par exemple en évitant d'utiliser un adjectif épithète pour qualifier autre chose que l'espèce (avec des expressions du type « capital culturel spécifique au champ politique » plutôt que « capital politique »), il ne serait pas inutile de construire des syntagmes permettant d'ajouter une spécification scalaire tout en faisant clairement ces distinguos. Ainsi, pour ne pas laisser penser que le « capital d'autochtonie », « local », « cosmopolite », « international », ou tout autre capital ainsi qualifié en tant qu'il est relatif à un espace ou une échelle donnés, serait une nouvelle espèce fondamentale (« scalaire » ou « spatiale ») qui viendrait s'ajouter aux précédentes, la première précaution serait d'éviter les expressions construites sur le modèle : capital + [qualificatif scalaire]. Ou tout au moins de ne pas s'y limiter.

14. Sur ces notions voir notamment (*Actes de la recherche en sciences sociales*, 2017 ; Sapiro, 2013 ; Sapiro *et al.*, 2018 ; Weiss, 2005).

Une première alternative, simple et économique, consiste à préciser de quelle espèce il s'agit : « capital social international », « capital culturel national », « capital symbolique local », etc. Mais cela ne règle pas la confusion toujours possible entre espace/échelle de provenance et espace/échelle de mobilisation. Doit-on en conclure que ce n'est pas le capital qu'il faut ainsi qualifier ? Il est vrai que rien n'est capital en soi et qu'une ressource ne devient capital que dans le champ ou espace social qui le fait tel. Ne peut-on considérer qu'il s'agit de désigner quelque chose comme un capital *spécifique(s)* à une échelle donnée ? Pierre Bourdieu ayant utilisé cet adjectif pour qualifier les capitaux propres à un champ, au sens où c'est dans cet espace qu'ils existent en tant que capitaux, la transposition semble légitime voire s'imposer. Mais cette solution suppose une remise en question d'une autre de ses options lexicales : s'il qualifiait de spécifiques les capitaux propres aux champs, c'était pour les opposer à ceux qui structuraient l'ensemble de l'espace social qu'il qualifiait de « global » (Bourdieu, 1984), et qui semblaient ainsi universels. Or, ce que peut masquer cette opposition, c'est *le caractère tout aussi singulier et géographiquement circonscrit (national) de cet espace social « global »*, et donc le caractère tout aussi *spécifique* des capitaux qui y ont cours étant donné qu'ils ne valent pas partout sur la planète. Bien entendu, le « global » en question n'a pas le sens devenu commun du « tournant global » ou de la « globalisation » : il qualifie non pas tant l'universel que le « multisectoriel » (Dobry, 2009) au sens où s'y articulent divers champs interdépendants [15]. Selon ce critère, tout espace social pourrait être considéré comme « global » quelle que soit son échelle, celle-ci pouvant aller du local au... global, au sens de mondial cette fois. Mais comme on peut le constater, cette option lexicale ajoute la confusion à la confusion. Réciproquement, contrairement à ce que certaines formulations laissent penser, telles que la notion de « *global capital* » (Kim, 2011) ou l'opposition entre « *transnational* » et « *location-specific capital* » (Weiss, 2005), les capitaux qui circulent dans des champs et espaces inter- ou transnationaux ne sont pas *ipso facto* universellement reconnus et peuvent donc aussi être qualifiés de spécifiques. C'est donc à ces deux titres que l'adjectif global ou l'assimilation entre l'international-transnational et l'universel, par opposition au local ou au national renvoyés du côté du particulier, devraient être évités.

Au bout du compte, plutôt que d'accoler un qualificatif scalaire à la notion de capital, il semble plus pertinent de parler de *capital ou de combinatoire de capitaux spécifiques* à des configurations de rapports sociaux de *telle ou telle échelle* (ou niveau scalaire) – qu'il s'agisse de champs spécialisés ou d'espaces sociaux que l'on dira « multisectoriels » plutôt que « globaux ». On peut alors user de formulations telles que « capital culturel spécifique au champ de la sociologie française ». Et pour préciser et distinguer les espaces de provenance et de mobilisation, il est toujours possible de parler, par exemple, de capital culturel (ou symbolique) d'origine anglophone spécifique au champ de la sociologie française (ou l'inverse, si l'on pense à la « *French Theory* »). On y gagne en rigueur et en clarté ce que l'on perd incontestablement en esthétique...

Conclusion : la nécessaire approche géographique et (multi)scalaire du monde social

Le point commun et l'intérêt majeur des différentes expressions que cet article analyse est donc de mettre l'accent sur la caractérisation ou l'indexation géographique et scalaire des capitaux, ce qu'on pourrait appeler leurs *espaces(-temps) de validité et de référence*, et par là même *sur la structuration (multi)scalaire des champs et des espaces sociaux* où ils sont générés, accumulés ou mobilisés.

Elles rappellent d'abord explicitement l'importance de ne pas abstraire les capitaux de leur contexte de production, d'accumulation et d'usage (ou mobilisation). Ce qu'on appelle capital n'a pas spontanément une valeur, et moins encore une valeur universelle, reconnue à tout moment mais aussi en tout lieu. Une propriété ou ressource sociale ne vaut pas capital en soi, contrairement à ce que certaines formulations courantes pourraient laisser penser (comme lorsque l'on parle d'individus dotés de tels ou tels capitaux, un peu dans l'absolu, hors sol), mais ne devient tel qu'en contexte car tout capital est inséparable d'un marché ou d'un champ nous dit P. Bourdieu, c'est-à-dire plus largement d'une configuration relativement autonome de rapports sociaux concurrentiels et plus ou moins dissymétriques. Or, toute configuration sociale est nécessairement située dans un contexte historique mais aussi géographique, c'est à dire *une dimension non seulement temporelle mais aussi spatiale* – ce qui invite à développer

15. Il est vrai que P. Bourdieu (2012) considérait l'État comme une machine à universaliser en même temps qu'à monopoliser l'universel, mais il s'agit sans doute de qualifier une universalisation relative, ici au territoire de l'État.

une approche socio-géographique (comme il y a une socio-histoire), qui intègre cette dimension sans faire de « l'espace » une réalité extérieure et autonome.

Ce rappel a d'autant plus d'importance que, si P. Bourdieu insiste beaucoup sur l'historicité du social, à travers l'étude de la genèse des champs comme des institutions, dispositions, intérêts, etc., il n'a pas autant problématisé et insisté sur leur *spatialité*. Notamment, s'il a particulièrement travaillé sur la différenciation progressive des sociétés et la structuration *sectorielle* de l'espace social qui en découle, il a moins travaillé et développé sa réflexion sur sa structuration *scalaire*, même s'il a légué des analyses importantes, notamment sur les processus de nationalisation des champs et des espaces sociaux. Mais précisément, mener des analyses à partir des notions discutées ici est une façon de supposer l'existence de configurations sociales de différentes échelles qui ont autant de réalité si ce n'est d'importance que l'échelle nationale (qui reste tout de même l'échelle de l'État). Notamment, la « position sociale locale » ne se limite pas au statut « d'écran » ou d'illusion par rapports aux vraies positions sociales objectives qui seraient quant à elle déterminées (uniquement) à l'échelle nationale, comme a semblé le penser P. Bourdieu dans plusieurs textes (Ripoll, 2013). De même que le national ne disparaît pas à l'heure de la « mondialisation », quand bien même celle-ci produit d'incontestables effets, le local n'a pas toujours disparu. Ainsi, la lecture du monde social et la détermination des trajectoires et positions sociales se complexifie avec la multiplication non seulement sectorielle mais aussi géographique et scalaire des espaces sociaux que l'on doit prendre comme espaces de référence.

La question se pose d'autant plus, et d'autant plus difficilement, que les individus à positionner ne sont pas fixes ou immobiles. Comme le montrent les travaux de sociologie et de géographie des migrations internationales [16], s'il faut toujours un minimum de ressources et de capitaux pour pouvoir bouger, *a fortiori* à longue distance et à travers des frontières étatiques, la rentabilité du déplacement dépend de la valeur que recevront les ressources détenues dans l'espace « d'accueil ». Ce qui est mis ainsi en lumière vaut aussi pour les déplacements infranationaux : un même salaire ou un même diplôme ne valent pas autant à Paris que dans une petite ville ; quitter ou rejoindre sa famille ou son groupe d'interconnaissance, c'est abandonner ou retrouver un réseau d'entraide décisif ; un attribut symbolique valorisé ici peut être stigmatisant ailleurs (comme le fait même de s'expatrier *vs* migrer). Bref, si la détermination de la condition mais aussi de la position sociale d'une personne ou d'un groupe peut autant varier selon l'espace social et l'échelle à laquelle se place l'analyste, c'est que l'efficacité des ressources mais aussi la valeur des capitaux, et leur existence même en tant que capitaux, varie parfois radicalement d'un espace et d'une échelle à l'autre. C'est qu'ils tiennent plus ou moins bien les distances, passent plus ou moins facilement les frontières et réagissent très différemment aux changements de contexte. Penser en termes de *dimension spatiale des capitaux* suppose donc, entre autres choses, de prendre en compte cette caractéristique et ce facteur de différenciation fondamentale entre les différentes espèces et sous-espèces que constitue le degré d'universalité de leur valeur, autrement dit leur degré de *transférabilité* non pas seulement intersectorielle mais aussi géographique, leur « mobilité » au sens premier du terme, qui est sans doute une propriété au moins aussi importante que leur convertibilité et qui est tout autant inséparable de ses conditions sociales de possibilité.

Bien entendu, dire que les enjeux et les frontières des champs, leurs droits d'entrée, la valeur des capitaux qui y sont reconnus, etc., sont des enjeux de lutte, c'est affirmer que leur structuration scalaire ne tombe pas du ciel et constitue aussi, du fait même de ces variations de valeur, une arme et un enjeu. Il va donc de soi que « les échelles » ne sauraient être naturalisées ou substantifiées, quel que soit leur niveau : ce sont des constructions sociales et politiques, des contraintes et des ressources à la fois, produit de l'équilibre instable entre des protagonistes qui ne peuvent faire autrement que de développer des stratégies scalaires voire se faire « entrepreneurs d'échelles » (militant pour/travaillant à construire une échelle au détriment des autres : Union européenne, mondialisation, relocalisation...), mais qui sont inégalement armés pour imposer celle(s) qui les favorise(nt) le plus ou les défavorise(nt) le moins [17].

16. Voir les dossiers introduits par Hugo Bréant, Sébastien Chauvin et Ana Portilla (2018) ainsi que par Camille Schmoll et Serge Weber (2021).

17. Sur les échelles, un concept central de la géographie depuis des décennies (Orain, 2004), voir les débats importants qui ont marqué les années 1990-2000 (Herod, 2011 ; Debarbieux, 2022).

Bibliographie

Actes de la recherche en sciences sociales (2017), « Des classes sociales européennes ? », n° 219.

Aunis E., Benet J., Mège A. & Prat I. (dir.) (2016), *Les Territoires de l'autochtonie. Penser la transformation des rapports sociaux au prisme du « local »*, Rennes, Presses universitaires de Rennes.

Backouche I., Ripoll F., Tissot S. & Veschambre V. (dir.) (2011), *La Dimension spatiale des inégalités. Regards croisés des sciences sociales*, Rennes, Presses universitaires de Rennes.

Beaud S. & Pialoux M. (1999), *Retour sur la condition ouvrière. Enquête aux usines Peugeot de Sochaux-Montbéliard*, Paris, Fayard.

Bourdieu P. (1979), *La Distinction. Critique sociale du jugement*, Paris, Minuit.

Bourdieu P. (1984), « Espace social et genèse des "classes" », *Actes de la recherche en sciences sociales*, n° 52-53, p. 3-14.

Bourdieu P. (1986), « The Forms of Capital », *in* Richardson J. (dir.), *Handbook of Theory and Research for the Sociology of Education*, New York, Greenwood Press, p. 241-258.

Bourdieu P. (2012), *Sur l'État. Cours au Collège de France 1989-1992*, Paris, Raisons d'agir/Seuil.

Bozon M. & Chamboredon J.-C. (1980), « L'organisation sociale de la chasse en France et la signification de la pratique », *Ethnologie française*, vol. 10, n° 1, p. 65-88.

Bréant H., Chauvin S. & Portilla A. (2018), « Les migrations internationales à l'épreuve du capital social », *Actes de la recherche en sciences sociales*, n° 225, p. 8-13.

Bruneau I., Laferté G., Mischi J. & Renahy N. (dir.) (2018), *Mondes ruraux et classes sociales*, Paris, Éditions de l'EHESS.

Caillé A. & Dufoix S. (dir.) (2013), *Le Tournant global des sciences sociales*, Paris, La Découverte.

Cayouette-Remblière J., Lion G. & Rivière C. (2019), « Socialisations par l'espace, socialisations à l'espace. Les dimensions spatiales de la (trans)formation des individus », *Sociétés contemporaines*, n° 115, p. 5-31.

Chamboredon J.-C. (2001), « Construction sociale des populations », *in* Roncayolo M. (dir.), *La Ville aujourd'hui. Histoire de la France urbaine, tome 5*, Paris, Seuil, p. 465-501.

Coulangeon P. & Duval J. (dir.) (2013), *Trente ans après* La Distinction *de Pierre Bourdieu*, Paris, La Découverte.

Debarbieux B. (2022), « Réfléchir sur l'échelle, débats sur les *politics of scales* », *in* Hancock C. (dir.), *Géographies anglophones. Nouveaux défis*, Nanterre, Presses universitaires de Paris Nanterre, p. 70-81.

Dezalay Y. (2004), « Les courtiers de l'international. Héritiers cosmopolites, mercenaires de l'impérialisme et missionnaires de l'universel », *Actes de la recherche en sciences sociales*, n° 151-152, p. 4-35.

Dezalay Y. & Madsen M. R. (2015 [2009]), « Espaces de pouvoirs nationaux, espaces de pouvoir internationaux », *in* Cohen A., Lacroix B. & Riutort P. (dir.), *Nouveau manuel de science politique*, Paris, La Découverte, p. 709-721.

Dobry M. (2009), *Sociologie des crises politiques. La Dynamique des mobilisations multisectorielles*, Paris, Presses de Sciences Po.

Elias N. & Scotson J. L. (1997 [1965]), *Logiques de l'exclusion. Enquête sociologique au cœur des problèmes d'une communauté*, Paris, Fayard.

Fol S. (2010), « Mobilité et ancrage dans les quartiers pauvres : les ressources de la proximité », *Regards sociologiques*, n° 40, p. 27-43.

Georgakakis D. & de Lassalle M. (2007), « Genèse et structure d'un capital institutionnel européen. Les très hauts fonctionnaires de la Commission européenne », *Actes de la recherche en sciences sociales*, n° 166-167, p. 38-53.

Grignon C. & Passeron J.-C. (2015 [1989]), *Le Savant et le Populaire. Misérabilisme et populisme en sociologie et en littérature*, Paris, Seuil.

Herod A. (2011), *Scale*, London/New York, Routledge.

Kaufmann V., Bergman M. M. & Joye D. (2004), « Motility. Mobility as Capital », *International Journal of Urban and Regional Research*, n° 28, p. 745-756.

Kim J. (2011) « Aspiration for Global Cultural Capital in the Stratified Realm of Global Higher Education. Why Do Korean Students Go to US Graduate Schools? », *British Journal of Sociology of Education*, vol. 32, n° 1, p. 109-126.

Laferté G. (2014), « Des études rurales à l'analyse des espaces sociaux localisés », *Sociologie*, vol. 5, n° 4, p. 423-439.

Lebaron F. & Le Roux B. (dir.) (2015), *La Méthodologie de Pierre Bourdieu en action. Espace culturel, espace social et analyse des données*, Paris, Dunod.

Matonti F. & Poupeau F. (2004), « Le capital militant. Essai de définition », *Actes de la recherche en sciences sociales*, n° 155, p. 5-11.

Mazaud C. (2010), « Le rôle du capital d'autochtonie dans la transmission d'entreprises artisanales en zone rurale », *Regards sociologiques*, n° 40, p. 45-57.

Mischi J. (2012), « Protester avec violence. Les actions militantes non conventionnelles des chasseurs », *Sociologie*, vol. 3, n° 2, p. 145-162.

Neveu É. (2013), « "Les sciences sociales doivent-elles accumuler les capitaux ?". À propos de Catherine Hakim, *Erotic Capital*, et de quelques marcottages intempestifs de la notion de capital », *Revue française de science politique*, vol. 63, n° 2, p. 337-358.

Norois (2005), « L'appropriation de l'espace », n° 195.

Norois (2017), « Capital environnemental », n° 243.

Orain O. (2004), « La géographie française face à la notion d'échelle : une approche par les significations et les contenus épistémologiques », *in* Robic M.-C. (dir.), *Échelles et temporalités en géographie*, seconde partie, Paris, CNED, p. 2-24.

Pinçon M. & Pinçon-Charlot M. (1989), *Dans les beaux quartiers*, Paris, Seuil.

Pinçon M. & Pinçon-Charlot M. (2007), *Les Ghettos du gotha. Au cœur de la grande bourgeoisie*, Paris, Seuil.

Pinçon M. & Pinçon-Charlot M. (2016), *Sociologie de la bourgeoisie*, Paris, La Découverte.

Poupeau F. (2004), « Sur deux formes de capital international », *Actes de la recherche en sciences sociales*, n° 151-152, p. 126-133.

Poupeau F. & François J.-C. (2008), *Le Sens du placement. Ségrégation résidentielle et ségrégation scolaire*, Paris, Raisons d'agir.

Regards sociologiques (2010), « Mobilité/autochtonie : sur la dimension spatiale des ressources sociales », n° 40.

Renahy N. (2005), *Les Gars du coin. Enquête sur une jeunesse rurale*, Paris, La Découverte.

Renahy N. (2010), « Classes populaires et capital d'autochtonie. Genèse et usages d'une notion », *Regards sociologiques*, n° 40, p. 9-26.

Retière J.-N. (1991), « La sociabilité communautaire, sanctuaire de l'identité communiste à Lanester », *Politix*, n° 13, p. 87-93.

Retière J.-N. (1994a), *Identités ouvrières. Histoire sociale d'un fief ouvrier en Bretagne 1909-1990*, Paris, L'Harmattan.

Retière J.-N. (1994b), « Être sapeur-pompier volontaire : du dévouement à la compétence », *Genèses*, n° 16, p. 94-113.

Retière J.-N. (2003), « Autour de l'autochtonie. Réflexions sur la notion de capital social populaire », *Politix*, n° 63, p. 121-143.

Retière J.-N. (2013), « Capital d'autochtonie », *in* Casillo I. *et al.* (dir.), *Dictionnaire critique et interdisciplinaire de la participation*, Paris, GIS Démocratie et Participation, https://www.dicopart.fr/capital-d-autochtonie-201.

Ripoll F. (2010), « L'économie "solidaire" et "relocalisée" comme construction d'un *capital social de proximité*. Le cas des Associations pour le maintien d'une agriculture paysanne (AMAP) », *Regards sociologiques*, n° 40, p. 59-75.

Ripoll F. (2013), « Quelle dimension spatiale des structures sociales chez Bourdieu ? Localisations résidentielles et jeux d'échelle dans *La Distinction* », *in* Coulangeon P. & Duval J. (dir.), *Trente ans après* La Distinction *de Pierre Bourdieu*, Paris, La Découverte, p. 365-377.

Ripoll F. (2019), « Comment croiser espace et capital ? Retour préalable sur la notion de "capital spatial" », *L'Espace géographique*, vol. 48, n° 4, p. 289-305.

Ripoll F. (2020), « Espace physique/espace géographique », *in* Sapiro G. (dir.), *Dictionnaire international Bourdieu*, Paris, CNRS Éditions, p. 303-305.

Ripoll F. (2021a), « Capital spatial », *Hypergeo*, https://wiki.parisgeo.cnrs.fr/capital-spatial/

Ripoll F. (2021b), « Les capitaux selon Pierre Bourdieu », *Hypergeo*, https://wiki.parisgeo.cnrs.fr/les-capitaux-selon-pierre-bourdieu/

Rivière J. (2022), *L'Illusion du vote bobo. Configurations électorales et structures sociales dans les grandes villes françaises*, Rennes, Presses universitaires de Rennes.

Sapiro G. (2013), « Le champ est-il national ? La théorie de la différenciation sociale au prisme de l'histoire globale », *Actes de la recherche en sciences sociales*, n° 200, p. 70-85.

Sapiro G. (dir.) (2020), *Dictionnaire international Bourdieu*, Paris, CNRS Éditions.

Sapiro G., Leperlier T. & Brahimi M. A. (2018), « Qu'est-ce qu'un champ intellectuel transnational ? », *Actes de la recherche en sciences sociales*, n° 224, p. 4-11.

Savage M. (2011), « The Lost Urban Sociology of Pierre Bourdieu », *in* Bridge G. & Watson S. (dir.), *The New Blackwell Companion to the City*, Malden, MA, Wiley-Blackwell, p. 511-520.

Schmoll C. & Weber S. (2021), « Éditorial : La relation de travail à la croisée des politiques migratoires et économiques », *Revue européenne des migrations internationales*, vol. 37, n° 1-2, p. 7-19.

Siméant J. (dir.) (2015), *Guide de l'enquête globale en sciences sociales*, Paris, CNRS Éditions.

Sociétés contemporaines (2019), « Socialisations par l'espace, socialisations à l'espace », n° 115.

Swartz D. L. (2005), « Le capital culturel dans la sociologie de l'éducation américaine », *in* Mauger G. (dir.), *Rencontres avec Pierre Bourdieu*, Paris, Éditions du Croquant, p. 453-465.

Tissot S. (2010a), « Note de recherche. De l'usage de la notion de capital d'autochtonie dans l'étude des catégories supérieures », *Regards sociologiques*, n° 40, p. 99-109.

Tissot S. (2010b), « Catégorisation sociale/hiérarchisation spatiale : des réformateurs aux notables de quartiers, France États-Unis », Habilitation à diriger des recherches, Université Lumière Lyon 2.

Tissot S. (2011), *De bons voisins. Enquête dans un quartier de la bourgeoisie progressiste*, Paris, Raisons d'agir.

Veschambre V. (2006), « Penser l'espace comme dimension de la société. Pour une géographie sociale de plain-pied avec les sciences sociales », *in* Séchet R. & Veschambre V. (dir.), *Penser et faire la géographie sociale. Contributions à une épistémologie de la géographie sociale*, Rennes, Presses universitaires de Rennes, p. 211-227.

Wacquant L. J. D. (2018), « Bourdieu Comes to Town: Pertinence, Principles, Applications », *International Journal of Urban and Regional Research*, vol. 42, n° 1, p. 90-105.

Wagner A.-C. (1998), *Les Nouvelles Élites de la mondialisation. Une immigration dorée en France*, Paris, Puf.

Wagner A.-C. (2003), « La bourgeoisie face à la mondialisation », *Mouvements*, vol. 26, n° 2, p. 33-39.

Wagner A.-C. (2004a), « La mondialisation des dirigeants économiques », *in* Bouffartigue P. (dir.), *Le Retour des classes sociales. Inégalités, dominations, conflits*, Paris, La Dispute, p. 125-139.

Wagner A.-C. (2004b), « Syndicalistes européens. Les conditions sociales et institutionnelles de l'internationalisation des militants syndicaux », *Actes de la recherche en sciences sociales*, n° 155, p. 12-33.

Wagner A.-C. (2005), *Vers une Europe syndicale. Une enquête sur la Confédération européenne des syndicats*, Broissieux, Éditions du Croquant.

Wagner A.-C. (2007), *Les Classes sociales dans la mondialisation*, Paris, La Découverte.

Wagner A.-C. (2010), « Le jeu de la mobilité et de l'autochtonie au sein des classes supérieures », *Regards sociologiques*, n° 40, p. 89-98.

Wagner A.-C. (2020), *La Mondialisation des classes sociales*, Paris, La Découverte.

Wagner A.-C. & Réau B. (2015), « Le capital international : un outil d'analyse de la reconfiguration des rapports de domination », *in* Siméant J. (dir.), *Guide de l'enquête globale en sciences sociales*, Paris, CNRS Éditions, p. 33-46.

Weenink D. (2007), « Cosmopolitan and Established Resources of Power in the Education Arena », *International Sociology*, vol. 22, n° 4, p. 492-516.

Weenink D. (2008), « Cosmopolitanism as a Form of Capital. Parents Preparing Their Children for a Globalizing World », *Sociology*, vol. 42, n° 6, p. 1089-1106.

Weiss A. (2005), « The Transnationalization of Social Inequality. Conceptualizing Social Positions on a World Scale », *Current Sociology*, vol. 53, n° 4, p. 707-728.

SOCIOLOGIE

Vers une « droitisation » de la société française ? Introduction

A "rightward-drift" in French society? Introduction

par **Lise Bernard***, **Tom Chevalier****

Éléments factuels sur la « droitisation »

La société française s'est-elle « droitisée » ? Cette question est, depuis plusieurs années, au cœur du débat public. L'évolution des votes laisse penser que la France a connu une forme de « droitisation ».

Au premier tour de l'élection présidentielle de 2022, la part des votes cumulés à gauche fut inférieure à celle des votes cumulés à droite [1] : la première s'est élevée à 32 % des votes exprimés et la seconde à 37 %. Si cette part des votes cumulés à gauche fut supérieure à celle du premier tour de l'élection présidentielle de 2017 (27,7 %), elle fut moins élevée qu'en 2012 (près de 44 %) et 2007 (36,4 %). Si bien que, pour la deuxième fois consécutive, la gauche fut absente au second tour. L'extrême droite (ou la « droite radicale », voir *infra*), quant à elle, n'a jamais obtenu autant de voix que lors de la dernière élection présidentielle : elle a atteint plus de 30 % [2] des votes exprimés au premier tour (23,1 % pour Marine Le Pen et 7,1 % pour Éric Zemmour) et 41,4 % au second. Par comparaison, elle avait atteint respectivement 21,3 %, 17,9 % et 10,4 % aux premiers tours des élections présidentielles de 2017, 2012 et 2007 [3]. De plus, aux élections législatives de 2022, même si la gauche, réunie sous la NUPES, a obtenu 151 députés, le Rassemblement National (ex Front national, FN) en a obtenu 89 (contre 8 en 2017 pour le FN) et la coalition présidentielle, autour d'Emmanuel Macron, est la mieux représentée. Par ailleurs, alors que, dans les années 1970, la plupart des grandes villes étaient à gauche, 61 % des villes de plus de 20 000 habitants sont aujourd'hui à droite. Il en est de même de plus des deux tiers des départements, et de 7 des 13 régions métropolitaines, alors que la gauche en avait remporté 20 sur 22 en 2004 et 21 sur 22 en 2010. L'évolution des votes en France suggère ainsi que l'électorat s'est « droitisé », tout comme de nombreuses élections à travers le monde peuvent le laisser penser – de l'élection de Donald Trump aux États-Unis en 2016 à celle de Giorgia Meloni en Italie en 2022, en passant par le *Brexit* de 2016 ou l'élection de Jair Bolsonaro au Brésil en 2019.

Trois approches pour analyser les tendances politiques

Si la thèse de la « droitisation » provient moins du champ académique que du champ politico-médiatique, de nombreuses

1. Sans intégrer dans ces derniers les votes en faveur d'Emmanuel Macron.

2. 32,3 % si on y intègre les votes en faveur de Nicolas Dupont-Aignan.

3. Ou respectivement 26 %, 19,7 % et 12,7 % si on y intègre les votes en faveur de Nicolas Dupont-Aignan (en 2017 et 2012) et de Philippe de Villiers (en 2007).

* Chargée de recherche au CNRS (CMH) et professeure attachée à l'ENS (PSL)
CMH, ENS, 48 boulevard Jourdan, 75014 Paris, France
lise.bernard@cnrs.fr
** Chargé de recherche au CNRS (Arènes-Sciences Po Rennes)
Laboratoire Arènes, 140 boulevard de la Duchesse Anne, 35700 Rennes, France
tom.chevalier@sciencespo.fr

recherches ont néanmoins pu analyser les tendances politiques à l'œuvre, non seulement en France mais aussi en perspective comparée. Trois types d'approche peuvent être identifiés.

Une première approche s'est focalisée sur l'évolution de la demande politique pour elle-même, c'est-à-dire des opinions, valeurs et préférences des citoyen·nes. Dans cette perspective, ce sont les grandes bases de données longitudinales et comparées qui sont le plus souvent mobilisées, comme la *World Value Survey*, la *European Value Study* ou *l'International Social Survey Programme* (ISSP). Les travaux de Ronald Inglehart (1977) par exemple illustrent ce type d'approche, en cherchant à cartographier l'évolution de long terme des valeurs, dans le sens d'un déclin des valeurs « matérialistes » couplé à l'essor des valeurs « post-matérialistes ». En France, les chercheur·es ont notamment utilisé le volet français de l'ISSP pour apprécier ces évolutions normatives à l'aune du renouvellement générationnel (Galland & Roudet, 2005, 2012 ; Lardeux & Tiberj, 2021). Mais, si l'on considère par exemple les attentes des citoyen·nes envers l'État-providence, qui constituent le cœur du vote de gauche, on constate que l'attachement des Européen·nes à son égard reste très élevé et a même augmenté depuis les années 1990, contrairement à l'idée reçue selon laquelle les préférences pour le libéralisme économique seraient désormais hégémoniques (Gonthier, 2017).

Une deuxième approche s'est davantage penchée sur la connexion entre les valeurs et le vote des individus, autrement dit sur la connexion électorale entre demande et offre politiques. Deux champs de littérature très différents se sont saisis de cet enjeu.

Dans les travaux du premier champ, le point de départ structurant les questions de recherche reste le vote, et notamment le vote pour les nouveaux partis politiques, comme les partis de « droite radicale ». C'est donc une forme de « droitisation », symbolisée par la montée en puissance de ces partis, parfois dénommés « populistes [4] », qui est à l'origine des recherches. Il s'agit de travaux souvent comparés, mobilisant des méthodes quantitatives, qui sont plutôt le fait de politistes. Dans ces travaux d'inspiration « rokkanienne » (Lipset & Rokkan, 1967), il s'agit d'identifier l'apparition d'un nouveau clivage social, structurant le nouveau clivage politique à partir duquel naissent ces partis. Deux thèses s'affrontent alors pour expliquer cette tendance de long terme.

D'un côté, des chercheur·es avancent l'idée d'un nouveau clivage « culturel », opposant les tenants du « post-matérialisme » aux « conservateurs-populistes », comme dans les travaux de Ronald Inglehart et Pippa Norris (Norris, 2005 ; Norris & Inglehart, 2019), ou d'un clivage créé par la globalisation opposant identité et cosmopolitisme, analysé notamment dans les travaux de Hanspeter Kriesi (Kriesi *et al.*, 2008), dont un des enjeux centraux serait l'immigration. Et c'est la raison pour laquelle la part des ouvriers et ouvrières, qui constituent historiquement le cœur de l'électorat des partis de gauche (Bartolini, 2000), votant pour les partis de droite radicale, comme le Front national en France, augmenterait tendanciellement – bien qu'il s'agisse plutôt d'une radicalisation des ouvriers et des ouvrières qui en réalité se situaient déjà à droite (Crépon *et al.*, 2015).

De l'autre côté, des recherches insistent davantage sur les transformations économiques liées à la globalisation et la tertiarisation des économies, qui peuvent désavantager une partie spécifique de la population qui ne se retrouve plus dans les partis de gauche. Certains travaux d'économistes (Gethin *et al.*, 2021 ; Piketty, 2019) ont souligné que les partis de centre-gauche sont devenus les partis des travailleur·es qualifié·es (diplômé·es du supérieur), pour qui la demande de redistribution est moins importante que pour les classes populaires, tandis que celles-ci s'en détourneraient pour les partis de droite radicale, attirées par leurs positions conservatrices en matière culturelle, notamment à propos de l'immigration. D'autres travaux ont également montré que le clivage gauche-droite en matière économique reste fondamental puisqu'en ce qui concerne les partis de centre-droit et de centre-gauche, ce sont bien les préférences en matière de redistribution à l'égard des États-providence qui restent déterminantes (Abou-Chadi & Hix, 2021 ; Beramendi *et al.*, 2015 ; Gingrich & Hausermann, 2015). Quoi qu'il en soit, ces recherches insistent moins sur une quelconque « droitisation » du système partisan que sur sa restructuration dans le sens d'une éventuelle « quadripartition » ou « tripartition » due à l'émergence de nouveaux enjeux comme l'immigration, l'écologie ou l'égalité femmes-hommes (Gougou & Persico, 2017 ; Martin, 2018).

4. Pour une discussion critique de ce terme, voir notamment (Collovald, 2004).

Le deuxième champ de littérature investiguant le lien entre demande et offre politiques est plutôt le fait, en France, de sociologues mobilisant des méthodes qualitatives, notamment ethnographiques, et se penchant surtout sur le rapport au politique des classes populaires. Contre l'idée selon laquelle celles-ci auraient, de manière uniforme, basculé vers la droite, ces travaux analysent la diversité de leurs attitudes politiques. Ils rappellent que l'abstention demeure le « premier "vote" » (Lehingue, 2015) des catégories populaires et explorent les rapports ordinaires au politique de ces groupes qui se caractérisent souvent par une distance à la sphère politique au sens institutionnel. Adoptant une conception élargie du politique, ils éclairent les processus de formation des comportements politiques en analysant les conditions sociales et professionnelles au sein desquelles ils se forment (Mauger & Pelletier, 2017 ; Pudal, 2011), ainsi que les représentations et les visions du monde dans lesquelles ils s'inscrivent (Beaumont *et al.*, 2018 ; Girard, 2017). Ces enquêtes de terrain mettent en évidence la pluralité des rapports au politique des classes populaires et aident en particulier à comprendre la diversité de leurs raisons de voter à droite et à l'extrême droite.

Une troisième approche considère que l'offre politique, c'est-à-dire la structuration du système partisan par l'action des partis, de leurs militant·es et des entrepreneur·es politiques, conserve une certaine autonomie à l'égard des préférences individuelles des citoyen·nes, impliquant la possibilité d'un décalage entre offre et demande. Si, d'un point de vue global, les valeurs de tolérance du « post-matérialisme » ont tendance à se propager dans la population à la faveur du renouvellement générationnel – ce qui du point de vue national irait à l'encontre de l'idée de « droitisation » –, certaines franges spécifiques de la population peuvent néanmoins se « droitiser » dans le sens où les valeurs défendues deviennent de plus en plus conservatrices voire « populistes ». Des travaux ont pu montrer ce processus concernant notamment les élites et militant·es de partis de centre-droit se déportant sur leur droite jusqu'à une certaine porosité avec les partis de droite radicale : aux États-Unis, la radicalisation des Républicains amenant à puis renforcée par l'élection de Donald Trump l'illustre bien (Levitsky & Ziblatt, 2018), tout comme la trajectoire de radicalisation idéologique de l'UMP puis des Républicains, analysée par Florence Haegel (2012) notamment. Herbert Kitschelt (1997) a lui aussi insisté sur les logiques organisationnelles et idéologiques pour expliquer le succès des partis de droite radicale, au-delà des transformations économiques et sociales dans lesquelles ils s'inscrivent. De même, au-delà du champ partisan proprement dit, il a pu être souligné que le champ médiatique détient un rôle dans la hiérarchisation et le cadrage des enjeux, et leur déportation vers la droite. Frédérique Matonti (2021) a étudié comment ses transformations ont participé à donner la parole à un ensemble de nouveaux conservateurs, influençant tant sur le choix des sujets que sur la manière dont ils sont traités, dans le sens d'une certaine « droitisation ».

« Droitisation » : de quoi parle-t-on ?

Cette brève revue de littérature rappelle que les chercheur·es ont rarement raisonné explicitement en termes de « droitisation » puisque ce terme n'est que très peu mobilisé. Il faut donc le prendre avec précaution, d'autant plus que son sens peut varier d'une approche à l'autre. Très généralement, on peut considérer que ce terme renvoie à un « déplacement vers la droite politique ». Mais cette expression reste beaucoup trop floue et nécessite des précisions à l'égard de plusieurs enjeux.

Un premier enjeu renvoie à la définition que l'on donne de cette « droite » politique. Pendant la seconde partie du XXe siècle, le clivage gauche-droite s'est surtout structuré en Europe autour de ce qui représente la « dimension économique » de la compétition partisane, à savoir l'opposition entre le libéralisme économique, d'un côté (moins de régulation de la part de l'État pour favoriser les logiques de marché), et l'interventionnisme étatique, de l'autre (pour plus d'État, d'impôt, de régulation). Pourtant, non seulement d'autres clivages ont existé depuis la naissance des démocraties modernes à la fin du XIXe siècle, identifiés par les analyses pionnières de Seymour M. Lipset et Stein Rokkan (1967) [5], mais les recherches récentes présentées plus haut montrent bien dans quelle mesure il faut désormais raisonner, depuis la fin du XXe siècle, avec « deux axes »

5. Pour S. M. Lipset et S. Rokkan, les systèmes partisans proviennent de la structuration de clivages sociaux apparus à la fin du XIXe siècle du fait de deux « révolutions ». La « révolution industrielle » a débouché sur deux clivages : le clivage travail/capital, duquel naissent notamment les partis sociaux-démocrates, et le clivage urbain/rural, participant de la naissance dans certains pays de partis agraires. La « révolution nationale », c'est-à-dire le mouvement de constitution des États-nations, s'est traduit par deux clivages également : le clivage État/Église (illustré par les partis Chrétiens-Démocrates par exemple) et le clivage centre/périphérie (pour les partis régionalistes).

(Tiberj, 2012) – un axe « économique » et un axe « culturel » – pour comprendre le système partisan. Dès lors, la droite – et donc la « droitisation » – devient polymorphe puisque son contenu dépend du clivage considéré.

Un deuxième enjeu renvoie au fait que le terme de « droitisation » implique une perspective dynamique, l'analyse d'une évolution dans le temps d'un point A à un point B. Quand on parle de « droitisation », on pense souvent à une évolution de la gauche vers la droite. Or, les points de départ et d'arrivée peuvent fortement varier. Ainsi, lorsque le point de départ est du côté de la gauche radicale et le point d'arrivée au centre-gauche, s'agit-il de la même « droitisation » que pour un point de départ au centre-droit et un point d'arrivée du côté de la droite radicale ? Plutôt que de parler d'une seule tendance à la « droitisation », on gagnerait souvent à prendre en compte les multiples formes que celle-ci peut prendre.

Un troisième enjeu concerne l'objet de cette « droitisation ». Comme la revue de la littérature l'a mis en évidence, il peut s'agir d'une « droitisation » de la demande politique, c'est-à-dire des valeurs des citoyen·es dans leur ensemble, ou bien de l'offre politique, qu'elle soit considérée au niveau micro des militant·es ou des élites politiques, ou bien au niveau macro du système partisan ou du champ médiatique dans leur ensemble. Et comme les textes de ce débat le montrent, les logiques de « droitisation » peuvent être différentes, voire même opposées, selon l'objet considéré.

Trois articles complémentaires

Dans le premier article, Frédérique Matonti montre que les bouleversements qui ont affecté la place des intellectuel·les et des universitaires ont contribué à une « droitisation » des débats publics. Elle souligne que, pendant l'Affaire Dreyfus, s'inaugurent des rapports au politique qui sont au cœur de la manière dont se définit l'engagement des intellectuels et que se développent des argumentaires s'opposant à ces engagements. Elle se penche ensuite sur des transformations récentes du champ académique et met en évidence qu'elles ont favorisé une « hégémonie de l'idéologie réactionnaire » dans l'espace médiatique. Elle souligne notamment que les années 2000 ont été marquées par des changements importants (loi LRU, essor de financements sur projets, poids croissant de l'exercice de responsabilités dans le recrutement et l'avancement dans la carrière des chercheur·es et enseignant·es-chercheur·es, etc.) et que les travaux académiques ont perdu en visibilité dans l'espace public. On assisterait donc bien à une certaine « droitisation » de l'espace médiatique.

Les deux articles suivants interrogent cette tendance en appelant à changer de perspective et à regarder vers le « bas », du côté des citoyens et citoyennes. Ils invitent alors à un usage prudent de la notion de « droitisation » en soulignant certaines de ses limites, permettant d'apprécier des logiques opposées entre offre politique et demande politique.

Dans le deuxième article du débat, Raphaël Challier soutient que, si la notion de « droitisation » est utile pour penser les évolutions du champ politique, elle est nettement moins opérante pour étudier des groupes éloignés de ce champ et de ses enjeux, comme les classes populaires « de droite ». À partir d'une enquête ethnographique dans un bourg rural et populaire où les scores de l'extrême droite sont nettement plus élevés que la moyenne nationale, il analyse la variété des parcours et des représentations de militant·es FN. Son enquête met en évidence que la notion de « droitisation » dissimule, chez les militant·es FN, des trajectoires d'engagement plurielles. Elle montre aussi que les représentations associées à la droite et à la gauche varient selon les milieux sociaux et que, plus qu'une idéologie de droite, les classes populaires expriment souvent avant tout une distance aux décideurs politiques.

Le dernier article du dossier, écrit par Vincent Tiberj, attire l'attention sur le fait que les votes ne reflètent pas nécessairement les valeurs des électrices et des électeurs et que, si la gauche est minoritaire dans les votes, ce n'est pas le cas des valeurs de gauche parmi les citoyen·nes. À partir de données statistiques longitudinales, Vincent Tiberj montre notamment que la tolérance et l'acceptation des minorités ont progressé depuis les années 1970-1980 et que, même si elles fluctuent, les demandes de redistribution restent fortes. Il réfute ainsi la thèse d'une droitisation « par en bas » et met en évidence une disjonction entre l'électorat et l'offre politique. Analysant également comment les valeurs se sont traduites dans les votes lors de l'élection présidentielle de 2022, il insiste, pour comprendre ce hiatus, sur l'importance de la politisation des valeurs.

Bibliographie

Abou-Chadi T. & Hix S. (2021), « Brahmin Left *versus* Merchant Right? Education, Class, Multiparty Competition, and Redistribution in Western Europe », *British Journal of Sociology*, vol. 72, n° 1, p. 79-92.
Bartolini S. (2000), *The Political Mobilization of the European Left, 1860-1980. The Class Cleavage*, Cambridge, Cambridge University Press.
Beaumont A., Challier R. & Lejeune G. (dir.) (2018), « En bas à droite », *Politix*, n° 122.
Beramendi P., Häusermann S., Kitschelt H. & Kriesi H. (dir.) (2015), *The Politics of Advanced Capitalism*, Cambridge, Cambridge University Press.
Collovald A. (2004), *Le « Populisme du FN », un dangereux contresens*, Bellecombe-en-Bauges, Éditions du Croquant.
Crépon S., Dézé A. & Mayer N. (dir.) (2015), *Les Faux-semblants du Front national. Sociologie d'un parti politique*, Paris, Presses de Sciences Po.
Galland O. & Roudet B. (dir.) (2005), *Les Jeunes Européens et leurs valeurs*, Paris, La Découverte.
Galland O. & Roudet B. (dir.) (2012), *Une jeunesse différente ? Les Valeurs des jeunes Français depuis 30 ans*, Paris, La Documentation française.
Gethin A., Martinez-Toledano C. & Piketty T. (dir.) (2021), *Clivages politiques et inégalités sociales. Une étude de 50 démocraties (1948-2020)*, Paris, Seuil.
Gingrich J. & Hausermann S. (2015), « The Decline of the Working-class Vote, the Reconfiguration of the Welfare Support Coalition and Consequences for the Welfare State », *Journal of European Social Policy*, vol. 25, n° 1, p. 50-75.
Girard V. (2017), *Le Vote FN au village. Trajectoires de ménages populaires du périurbain*, Vulaines-sur-Seine, Éditions du Croquant.
Gonthier F. (2017), *L'État providence face aux opinions publiques*, Rennes, Presses universitaires de Rennes.
Gougou F. & Persico S. (2017), « A New Party System in the Making? The 2017 French Presidential Election », *French Politics*, vol. 15, n° 3, p. 303-321.
Haegel F. (2012), *Les Droites en fusion. Transformations de l'UMP*, Paris, Presses de Sciences Po.
Inglehart R. (1977), *The Silent Revolution. Changing Values and Political Styles Among Western Publics*, Princeton, NJ, Princeton University Press.
Kitschelt H. (1997), *The Radical Right in Western Europe. A Comparative Analysis*, Ann Arbor, University of Michigan Press.
Kriesi H., Grande E., Lachat R., Dolezal M., Bornschier S. & Frey T. (2008), *West European Politics in the Age of Globalization*, Cambridge, Cambridge University Press.
Lardeux L. & Tiberj V. (dir.) (2021), *Générations désenchantées ? Jeunes et démocratie*, Paris, La Documentation française/INJEP.
Lehingue P. (2015), « Les classes populaires et la démocratie représentative en France : *exit, voice* ou *loyalty ?* », *Savoir/Agir*, n° 31, p. 25-34.
Levitsky S. & Ziblatt D. (2018), *How Democracies Die*, New York, Crown.
Lipset S. M. & Rokkan S. (1967), *Party Systems and Voter Alignments. Cross-national Perspectives*, Florence, MA, Free Press.
Martin P. (2018), *Crise mondiale et systèmes partisans*, Paris, Presses de Sciences Po.
Matonti F. (2021), *Comment sommes-nous devenus réacs ?*, Paris, Fayard.
Mauger G. & Pelletier W. (dir.) (2017), *Les Classes populaires et le FN. Explications de vote*, Vulaines-sur-Seine, Éditions du Croquant.
Norris P. (2005), *Radical Right. Voters and Parties in the Electoral Market*, Cambridge, Cambridge University Press.
Norris P. & Inglehart R. (2019), *Cultural Backlash. Trump, Brexit, and Authoritarian Populism*, New York, NY, Cambridge University Press.
Piketty T. (2019), *Capital et idéologie*, Paris, Seuil.
Pudal R. (2011), « La politique à la caserne. Approche ethnographique des rapports à la politique en milieu pompier », *Revue française de science politique*, vol. 61, n° 5, p. 917-944.
Tiberj V. (2012), « La politique des deux axes. Variables sociologiques, valeurs et votes en France (1988-2007) », *Revue française de science politique*, vol. 62, n° 1, p. 71-106.

Intellectuels et hégémonie de l'idéologie réactionnaire

Intellectuals and the hegemony of reactionary ideology

par **Frédérique Matonti** *

Dans *Comment sommes-nous devenus réacs ?* (Matonti, 2021), j'ai choisi de m'intéresser à la « droitisation de la société française », en me centrant sur les débats dans l'espace public et notamment dans l'espace médiatique, de manière à décrire l'actuelle hégémonie intellectuelle et politique. J'ai volontairement mêlé style pamphlétaire et démonstrations fondées sur des travaux en sciences humaines et sociales, pour opposer des recherches solides aux essais ou aux interventions des *fast thinkers* ou aux *fake news* des experts de plateaux télévisés. L'espace médiatique (voire public) semble en effet dominé par les « réactionnaires » (au sens de ceux qui souhaitent retourner en arrière vers un passé en réalité idéalisé et reconstruit) et par les thématiques qu'ils parviennent à imposer. Aux épouvantails du « politiquement correct », de la « guerre des sexes » est ainsi venue s'ajouter récemment l'obsession du « wokisme », de l'« islamo-gauchisme » ou de la *cancel culture*. Mais on pourrait bien sûr également évoquer celles de la laïcité (surtout quand elle vise les musulmans) ou de l'assimilation (dont le débat sur l'obligation de porter des prénoms français constitue l'un des derniers avatars). Ces controverses récurrentes paraissent d'autant plus envahissantes qu'elles sont en décalage avec la réalité des préoccupations des citoyens, comme le montrent certains travaux récents (Lardeux & Tiberj, 2021 ; Tiberj, 2017).

J'ai aussi avancé quelques-unes des raisons de cette omniprésence, en appliquant un programme d'histoire sociale des idées (Matonti, 2012), attentif non pas simplement aux auteurs « cardinaux », mais à tous les « personnels de renfort » (essayistes, éditeurs, journalistes, médias, etc.), pour reprendre le vocabulaire et l'esprit des « mondes de l'art » d'Howard Becker, personnels de renfort qui participent à la diffusion et à la trivialisation des idées politiques. Un programme également attentif aux événements (Matonti, 2018) qui permettent à des objets jusque-là peu questionnés, d'être politisés (par exemple, et selon deux orientations différentes la prison dans l'après-68 ou le voile depuis l'affaire de Creil en 1989 [1]). Je me suis ainsi intéressée aux transformation des partis et des professionnels de la politique de plus en plus coupés les uns et les autres des profanes, mais aussi de plus en plus éloignés des intellectuels, des syndicats, des associations et des mouvements sociaux ; à la concentration des médias aux mains de quelques groupes industriels et à la course à l'audience à coup de buzz ; aux bouleversements du monde de la recherche et de la place des chercheurs et des universitaires. C'est la place des intellectuels que je développerai ici puisqu'il s'agit d'un facteur qui rejaillit sur tous les autres et pèse par conséquent sur la droitisation des débats publics.

Je reviendrai dans un premier temps sur la généalogie des intellectuels, et avec deux desseins. Tout d'abord, parce que l'Affaire Dreyfus contribue à définir ce groupe par son rapport à l'engagement politique mais aussi à produire des argumen-

1. L'affaire de Creil, ville où elle se déroule, est la première affaire médiatisée de port du voile, autour de trois collégiennes qui refusent de l'ôter en classe. Elle oppose deux camps à gauche entre ceux qui, comme le ministre de l'Éducation nationale d'alors Lionel Jospin estiment qu'il faut avoir une démarche de dialogue avec les élèves et les familles concernées, conformément à l'esprit de la loi de 1905, et ceux qui comme Élisabeth Badinter, Jean-Pierre Chevènement ou Gisèle Halimi défendent une position intransigeante.

* Professeure de science politique, Université Paris 1-Panthéon-Sorbonne, UMR CESSP
UFR de science politique, Université Paris 1-Panthéon Sorbonne, 14 rue Cujas, 75005 Paris, France
frederique.matonti@orange.fr

taires destinés à le contrer. Ensuite, parce qu'il s'agit de mesurer ce qu'il en reste. Dans un second temps, j'esquisserai la description des transformations des champs académique et intellectuel pour montrer combien elles déterminent le poids actuel de l'hégémonie réactionnaire dans l'espace public.

Généalogie des intellectuels, des formes d'engagement et des contre-offensives

L'historiographie [2] s'accorde généralement pour situer la « naissance des intellectuels » (Charle, 1990) au moment de l'Affaire Dreyfus. Il existe néanmoins sous l'Ancien régime des occasions de desserrer très partiellement la tutelle des pouvoirs politiques et religieux – tutelle contre laquelle s'esquisse un autre pouvoir fondé sur la raison et le jugement des pairs [3]. En s'opposant par la signature de pétitions, par les témoignages dans les procès et, bien sûr, par des manifestes comme le « J'accuse » de Zola aux autorités politiques et militaires qui ont condamné le capitaine Dreyfus grâce à des preuves fabriquées, écrivains, artistes, savants et académiques dreyfusards inventent un mode d'intervention dans l'espace public toujours usité : l'engagement de la renommée attachée à leur nom qui permet de préserver leurs œuvres ou travaux de la subordination à un pouvoir temporel. Mais il s'agit aussi à la différence des membres des générations précédentes où la faible professionnalisation de la politique permettait de mener une double carrière (comme l'ont fait Lamartine, Hugo ou Tocqueville), de tenter d'imposer les valeurs des mondes artistiques et intellectuels (liberté de conscience, propension à l'universel, défense de l'individu face aux corps constitués), dorénavant eux-mêmes autonomes, aux autorités politiques. Ce sont plutôt les producteurs consacrés ou en voie de l'être qui recourent à cette forme d'engagement tandis que les moins reconnus engagent plus volontiers leurs productions au service d'une cause ou d'un groupe social, le peuple par exemple. L'art de parti dès les années 1930 et par excellence dans les années 1950 (Bourdieu, 1992), voire pendant la guerre froide la production parmi les intellectuels du mouvement communiste international d'une philosophie et d'une science de parti (Matonti, 2002) en constituent des exemples bien connus.

La controverse, pendant l'Affaire Dreyfus, entre Ferdinand Brunetière et Émile Durkheim permet de repérer la matrice des attaques dont les intellectuels feront et font encore régulièrement l'objet. En 1898, avec « L'individualisme et les intellectuels » paru dans *La Revue Bleue*, le sociologue qui a déjà publié *De la division du travail social*, *Les Règles de la méthode sociologique* et *Le Suicide*, intervient pour la première fois en politique. Dans « Après le procès », l'académicien et professeur de littérature antidreyfusard Brunetière accusait les intellectuels de ne pas s'incliner devant l'autorité militaire, de réclamer indûment de juger par eux-mêmes et de pratiquer un individualisme dissolvant la société. Pour lui répondre, et en se fondant sur sa propre théorie des effets de la division du travail dans les sociétés modernes (la solidarité organique, soit la complémentarité des personnes et des tâches), Durkheim distingue l'individualisme de l'utilitarisme économique. Il le définit en se fondant sur la philosophie morale de Kant et Rousseau, comme ce qui consacre la personne humaine, au point d'être « une religion dont l'homme est, à la fois, le fidèle et le Dieu » (Durkheim, 2020, p. 287). Le sociologue récuse ensuite l'objection de Brunetière selon laquelle la liberté d'opinion et l'exercice de la raison mèneraient à « l'anarchie intellectuelle et morale » (*idem*, p. 290). Ce faisant, il est amené à établir le lien entre les activités professionnelles des savants et leurs prises de position. Si se prononcer sur l'iniquité du jugement de Dreyfus ne relève pas d'une compétence particulière, mais simplement de « la morale pratique », il n'en reste pas moins que les « habitudes professionnelles » de ceux qui utilisent « la méthode scientifique » les amènent à « céde[r] moins facilement aux entraînements de la foule et au prestige de l'autorité » (*idem*, p. 291).

Il y a là en germe la pluralité des manières d'être intellectuel qui se sont déployées jusqu'à la fin des années 1970 au moins, moment que l'on peut considérer comme le début du lent basculement vers l'hégémonie politique et intellectuelle réactionnaire. La prétention de l'intellectuel grâce à sa méthode scientifique à pouvoir résister à la *doxa*, constitue l'une des lointaines justifications de la figure de « l'intellectuel total », intervenant sur tous les sujets et incarnée par excellence par Sartre. La position de celui-ci était rendue possible parce qu'il était à la fois romancier, auteur de théâtre, philosophe, critique littéraire et animateur de revues mais aussi promoteur

2. Pour une histoire longue de la vie intellectuelle voir la somme (Charle & Jeanpierre, 2016).

3. Pour des exemples liés aux *Provinciales* de Pascal, aux mazarinades et aux pamphlets, voir (Viala, 1985 ; Jouhaud, 2009 ; Darnton, 1991, 2010).

d'une « audace artiste » (Bourdieu, 1992, p. 293) incarnée dans son mode de vie – l'ensemble constituant une véritable « prouesse » (Boschetti, 1985), jamais reproduite ensuite mais qui demeure une sorte d'idéal-type. On pourrait aussi voir dans l'insistance sur les « habitudes professionnelles », l'esquisse de la position de « l'intellectuel spécifique », théorisée par Foucault, qui n'interviendrait que dans les domaines où il se sentirait compétent par ses propres recherches. Ainsi les travaux sur la prison comme le séminaire au Collège de France sur Pierre Rivière et l'ouvrage *Surveiller et punir* sont enchevêtrés avec son engagement au sein du GIP (Groupe d'information sur les prisons) créé en 1971 (Artières, 2013). Pendant la campagne présidentielle de 2022, les prises de position individuelles (Joly, 2022) ou collectives (Collectif, 2022) des historiens contre Éric Zemmour ou encore des spécialistes des médias contre l'empire médiatique de Bolloré (Cagé, 2022) constituent des exemples récents d'interventions au nom de la compétence.

Enfin, la position de Brunetière qui critique la prétention individualiste et universaliste des intellectuels (il invente même cet usage péjoratif du substantif) connaît de nombreuses variations réactionnaires au fil du temps. Sous Vichy par exemple, la sociologie notamment durkheimienne est évincée des programmes académiques (Muel-Dreyfus, 2004). Les dernières années ont vu à la fois des attaques contre les sciences humaines et sociales, accusées par exemple de promouvoir la « culture de l'excuse ». Mais ce sont aussi leur contenu qui ont fait l'objet d'offensives politiques. Ainsi le Vatican et l'Église catholique ont promu des campagnes virulentes contre la supposée « théorie du genre », notamment pendant la lutte de la « Manif pour tous » contre l'ouverture du mariage aux couples de même sexe. De même, la droite mais aussi une partie de la gauche qui se définit comme universaliste ont dénoncé le concept d'intersectionnalité présenté à tort (Lépinard & Mazouz, 2021) comme un oubli de la « classe » au profit de la « race », voire comme une théorie racialiste.

Bouleversements des mondes intellectuel et académique, et hégémonie réactionnaire

Il est évidemment impossible de retracer exhaustivement les bouleversements de la place des intellectuels et des règles de fonctionnement du monde académique. Certains ont pu souligner le rôle des transformations morphologiques de l'Université autour de Mai 68 (Bourdieu, 1984) qui avaient entraîné des identifications entre les jeunes entrants dans la carrière et les étudiants voire les ouvriers. Les logiques anciennes de promotion permettant pour simplifier de passer du statut d'assistant d'un « mandarin » à mandarin soi-même et « les relations de dépendance » (*idem*, p. 120) perdaient en effet de leur efficacité et de leur limpidité avec l'augmentation des recrutements, elle-même liée à celle des effectifs. Ces identifications même si elles reposaient sur l'illusion que les statuts des uns (jeunes universitaires) et des autres (jeunes ouvriers) étaient comparables inclinaient plutôt, d'une part, à l'engagement et, d'autre part, à la production de théories radicales [4]. La description des universitaires dans *Homo Academicus* repose aussi sur une opposition entre ceux qui mènent une carrière centrée sur les pouvoirs et les tâches institutionnelles (les *lectores*) et ceux qui peuvent s'en affranchir (« les hérétiques consacrés », désignés encore comme *creatores*) au profit de la recherche et des thèses novatrices dans des « disciplines nouvelles » comme l'ethnologie, la linguistique ou la sociologie, ou « marginales » (*idem*, p. 140).

Comme l'esquisse brièvement Bourdieu (le matériel de l'enquête a été principalement recueilli dans les années 1970), « le développement des instances consultatives [5] » (*idem*, p. 130) se traduit au début des années 1980 par une charge de plus en plus lourde pour ceux qui choisissent d'accepter des obligations institutionnelles. Mais les changements décisifs pour le monde académique datent des années 2000, et tout particulièrement de la LRU (Loi relative aux libertés et responsabilités des universités),

4. Cette inclinaison vers la gauche (même si c'est nous qui tirons *Homo Academicus* en ce sens) en raison d'un risque de déclassement ne va pas forcément de soi. C'est l'application d'un raisonnement comparable qui permet de comprendre la transformation des « Rousseau des ruisseaux », venus chercher en vain à Paris le succès littéraire des écrivains des Lumières (Darnton, 1983, 1991), en personnels révolutionnaires dès juillet 1789. En revanche, dans son texte sur Heidegger, Pierre Bourdieu (1988, p. 22) montre que pendant la République de Weimar « l'indignation [...] conservatrice » des professeurs, qui les conduit à diagnostiquer une « crise de la culture » rencontrant les thèses des essayistes de la révolution conservatrice ou du nazisme comme Spengler et Jünger est d'abord le produit de la remise en cause « [des] normes académiques et [des] idéaux intellectuels aristocratiques des universités allemandes » (*idem*, p. 23) par les partis de gauche et les sciences de l'homme à commencer par la sociologie.

5. Par exemple si l'on lit le témoignage cité, il s'agit du CSCU (ancien nom du CNU, disposant alors de beaucoup plus de prérogatives), des sections du CNRS ou des commissions de spécialistes dont la fonction était de recruter avant la création des comités de sélection (qui sont formés pour chaque poste et non élus pour plusieurs années comme les anciennes commissions de spécialistes). Pour un regard historique, voir (Fridenson, 2010, p. 42) qui évoque aussi pour les années 1980 le CNE (Comité national d'évaluation), ancêtre de l'AERES et de l'HCERES, et en général la volonté de rompre avec la politique de la secrétaire d'État aux Universités de Valéry Giscard d'Estaing, Alice Saunier-Seïté, notamment par une « démocratisation des pouvoirs universitaires ».

portée par la ministre de l'Enseignement supérieur et de la Recherche, Valérie Pécresse à l'été 2007. Censée promouvoir l'autonomie des universités, la LRU a permis en réalité la déconcentration des services de l'État et accru mécaniquement (et considérablement) la charge administrative des personnels dédiés mais aussi des enseignants-chercheurs. Elle s'est doublée d'un développement parallèle de financements sur projets très concurrentiels (ANR, ERC, LabEx), marque du pilotage par la performance, représentatif du néo-libéralisme, tandis que le sous-financement des universités et la diminution des crédits récurrents des laboratoires de recherche allaient de pair avec l'augmentation des effectifs étudiants [6].

La distinction entre *lectores* et *creatores* devient par conséquent difficile à tenir – sauf pour un tout petit groupe de chercheurs, que l'on peut décrire comme des « élites internationalisées » dans un système qui tend à « l'"oligopolisation", autour de grands centres concentrant ressources et performances » et à la « constitution d'un marché mondial des universités » (Lebaron, 2020, p. 421). À ces exceptions près et qui concernent peu les sciences humaines et sociales (sauf si on y inscrit l'économie la plus mathématisée), le recrutement et l'avancement de la quasi-totalité des chercheurs et des enseignants-chercheurs tiennent certes à la qualité (et à l'inventivité) de leurs travaux, mais aussi à leur quantité (plus aisément repérable dans un temps d'évaluation très court) ainsi et surtout, qu'à l'exercice de responsabilités. Y compris pour les chercheurs, pour passer par exemple du statut de chargé de recherches à celui de directeur de recherches au CNRS, ou pour grimper les échelons à l'intérieur de ce corps. La loi de programmation de la recherche (24 décembre 2020) devrait encore aggraver ces tendances, notamment avec l'apparition pour les « chaires juniors » du mécanisme de *tenure track*, présenté comme « voie de pré-titularisation conditionnelle ». Au terme de ce « contrat » seront « appréci[ées] [la] valeur scientifique [...] ainsi que [l']aptitude du candidat à exercer les missions [7] », missions non spécifiées mais dont on peut sans peine imaginer que le pilotage de la recherche et les tâches administratives feront partie.

Ces transformations ont, à leur tour, des effets sur les productions elles-mêmes, outre que le temps disponible pour la recherche est de plus en plus réduit [8]. Même s'il existe des disciplines, comme par excellence l'histoire où l'ouvrage tiré de la thèse, voire par la suite de la HDR, demeure important, l'article destiné aux pairs est désormais souvent plus coté que le livre (par ailleurs de moins en moins aisé à écrire en raison des contraintes d'emploi du temps) ainsi que le révèlent les principes de classements des instances d'évaluations comme l'HCERES [9]. Des transformations plus générales très sensibles dès les années 2000 pèsent encore sur la visibilité des intellectuels : déclin des étudiants dans les disciplines traditionnelles en sciences humaines et sociales, tendance à l'« hyperspécialisation de la recherche » (Delporte, p. 438), « financiarisation internationalisée » (*idem*, p. 440) de l'édition, baisse du nombre des lecteurs des médias comme les *news magazine* où se déroulaient les débats d'idées, poids croissant de la télévision, et en son sein, des talk-shows (« On n'est pas couché ») aux dépens des émissions littéraires (« La grande librairie »).

De ce fait, les travaux académiques sont de moins en moins visibles au-delà de leurs univers professionnels – de production et de réception – sauf quelques ouvrages d'intervention comme ceux évoqués plus haut – et leurs auteurs de moins en moins susceptibles d'être invités dans l'espace médiatique pour en parler. Ce sont les *fast thinkers* dont les essais se résument à quelques phrases aisées à « pitcher » (puis à créer le « buzz » dans les émissions de télévision et par ricochet sur les réseaux sociaux) qui sont les plus visibles et donc les plus susceptibles d'être présents dans l'espace médiatique. À quelques exceptions près (comme les ouvrages de Thomas

6. Voir par exemple (Calviac, 2019). Il faudrait ajouter que l'obtention de l'un de ses financements implique à son tour de très lourdes charges administratives et parfois de véritables casse-tête chronophages quand se rencontrent les normes juridiques encadrant les dépenses dans l'administration publique et l'impératif lié à ces dotations d'engager des sommes importantes dans un temps rapide selon une logique managériale.

7. https://www.enseignementsup-recherche.gouv.fr/fr/des-carrieres-plus-attractives-les-chaires-de-professeur-junior-46095

8. On pourrait évoquer par exemple pour les enseignants-chercheurs, les effets conjugués de la semestrialisation, depuis 2006, et des modifications de calendrier, qui conduisent à quatre sessions d'examens et étirent l'année de début septembre à début juillet, ou encore le temps consacré à la gestion des admissions en raison du dispositif Parcoursup depuis 2018.

9. Ce sont les « articles dans des revues internationales à comité de lecture » qui sont toujours au premier rang – et les ouvrages au troisième – dans les formulaires d'évaluation individuelle (par exemple pour la prime d'encadrement doctoral et de recherche, dorénavant Régime indemnitaire des enseignants et chercheurs) ou collective (par exemple pour les UMR dans les évaluations HCERES).

Piketty ou dans une moindre mesure du livre collectif dirigé par Patrick Boucheron, *Histoire mondiale de la France*), les succès de librairie sont donc plutôt ceux de Philippe de Villiers et bien sûr d'Éric Zemmour [10]. De ce point de vue, la naissance des « nouveaux philosophes » en 1977 marque un tournant. Si le genre de l'essai est devenu une catégorie de la librairie dès les années 1920 (Olivera, 2002), la nouveauté réside tout d'abord de la part de jeunes philosophes dotés de titres légitimes (Agrégation, ENS), dans leur préférence pour l'essai et non pour la carrière académique alors que cette dernière commence à devenir incertaine (Godechot, 1999). Mais elle se mesure surtout à l'écho donné à ces essais et par extension à leurs auteurs par une émission aussi prescriptrice qu'Apostrophes, animée par Bernard Pivot. Cette double nouveauté n'en reste pas moins distincte de ce que nous connaissons. En effet, à la différence des essais à succès contemporains, et même si l'on peut contester radicalement les conclusions ou les méthodes des nouveaux philosophes d'un point de vue académique, ce que firent par exemple Gilles Deleuze ou Pierre Vidal-Naquet, il existe entre leurs livres et les travaux des chercheurs, un consensus même très minimal sur la valeur du savoir. Le cœur des essais de Zemmour, Villiers ou Patrick Buisson est constitué, en revanche, par l'offensive contre la discipline historique elle-même, qu'elle traite de Vichy ou de la Vendée, et en général contre les sciences humaines et sociales, quand il s'agit par exemple de s'opposer à l'introduction dans le système scolaire de la « théorie du genre ».

Nous avons décrit ailleurs cette omniprésence récente des *fast thinkers* réactionnaires (Matonti, 2021) ainsi que les transformations des médias qui l'ont rendue possible : concentration aux mains de quelques actionnaires à commencer par Vincent Bolloré, hyperconcurrence, rôle des directeurs des publications issus des écoles de commerce et proches des actionnaires principaux, multiplication des chaînes de télévision en continu proposant quasi exclusivement des débats, recherche systématique du clash... (Chupin *et al.*, 2012 ; Sedel, 2022). Il faudra sans doute bientôt compter également avec les bouleversements récents de l'édition. En effet, même si l'OPA lancée par Vivendi (contrôlé par la famille Bolloré) sur Lagardère ne devrait pas se solder par la fusion de deux sociétés d'édition : Hachette (filiale de Lagardère) et Éditis (filiale de Vivendi), la situation reste très incertaine. On peut redouter que se multiplient, dans les médias conquis par Bolloré, des évictions d'éditeurs [11] ou d'auteurs (comme l'humoriste Guillaume Meurice dont la parution d'un dictionnaire a été suspendue) et surtout l'accélération de la production d'ouvrages réactionnaires conformément aux choix opérés dans les médias contrôlés par le groupe.

Conclusion

Reste ici à revenir pour conclure sur les bouleversements des modèles d'engagement des intellectuels. Pour la première fois dès les années 1980, ce sont les historiens et les sociologues (Ory & Sirinelli, 1986 ; Charle, 1990) qui s'emparent de l'objet « intellectuel », alors que, jusque-là, il était monopolisé par les intellectuels eux-mêmes, dans des pamphlets ou des plaidoyers *pro domo*. Cette entrée dans la littérature académique va de pair avec la recomposition voire la quasi-disparition des formes historiques d'engagement. En juillet 1983, le porte-parole du gouvernement Pierre Mauroy, l'historien et romancier Max Gallo, déplorait le « silence des intellectuels », soit leur absence de soutien public à la gauche au pouvoir depuis mai 1981, progressivement entrée dans une logique de concessions. Comme l'a montré Antoine Aubert (2020), derrière l'image qui s'est imposée des « années d'hiver » (Guattari, 1985) venues recouvrir les années révolutionnaires de l'après-68, les intellectuels marxistes et radicaux n'ont pas disparu mais se sont repliés sur la production théorique dans les revues et les séminaires [12]. En revanche, cette déploration reflète bien la disparition en cours, aujourd'hui actée, d'un

10. *Le Capital au XXIe siècle* de Thomas Piketty s'est écoulé à 114 000 exemplaires en France et 400 000 aux États-Unis, *Histoire mondiale de la France*, ouvrage dirigé par Patrick Boucheron, se serait vendu à 110 000 exemplaires, *Le Suicide français* d'Éric Zemmour a atteint entre 400 000 et 500 000 exemplaires. À partir de *Le Moment est venu de dire ce que j'ai vu* (2015), chaque ouvrage de Philippe de Villiers approche les 200 000 exemplaires. Sur Thomas Piketty, voir le chapitre 9 « L'économiste en intellectuel international » dans (Chahsiche, 2019).

11. Le départ de la PDG de Fayard, Sophie de Closets, en mars 2002, pourrait en constituer un épisode, après celui de la démission forcée d'Arnaud Nourry, ancien PDG d'Hachette Livre et opposé à cette fusion, un an plus tôt.

12. Nous n'entrons pas ici – nous les avons esquissés dans *Comment sommes-nous devenus réacs ?* – dans les bouleversements des rapports de force internes à l'univers intellectuel. Dans le monde des revues, par exemple, *Le Débat*, créé en 1980 et aujourd'hui disparu, au cœur d'une nébuleuse qui comprend la Fondation Saint-Simon, a conquis une position centrale, dont l'un des enjeux était de détrôner une vieille gauche jugée archaïque, représentée dans le monde des revues par *Les Temps modernes*.

modèle d'engagement : celui de « l'intellectuel de parti », prêt jusqu'à l'*exit* quand il n'y parvenait plus, à justifier toutes les inflexions politiques de son camp. Cette disparition est allée de pair avec le déclin électoral de l'organisation politique qui l'a principalement porté : le PCF [13]. Ce modèle a été partiellement remplacé par celui de « l'expert », bien présent dans les *think tanks* et venant contribuer à la production des politiques publiques. Même si ces experts peuvent être compétents, à la différence de ceux qualifiés comme tels qui peuplent les plateaux des chaînes en continu, ils sont plus souvent des hauts-fonctionnaires que des chercheurs ou des universitaires spécialistes de sciences humaines et sociales. Depuis la fin des années 1970, est apparu, on l'a vu, un modèle inédit : celui de l'« intellectuel médiatique », dont les « nouveaux philosophes » serait le parangon. L'un d'entre eux, Bernard-Henri Lévy a même publié un *Éloge des intellectuels* dans lequel il en appelait à la naissance d'un « intellectuel de troisième type » (Lévy, 1987, p. 126) doté de « moins de mauvaise conscience » que ses prédécesseurs, moins tapageur que Sartre sur son tonneau, plus « pessimiste » (*idem*, p. 130) au sens où il ne croira plus à des solutions miracles et, bien sûr, capable de se servir des médias.

Comme l'a remarqué Christian Delporte (2016), l'appellation qui s'est imposée pour parler des académiques est désormais celle de « chercheur » et non plus d'intellectuel, signe de la clôture de l'univers professionnel sur lui-même – et de sa perception comme tel. Certains groupes comme les écrivains n'ont jamais retrouvé leur rôle d'éditorialiste tenu par exemple par Albert Camus ou François Mauriac, perdu au profit des journalistes dès les années 1960, en dépit de survivances comme « Le Libé des écrivains » (Sapiro, 2018). En revanche, les pages « Débats » et les tribunes de presse se sont multipliées au point d'être devenues « l'une des institutions sociales de l'espace public intellectuel » (Jeanpierre, 2016, p. 496). Deux autres phénomènes annoncent peut-être l'émergence de nouvelles figures. Tout d'abord, les épistémologies du point de vue, revendiquées par les féministes, fondent un savoir engagé. Ensuite, tant les municipales de 2020 que les législatives de 2022 ont vu la candidature voire l'élection de jeunes chercheuses et chercheurs en sciences humaines et sociales [14]. Inaugurent-elles de nouveaux rapports entre intellectuels et partis, ce que la contribution de ceux-ci à l'écriture des programmes devrait au moins partiellement confirmer pour la gauche ou le signe que la carrière politique est devenue plus désirable que la carrière académique ?

13. Gisèle Sapiro (2009) préfère le terme « d'intellectuel d'institution » qui permet d'englober aussi les intellectuels catholiques (Serry, 2004) ou les intellectuels fascistes. Racontant cette histoire plutôt du côté de la gauche pour comprendre l'hégémonie réactionnaire, nous avons privilégié le terme d'intellectuel de parti.

14. En l'attente d'une enquête exhaustive, on peut signaler l'élection comme maire (EELV) du 1er arrondissement de Lyon de Yasmine Bouagga, chargée de recherche au CNRS, de Pauline Delage (FI), également chargée de recherche comme adjointe dans le 4e secteur de Marseille, d'Arthur Delaporte, doctorant en science politique à l'Université Paris 1, comme député dans le Calvados (NUPES, PS) et d'Hadrien Clouet (NUPES, FI), postdoctorant au CSO, député en Haute-Garonne.

Bibliographie

Artières P. (2013), *Intolérable. Groupe d'information sur les prisons*, Paris, Verticales.

Aubert A. (2020), « Devenir(s) révolutionnaire(s). Enquête sur les intellectuels « marxistes » en France (années 1968-années 1990). Contribution à une histoire sociale des idées », Thèse de science politique, Université Paris 1-Panthéon-Sorbonne.

Boschetti A. (1985), *Sartre et « Les Temps Modernes »*, Paris, Minuit.

Bourdieu P. (1984), *Homo Academicus*, Paris, Minuit.

Bourdieu P. (1988), *L'Ontologie politique de Martin Heidegger*, Paris, Minuit.

Bourdieu P. (1992), *Les Règles de l'art. Genèse et structure du champ littéraire*, Paris, Seuil.

Cagé J. (2022), *Pour une télé libre contre Bolloré*, Paris, Seuil.

Calviac S. (2019), « Le financement des universités : évolutions et enjeux », *Revue d'administration publique*, n° 169, p. 51-68.

Chahsiche J.-M. (2019), « Le Marché français du livre d'économie (1945-2015) : contribution à une histoire sociale des idées économiques », Thèse de science politique, Université Paris 1-Panthéon-Sorbonne.

Charle C. (1990), *Naissance des « intellectuels »*, Paris, Minuit.

Charle C. & Jeanpierre L. (dir.) (2016), *La Vie intellectuelle en France*, tome 1 : *Des lendemains de la révolution à 1914* ; tome 2 : *De 1914 à nos jours*, Paris, Seuil.

Chupin I., Hubé N. & Kaciaf N. (2012), *Histoire politique et économique des médias en France*, nouvelle édition, Paris, La Découverte.

Collectif (2022), *Zemmour contre l'histoire*, Paris, Gallimard.

Darnton R. (1983), *Bohème littéraire et Révolution. Le Monde des livres au XVIIIe siècle*, Paris, Gallimard/Seuil.

Darnton R. (1991), *Édition et sédition. L'Univers de la littérature clandestine au XVIIIe siècle*, Paris, Gallimard.

Darnton R. (2010), *Le Diable dans le bénitier. L'Art de la calomnie en France, 1650-1800*, Paris, Gallimard.

Delporte C. (2016), « Une lutte croissante pour l'attention médiatique », *in* Charle C. & Jeanpierre L. (dir.), *La Vie intellectuelle en France*, tome 2, p. 437-460.

Durkheim E. (2020), « L'Individualisme et les Intellectuels », *Sociologie politique. Une anthologie*, textes édités et introduits par Florence Hulak, Paris, Puf, p. 281-299.

Fridenson P. (2010), « La politique universitaire depuis 68 », *Le Mouvement social*, n° 233, p. 47-67.

Godechot O. (1999), « Le marché du livre en sciences sociales », *Actes de la recherche en sciences sociales*, n° 130, p. 11-28.

Guattari F. (1985), *Les Années d'hiver : 1980-1985*, Paris, Bernard Barrault.

Jeanpierre L. (2016), « Tribunes et plateaux : logiques de la visibilité intellectuelle », *in* Charle C. & Jeanpierre L. (dir.), *La Vie intellectuelle en France*, tome 2, p. 492-499.

Joly L. (2022), *La Falsification de l'histoire. Éric Zemmour, l'extrême droite, Vichy et les juifs*, Paris, Grasset.

Jouhaud C. (2009), *Mazarinades. la Fronde des mots*, Paris, Aubier.

Lardeux L. & Tiberj V. (2021), *Générations désenchantées ? Jeunes et démocratie*, Paris, La Documentation française/INJEP.

Lebaron F. (2020), « *Homo Academicus* », *in Dictionnaire international Bourdieu*, Paris, CNRS Éditions, p. 420-422.

Lépinard É & Mazouz S. (2021), *Pour l'intersectionnalité*, Paris, Animosa.

Lévy B.-H. (1987), *Éloge des intellectuels*, Paris, Grasset.

Matonti F. (2002), « La colombe et les mouches. Frédéric Joliot-Curie et le pacifisme des savants », *Politix*, n° 58, p. 109-140.

Matonti F. (2012), « Plaidoyer pour une histoire sociale des idées politiques », *Revue d'histoire moderne et contemporaine*, n° 59-4bis, p. 85-104.

Matonti F. (2018), « Histoire sociale des idées politiques, crises politiques et catégories de perception », *in* Gaïti B. & Siméant-Germanos J. (dir.), *La Consistance des crises. Autour de Michel Dobry*, Rennes, Presses universitaires de Rennes, p. 131-149.

Matonti F. (2021), *Comment sommes-nous devenus réacs ?*, Paris, Fayard.

Muel-Dreyfus F. (2004), « La rééducation de la sociologie sous le régime de Vichy », *Actes de la recherche en sciences sociales*, n° 153, p. 65-77.

Olivera P. (2002), « Catégories génériques et ordre des livres : les conditions d'émergence de l'essai pendant l'entre-deux-guerres », *Genèses*, n° 47, p. 84-106.

Ory P. & Sirinelli J.-F. (1986), *Les Intellectuels en France. De l'Affaire Dreyfus à nos jours*, Paris, Armand Colin.

Sapiro G. (2009), « Modèles d'intervention politique des intellectuels. Le cas français », *Actes de la recherche en sciences sociales*, n° 176-177, p. 8-31.

Sapiro G. (2018), *Les Écrivains et la Politique en France. De l'Affaire Dreyfus à la guerre d'Algérie*, Paris, Seuil.

Sedel J. (2022), *Sociologie des dirigeants de presse*, Paris, La Découverte.

Serry H. (2004), *Naissance de l'intellectuel catholique*, Paris, La Découverte.

Tiberj V. (2017), *Les Citoyens qui viennent. Comment le renouvellement générationnel transforme la politique en France*, Paris, Puf.

Viala A. (1985), *Naissance de l'écrivain*, Paris, Minuit.

SOCIO
LO
GIE

Peut-on parler de « droitisation » des classes populaires ? Des usages ordinaires du clivage droite/gauche à l'écart du champ politique

Can we speak of the "rightward-drift" of the working classes? Ordinary uses of the right/left divide outside the political field

par **Raphaël Challier** *

Utile pour penser des évolutions du champ politique et donc de l'offre politique, la notion de droitisation est moins opérante pour enquêter sur des classes populaires « de droite », pour lesquelles des catégories politico-normatives comme la droite et la gauche ne font pas forcément sens. L'article défend une autre lecture, compréhensive, des sensibilités de droite en milieu populaire et interroge les significations concrètes associées au clivage droite/gauche au sein de ces groupes. Il existe notamment plusieurs droites, qui mobilisent des ressorts d'adhésions contradictoires. Les processus de droitisation diffèrent également selon leurs points de départ et d'arrivée (les acteurs évoluent-ils de la gauche vers le centre, ou de la droite parlementaire vers le Front national [1] ?). Surtout, les représentations associées à la droite et à la gauche varient considérablement selon les milieux sociaux. Plutôt que l'hypothèse d'une droitisation uniforme, reposant sur des ressorts idéologiques qui seraient relativement analogues dans différents groupes sociaux, une approche de sociologie politique et de sociologie des classes sociales interrogera plutôt *des déplacements vers la droite* et cherchera à comprendre l'évolution des préférences (de votes, militantes) vers des objets politiques vus comme plus fortement ancrés à droite par les spécialistes, mais pas forcément par les profanes. Nous commencerons par interroger les points aveugles d'une notion comme la droitisation, en les confrontant à quelques constats bien établis en sociologie électorale et du militantisme, qui contredisent les définitions scolastiques et linéaires de la politisation [2]. Nous présenterons ensuite les résultats d'une enquête sur le FN en milieu rural, qui donnent des pistes pour mener une ethnographie réaliste des classes populaires « de droite » et des usages ordinaires du clivage droite/gauche parmi ces classes sociales. Au vu de l'implantation électorale et militante du FN, on pourrait ériger le bourg enquêté, ici appelé Grandmenil [3], en symptôme d'une France populaire rurale excentrée des métropoles et souvent décrite, de manière simplificatrice (Girard, 2017), comme « droitisée ». L'observation de la vie politique municipale nuance pourtant ce constat, l'ancrage à droite n'y étant ni nouveau, ni univoque. Nous interrogerons enfin les parcours de Magalie et Sylvie, deux membres du FN local. Leur mobilisation traduit-elle un même processus de droitisation ? Même chez des militantes d'extrême droite, les logiques d'engagement apparaissent irréductibles à des enjeux doctrinaux ou à un basculement unilatéral vers la droite politique. Si les entretiens menés auprès de ces deux femmes datent de 2014 et 2015, leurs profils sont intéressants car elles ont parfois voté pour

1. Devenu depuis Rassemblement National. Nous utiliserons le nom en vigueur pendant l'enquête, principalement menée de 2014 à 2017, par entretiens auprès de vingt-quatre militants de la ville et du département.

2. Un état de l'art, nécessairement lacunaire vu le format, est esquissé dans la section suivante. Pour une bibliographie plus exhaustive concernant les politisations populaires, voir (Challier, 2021, p. 7-35).

3. Les noms de la ville et des enquêtés ont été modifiés pour préserver l'anonymat.

* Docteur en sociologie
Cresppa-GTM, 59-61 rue Pouchet, 75849 Paris CEDEX 17, France
challier.raphael@gmail.com

d'autres partis, ce qui permet de saisir des ruptures et continuités. Précisons enfin que la relative distance qu'elles expriment aux discours et programmes des *leaders* se retrouvent largement chez d'autres membres du FN, comme chez les « simples militants » en général (Challier, 2021).

La droitisation, une grille de lecture peu opérante pour comprendre les politisations ordinaires

Y a-t-il une « droitisation » de la société française, autrement dit un déplacement global vers les valeurs de la droite politique ? La question a sa pertinence pour décrire l'évolution des rapports de force entre des partis ou des *leaders*. On peut effectivement mesurer l'évolution vers la droite (la gauche, le centre) des votes d'une population, des programmes d'un parti ou des prises de positions dans les médias[4], en se fondant sur divers marqueurs communément associés au clivage droite/gauche. L'histoire des idées politiques rappelle pourtant déjà que ces classements sont relationnels et mouvants, plusieurs « sensibilités » pouvant être isolées au sein d'une même « famille » politique (Rémond, 1954 ; Sirinelli, 1992).

Les méthodes d'enquêtes mobilisées influent aussi sur le fait de répondre par la positive ou la négative à la question de savoir si divers groupes se droitisent. Notamment, en raison de leur visée compréhensive et de leurs ancrages situés, les méthodes qualitatives sont généralement plus prudentes lorsqu'on leur demande de repérer des évolutions politiques globales. Pour l'ethnographe des politisations ordinaires, raisonner en terme de « droitisation » risque ainsi de gommer la complexité du monde social. La plupart des enquêtes en immersion au sein des partis nationalistes contredisent notamment l'idée d'une « droitisation » univoque et insistent sur la variété des motifs d'engagement selon les générations, les genres ou les milieux (Bizeul, 2003 ; Avanza, 2009 ; Hochschild, 2016 ; Marchand-Lagier, 2017). Mobiliser des schèmes politologiques comme le clivage droite/gauche apparaît plus discutable lorsqu'il s'agit d'étudier des profanes, pour qui ces classements ont souvent peu de sens. D'innombrables enquêtes de sociologie électorale qualitatives, depuis celle initiée par Paul Lazasrfeld et ses collègues (1944) jusqu'à celles du collectif Sociologie politique des élections (Collectif SPEL, 2016) puis de l'ANR Analyse localisée comparative du vote[5], ont montré combien les préférences électorales sont orientées par des logiques sociales extérieures aux enjeux partisans. La même personne pourra voter à droite puis à gauche, s'abstenir ou se remobiliser au gré des expériences familiales, amicales, professionnelles. La distance aux catégories droite/gauche est encore plus forte dans les milieux populaires, plus éloignés des compétences scolaires qui conditionnent les compétences politiques (Gaxie, 1978 ; Mauger, 2017).

Même appliquée à des militants plus politisés, les schèmes fondés sur une vision polarisée par le clivage gauche/droite comme celui de « droitisation » risquent d'uniformiser les parcours. Par exemple, le documentaire *La Cravate*, réalisé par Mathias Théry et Étienne Chaillou, retrace le parcours d'un jeune employé, Bastien, entrecoupés par des séquences de récit de sa trajectoire qui se rapprochent des entretiens biographiques. Après avoir fréquenté des *skinheads* (d'ultra droite), Bastien se rapproche du FN (extrême droite) puis des Patriotes (un peu plus « modérés » ?). Dirait-on de lui qu'il se gauchise ? En rester là éluderait les logiques complexes qui guident l'évolution de son engagement, de la quête d'un collectif juvénile puis de respectabilité au vécu du mépris de classe au FN. Les analyses des rétributions de l'engagement (Gaxie, 1977) ou des carrières militantes (Filleule, 2001) proposent des interprétations plus complexes des motifs d'engagement, en rapportant les bifurcations politiques aux avantages matériels et symboliques que confèrent les ancrages militants ou aux évolutions biographiques.

Pour autant, ce souci de réalisme sociologique n'implique pas de prédire la fin du clivage droite/gauche. Ces catégories font toujours l'objet d'investissements symboliques, y compris chez certains segments des classes populaires, mais y prennent souvent des sens différents de ceux en vigueur dans le champ politique. Des enquêtes explorent ainsi le vote à gauche de syndicalistes (Mischi, 2016) ou d'enfants d'immigrés qui perçoivent la gauche comme « moins raciste » (Braconnier & Dormagen, 2010), ou, au contraire, des votes à droite qui

4. Voir les contributions de Frédérique Matonti et Vincent Tiberj dans ce numéro.

5. https://alcov.hypotheses.org/

traduisent une quête de respectabilité (Girard, 2017 ; Mauger & Pelletier, 2017). De manière plus systématique, certains travaux prolongent l'hypothèse bourdieusienne d'une homologie structurale entre votes et styles de vie (Beaumont *et al.*, 2018 ; Jarness *et al.*, 2019). Y compris en milieu populaire, on retrouve plus de votes à droite chez les acteurs du pôle économique et, à l'inverse, une sensibilité de gauche des acteurs du pôle culturel, qui traduisent notamment des rapports distincts aux intellectuels et aux employeurs. Ce n'est qu'une fois ces divers implicites associés au terme de droitisation mis à plat que l'ethnographe peut se demander si les enquêtés qu'il rencontre se droitisent effectivement et, si tel est le cas, quels sens ont ces déplacement vers la droite.

Des classes populaires toujours plus à droite ? L'exemple d'une ville rurale de Lorraine

Grandmenil est une commune rurale de 5500 habitants, éloignée des métropoles, située dans une zone de plaine, ne bénéficiant pas de l'attractivité touristique d'autres territoires du Grand Est. Sa composition sociale est plutôt ouvrière, les cadres et professions culturelles y sont significativement absents [6]. Au XXe siècle, la ville vit du tissage et de la papeterie mais, depuis les années 1980, connaît des fermetures d'usine. Ce contexte socio-économique favorise des politisations particulières qui pourraient en faire un cas exemplaire de la « droitisation » des classes populaires rurales. Les scores du FN y sont nettement plus élevés que la moyenne nationale. En 2017, Marine Le Pen arrive en tête, avec 51 % au second tour et 33,6 % au premier et en 2012, au premier tour, avec 26,9 % [7]. L'observation de la vie politique du bourg nuance pourtant l'idée d'un basculement à droite univoque.

Un ancrage à droite qui ne date pas d'hier

En premier lieu, on notera que la municipalité a presque toujours été de droite. Contrairement à d'autres bassins plus industriels, la CGT et le PCF n'y ont jamais connu de forte implantation. Ce sont des patrons locaux, rattachés à la droite catholique, qui occupent les fonctions municipales de 1953 à 1966, puis de 1971 à 1989. Pendant deux séquences, de 1989 à 1995 puis de 2001 à 2014, deux maires de gauche (PS) accèdent au pouvoir municipal, avant que la mairie ne repasse « divers droite » en 2014. Cet ancrage à droite de la municipalité, malgré des réorientations vers la gauche dans certaines séquences, s'est construit sur le temps long, à travers le patronage industriel, l'empreinte catholique, le poids des centristes et des gaullistes dans la Lorraine rurale, l'influence des petits patrons ou encore la proximité au monde paysan (Audigier & Schwindt, 2009). Le schème de la droitisation, qui suggère un basculement politique spécifique à la période contemporaine, est donc peu opérant concernant ce type de territoires populaires, dont l'ancrage à droite s'est construit sur la plus longue durée (Girard, 2017 ; Latté & Hupfel, 2018). Par ailleurs, si les habitants de Grandmenil votent plus FN, les écarts sont peu significatifs lors des scrutins qui opposent droite et gauche, par exemple Nicolas Sarkozy à Ségolène Royal en 2007 [8] puis à François Hollande en 2012 [9]. Il serait donc plus précis de parler ici de « lepénisation » que de « droitisation ». Enfin, cette dominante conservatrice n'a jamais empêché une minorité d'habitants de se politiser à gauche. Depuis les agitateurs socialistes et républicains [10] du XVIIIe siècle à la relative présence de la CFDT chez les ouvriers dans la seconde moitié du XXe siècle (les « syndiqués » constituent les principaux enquêtés populaires sur ce terrain s'affirmant « de gauche »), l'hégémonie de la droite a régulièrement été contestée.

Une défiance politique générale, entre conformisme et protestation

Plus qu'une idéologie « de droite », nombres d'habitants de Grandmenil rencontrés expriment avant tout une distance aux décideurs politiques. Les partis sont inexistants au niveau municipal, à l'exception du FN, qui mobilise une vingtaine de

6. En 2012, d'après les données de l'Insee, la population de la commune comptait 20,1 % d'ouvriers, 14,1 % d'employés, 2,2 % de cadres et 8,1 % de professions intermédiaires contre respectivement 13,1 %, 16,5 %, 9 % et 14,1 % pour la France métropolitaine.

7. Contre respectivement 33,90 % (2017, second tour), 21,30 % (2017, premier tour), 17,90 % (2012, premier tour) au niveau national.

8. Scores équivalents à la moyenne nationale au second tour.

9. + 1,5 point et – 1,5 point d'écart par rapport à la moyenne nationale des votes au second tour lors de ces scrutins.

10. On relève pour la ville une cinquantaine de notices biographiques de militants ouvriers pour la période 1789-1864 dans le dictionnaire en ligne « Le Maitron, dictionnaire biographique du mouvement ouvrier et du mouvement social ».

membres et bénéficie, depuis 2014, de deux conseillers. Depuis ce scrutin, les autres listes sont, comme souvent en milieu rural (Vignon, 2014), « sans étiquette ». Cet apolitisme affiché prend un sens plus contestataire quand on s'éloigne des élites locales. En 2012, des manifestations ont lieu contre la nouvelle taxation au poids des ordures ménagères de l'intercommunalité et les élus locaux sont chahutés [11]. En 2018, la ville connaît aussi une importante mobilisation des Gilets jaunes. Ces deux contestations collectives nuancent l'idée d'un tempérament conservateur propre à Grandmenil. Les mobilisés contestent des mesures fiscales directes inégalitaires dans un territoire où la rétraction continue des services publics et commerciaux produit un sentiment d'abandon et ciblent les élus locaux ou nationaux, perçus comme l'incarnation de « ceux d'en haut ».

Des usages du clivage droite/gauche qui reflètent les tensions du quotidien

Le clivage droite/gauche n'a pas complètement disparu de la vie politique de Grandmenil. Les deux listes « sans étiquettes » sont identifiées, par les habitants les plus informés, comme étant respectivement « de gauche » et « de droite » dans leurs valeurs. En 2014, l'équipe municipale sortante menée par Bernard Simon, élu en 2001 sous l'étiquette PS, est défaite par Antoine Durand, proche des élus départementaux LR. Les argumentaires de campagne des deux listes rejouent des problématiques associées au clivage droite/gauche. L'équipe Simon défend « le social » et l'investissement public. Au contraire, la liste Durand dénonce, courbes à l'appui, « l'explosion des budgets » et promet de réduire les impôts. En 2020, le nouveau maire de droite défend son bilan : « l'assainissement des comptes ». Lors d'un meeting tenu à l'occasion du scrutin municipal de 2020, une candidate de gauche dénonce le manque d'investissement pour « les jeunes », « les associations », « la culture », « les personnes en difficultés sociales » et « la prévention », des marqueurs politiques qui renvoient à différents publics de l'action municipale. Le soir du deuxième tour de la même élection, qui voit la majorité d'A. Durand reconduite, le candidat en troisième position sur cette liste, chef d'entreprise, tient un bureau de vote. Une candidate lui raconte que le bureau dit « des HLM », l'îlot associé aux habitants les plus pauvres et aux immigrés, connaît une abstention forte. Le candidat, qui a été membre du RPR, soupire, réprobateur : « Avec tout ce que la mairie a fait pour eux, c'est donner de la confiture à des cochons », exprimant ainsi sa distance aux populations évoquées. En résumé, dans cet espace de forte interconnaissance, les partis sont presque inexistants, mais les usages du clivage droite/gauche se perpétuent de manière souterraine, aux prismes des antagonismes quotidiens. La liste de droite est associée au « commerçants », « aux artisans », la liste de gauche aux « fonctionnaires » et au « social », des tensions qui se retrouvent au sein du FN local.

Magalie et Sylvie, des logiques plurielles de droitisation

Prenons maintenant au sérieux l'hypothèse d'une « droitisation » en la mettant à l'épreuve d'une analyse des parcours de deux habitantes qui évoluent effectivement vers la droite (ici, le FN). Pour ce faire, il faut interroger à la fois les évolutions des préférences politiques des enquêtées (leur glissement vers le FN) et, dans le même temps, se demander quels sens ces repères élémentaires dans l'espace politique (Mauger, 2017) que sont la « droite » et la « gauche » ont pour elles. Magalie et Sylvie sont deux militantes du FN Grandmenil. Elles ont adhéré en 2023, à la suite de l'accession de Marine Le Pen à la tête du parti, et prennent leur distance avec « Jean-Marie », qu'elles décrivent comme « raciste ». Magalie se dit de droite et a toujours voté alternativement pour la droite parlementaire et le FN, alors que Sylvie se dit de gauche et votait précédemment PS. Peut-on englober leurs ralliements au FN sous un même processus de droitisation alors que leurs motivations et valeurs semblent parfois opposées ? Même chez des militantes frontistes, l'engagement ne se réduit jamais à des enjeux idéologiques abstraits.

Se dire « de droite » ou « de gauche » tout en militant au FN

Si elles sont toutes les deux issues de familles ouvrières, Magalie connaît une ascension sociale, Sylvie une précarisation. La première, 46 ans, travaille d'abord comme caissière

11. La section suivante retrace ces événements du point de vue d'une militante FN.

dans un supermarché, à la suite d'un baccalauréat professionnel de vente. Licenciée pour motifs économiques, elle passe un BTS puis négocie sa réembauche à un meilleur poste par son employeur et devient directrice de magasin. Sylvie a effectué un CAP de cuisine, été employée par des restaurants puis vendeuse dans un magasin de vêtements du bourg qui a fait faillite. Depuis, Sylvie vit du chômage puis des *minima* sociaux. À 55 ans, elle dit « ne pas vraiment avoir envie (ni l'espoir) de retrouver un travail ». Elles incarnent donc deux trajectoires de fractions de classes assez différentes au sein de l'espace social de Grandmenil. Ces parcours contrastés favorisent des valeurs et des relations différentes à la droite et à la gauche. Magalie évoque d'elle-même une continuité idéologique entre le FN et la droite (« S'il n'y avait pas de représentant du FN, je votais quand même *à droite*, mais dés qu'il y avait l'occasion, je votais FN »). Cette posture, commune chez les cadres du FN local, rapproche Magalie de nombreux électeurs, souvent membres de la petite bourgeoisie économique, qui oscillent entre la droite parlementaire et le FN (Mayer, 1997 ; Marchand-Lagier, 2017). La militante justifie aussi son engagement au FN par « un sentiment de révolte » qui recoupe notamment les enjeux fiscaux, thème plutôt porté par la droite politique, même si on perçoit dans son discours une oscillation entre la critique de l'État et des élites :

> *Magalie :* C'est un peu la prise de conscience de la quarantaine, c'est maintenant qu'il faut faire quelque chose, pas plus tard, un sentiment de... de révolte.
> *Enquêteur :* Par rapport à quoi, la révolte ?
> *Magalie :* La TVA, les retraites, la fiscalité, le pouvoir d'achat... la TVA par exemple, on le voit dans le magasin. On nous dit qu'il n'y a pas assez d'argent alors qu'il y en a énormément qui rentre, on voit l'incohérence entre ce qu'on dit et la réalité du terrain.

De manière plus minoritaire, quelques membres du FN local (deux sur les quinze interrogés) étaient précédemment de gauche. Des études quantitatives ont montré que ces transferts étaient rares et qu'en milieu populaire le FN mobilise surtout des fractions peu politisées ou qui votaient auparavant à droite (Mayer, 1997 ; Gougou, 2015). De manière complémentaire, l'entretien compréhensif révèle combien les catégories politico-normatives comme la droite et la gauche ont perdu en signification auprès des cercles populaires que fréquente Sylvie. Plus précisément, elles ont des significations, mais irréductibles à celles que les professionnels politiques et les classes aisées associent au même signifiant :

> *Enquêteur :* Vous n'avez jamais voté pour d'autres partis ?
> *Sylvie :* Si j'étais beaucoup PS, à l'époque de Mitterrand, et puis, c'est la vie qui a fait que...
> *Enquêteur :* Vous avez été déçue par le PS ?
> *Sylvie :* Oh, pas spécialement, déçue de tous les politiques. Quelque soit le parti, c'est les magouilles, c'est pour leurs poches, et puis, seulement après, c'est pour nous, les petits. Que ça soit socialiste, communiste, la droite... et puis même le FN, faut pas rêver ! Marine, c'est pas le bon Dieu. Mais bon, on verra bien.
> *Enquêteur :* Et Mitterrand ?
> *Sylvie :* Il a fait beaucoup de choses de bien quand même... Moi j'aimais bien, quand même, l'époque de Mitterrand. C'était des belles années.
> *Enquêteur :* Vous vous dites toujours de gauche ?
> *Sylvie :* Oui. La droite, de toute façon, je sais pas, j'aime pas leur politique, j'aime pas la droite. Je crois que ceux qui sont socialistes, plus que ceux de droite, ils tournent plus vers le FN. Dans ma famille, mon père, mes frères, ils étaient tous socialistes, mais maintenant, ils sont FN.

Loin de traduire une adhésion militante, sa préférence initiale pour le PS semble d'abord refléter une norme diffuse de ses cercles d'appartenances, notamment familiaux. Elle explicite peu ce que recouvre le fait « d'être PS », dit toujours apprécier François Mitterrand – sur fond, peut-être, de nostalgie –, croit peu aux promesses des *leaders* politiques, y compris celles de « Marine » Le Pen, et affirme ne pas apprécier la droite, sans expliquer pourquoi.

Des lectures contrastées du programme du parti

On constate aussi un décalage des valeurs de ces deux femmes, qui n'attendent pas la même chose du parti. Plusieurs enquêtes sur le FN en milieu populaire (Mauger & Pelletier, 2017) pointent pourtant l'affinité entre ses discours et la diffusion de la « conscience sociale triangulaire » analysée par Olivier Schwartz (2009). Les classes populaires frontistes exprimeraient un double rejet du « haut » (les élites) et du « bas » (« assistés » et immigrés) de l'espace social. Si ce modèle souligne à raison l'effet des antagonismes du quotidien sur les politisations, la manière de se situer entre le « haut » et le « bas » varie selon les personnes. Les positions sur « le social » s'inversent ainsi selon les statuts socio-professionnels des membres du FN. Comme je l'interroge sur les soutiens précaires du parti, parfois dénigrés localement, Magalie en profite pour livrer sa lecture du programme du FN, hostile aux bénéficiaires d'aides sociales. Pour elle, le FN est « de droite » et (socialement) d'un certain « côté » :

> *Magalie :* Eux [les sans-emploi engagés au FN] s'ils se mettent à droite, les avantages sociaux, ils n'auront plus rien. Nous aussi [les cadres locaux du parti], on a été interpellé par ça, on s'est dit peut-être qu'ils ne comprennent pas le système, ils se disent « On est FN », mais sans chercher de quel côté est le FN.

Au contraire, étant elle-même au chômage suite à un licenciement économique, Sylvie affirme que « c'est dur de trouver du boulot dans le coin », manière de reporter les causes du non-emploi sur les employeurs. Elle se définit à plusieurs reprises comme étant (socialement) « du côté » des « petits » et de divers métiers subalternes. Elle se montre plus favorable que Magalie aux politiques redistributives, sans pour autant les associer à « la gauche ». Son ton assuré montre que, si elle maîtrise peu les classements du champ politique, cela ne l'empêche pas d'exprimer des jugements sur la société :

> *Enquêteur :* Qu'est-ce que vous pensez des mesures comme augmenter l'âge de la retraite ?
> *Sylvie :* Non, il faut pas. Les ouvriers qui font les routes, les maçons, ceux qui font les durs métiers, il faut quoi alors ? Qu'ils attendent 70 ans pour être en retraite ?... Ils [ne] la verront pas. Non, il faut que les vieux ils aient leur retraite tranquille, et puis mettre les jeunes au boulot. Vous, vous allez travailler jusqu'à 70 ans ? Peut-être que vous [ne] la verrez pas. Avec tout le chômage qu'il y a, c'est un peu bête, non ?

Certains discours du FN favorisent cependant des représentations communes aux deux militantes. Tous en se défendant d'être « racistes », les deux expriment des formes d'hostilité aux « étrangers ». Même concernant ce thème central pour le parti, les sens de la xénophobie varient selon les ancrages sociaux. Condamnant l'accueil de « migrants » par la commune, Magalie explique ainsi « qu'on a déjà bien assez de cas sociaux à Grandmenil ». Le rejet des immigrés est donc fortement couplé ici avec celui de « l'assistanat ». Sylvie tient pour sa part des propos hostiles aux « Roumains », qu'elle décrit comme inciviques, en s'appuyant sur des expériences plus personnalisées, rapportées par ses connaissances : « Qu'on les aide, d'accord, mais pas comme ça... Eux, on leur paie tout, l'électricité, le gaz. » Son hostilité reflète donc moins une critique *en soi* de l'État social qu'une concurrence pour accéder à ses ressources et un souci de légitimer ses droits, en tant que « française ». Au delà des enjeux politiques nationaux, les relations de ces femmes avec les élus municipaux « sans étiquettes » sont elles aussi très différentes, ce qui reflètent des rapports contrastés aux autorités établies.

Une même adhésion conservatrice à l'ordre social ?

Magalie semble attachée à préserver sa respectabilité locale. Cette posture la conduit souvent à prendre ses distances avec le FN. Elle explique refuser de suivre certaines consignes de votes de la direction au sein du conseil municipal pour ne pas créer de tension et évite, plus généralement, les conflits avec les élus sans-étiquettes et les habitants de la ville :

> *Magalie :* On nous invite à participer, monsieur le maire n'est pas de notre bord, mais il ne nous met pas à l'écart, mais moi la politique, c'est à côté ! C'est mon métier d'abord : j'ai des responsabilités, je travaille tout le temps, je peux ne pas dire à mon patron que je vais passer mon après-midi à la mairie. Donc je ne suis pas très investie dans le monde politique, non... J'essaye doucement de me faire connaître et de dédiaboliser, tout ça, tout le monde me connaît à Grandmenil, j'ai toujours habité ici, les gens savent très bien qui je suis, ils ne vont pas dire « Ah oui, c'est la racaille du coin, c'est normal (qu'elle milite au FN). »

Le rapport de Sylvie au pouvoir local est plus conflictuel, ce qui traduit aussi une distance sociale plus grande. La même année où elle rallie le FN, en 2012, elle avait pris la tête de la protestation locale contre la taxation au poids des ordures ménagères visant à inciter au tri. La mesure intercommunale implique la location, pour 90 euros par mois, de poubelles « connectées », un surcoût considérable pour les plus modestes. Sylvie qui appelle à manifester, sur Facebook, ce qui la conduit à une série de conflits avec Bernard Simon, le maire sortant de gauche :

> *Sylvie :* Ils ont fait une réunion à la maison du peuple, avec le président de la Comcom [l'intercommunalité]. Je me suis pris un peu la tête avec eux, le Simon il voulait pas me donner le micro, donc j'ai arraché le micro et j'ai parlé quand même [...] Après, y a eu les flics qui sont venus me voir, vu que la deuxième manif a un peu dégénérée. Chacun avait ramené sa poubelle devant la mairie, les flics sont arrivés, puis des jeunes ont mis le feu aux poubelles... C'est un peu parti en cacahuète. Le maire, il a reçu aussi des œufs, et puis voilà. Donc, je me suis retrouvée aux flics et puis un coup, juste après ça, je croise le Bernard. Il me regarde et « Bonjour » il me dit... Moi, je lui ai répondu « Je t'emmerde, ton bonjour, tu peux te le garder. »

Les récits de Magalie et Sylvie illustrent combien les affinités et répulsions quotidiennes, plus que les discours, jouent sur les processus d'engagement au FN, dont elles n'attendent pas les mêmes rétributions (Gaxie, 1978). Plus généralement, les rapports de ces deux femmes avec les élus locaux nuance l'association entre droite et conservatisme. Selon les historiens des idées, un invariant des droites consisterait dans la perception positive des autorités établies, qu'il s'agisse du domaine économique, familial ou encore politique (Donegani & Sadoun, 1992, p. 778-779 ; Sirinelli, 1992, p. 868-869). Autrement dit, du point de vue des intellectuels, les gens de droite adhéreraient à l'ordre social, les gens de gauche seraient contestataires (Terray, 2012). Un tel schème s'applique relativement bien aux membres du FN plus aisés, comme Magalie. Hostile

« au social », s'identifiant à la classe moyenne « respectable », désireuse de montrer son « sérieux » et son « mérite », au travail comme en politique, ses représentations évoquent la *conscience sociale légitimiste* que j'ai observée chez des militants de l'UMP en banlieue parisienne, désireux de s'éloigner du « bas » et de fréquenter « les gens biens », c'est-à-dire les élites du pôle économique (Challier, 2021, p. 182-186). Le conservatisme apparaît moins évident pour interpréter des engagements FN populaires comme celui de Sylvie. Son ralliement est loin de traduire son respect des hiérarchies et refléterait même plutôt, à l'inverse, une *conscience protestataire* (Challier, 2021, p. 186-188), plus hostile aux élites qu'à « ceux d'en bas », vision assez semblable à celle qu'exprimeront, en 2018, les Gilets jaunes locaux. En ce sens, le fait que des précaires se déplacent vers l'extrême droite traduit moins leurs adhésions à « l'ordre naturel » que leur distance sociale vis-à-vis des représentants politiques locaux. En 2014, le FN Grandmenil présentait ainsi trois quart d'ouvriers, employés et sans-emplois parmi ses vingt-neuf candidats, des catégories sociales largement sous-représentées sur les listes de droite (un tiers des candidats) et de gauche (un septième des candidats).

Conclusion

Le modèle de la droitisation, selon lequel les évolutions conservatrices du champ politique se diffuseraient tels quelles dans le monde social, est peu opérant pour penser les politisations des classes populaires, groupes majoritairement distants des formes politiques spécialisées. Les segments populaires de droite ont toujours existé et ne reflètent pas un basculement inédit. Le schème passe sous silence la défiance plus générale des classes populaires aux représentants en général, droite et extrême droite incluses, qui s'est aussi reflété à l'occasion des Gilets jaunes. Parler de droitisation encourage enfin un biais, intellectualiste, selon lequel les valeurs associées à la droite ou à la gauche relèveraient d'évidences universelles. Sur le terrain, les usages sociaux des catégories droite/gauche sont souvent déconnectés de l'offre partisane. Quand ils persistent, ils expriment des antagonismes du quotidien opposant précaires et établis, secteur privé et secteur public, ou encore enseignants et petits patrons. Si la notion de droitisation est pertinente pour analyser les évolutions idéologiques des « virtuoses » politisés (Gaxie, 1978), on peut se demander si elle ne perd pas en force explicative à mesure que les groupes étudiés sont plus éloignés du champ politique et de ses enjeux.

Le modèle de la droitisation n'est ainsi guère plus convaincant pour comprendre les motivations de néo-adhérentes du FN. Même chez ces dernières, les logiques de politisation sont sinueuses et varient en fonction des trajectoires. Certaines préférences politiques initiales persistent à l'engagement FN, les enquêtées se décrivant toujours comme « de gauche » ou « de droite ». Magalie et Sylvie n'adhèrent pas à ce parti pour les mêmes raisons et interprètent différemment le programme du parti. Comme beaucoup de simples militants (Challier, 2021) et, encore plus, d'électeurs (Collectif SPEL, 2016), leurs proximité à un parti reflète des ressorts sociaux autant (sinon plus) qu'idéologiques, notamment l'évolution de leurs sociabilités ou de leurs relations aux élus locaux, plutôt qu'une conversion doctrinale aux discours de Marine le Pen, qu'elles ne reçoivent que de manière ponctuelle et sélective. Le décalage avec les catégories du champ politique est encore plus prononcé chez des acteurs populaires comme Sylvie, qui semble peu au fait des liens qui pourraient être faits par les spécialistes entre ses jugements et le fait d'être « à droite » ou « à gauche ». Finalement, pour l'ethnographe des politisations populaires, ce sont bien ces usages profanes du clivage droite/gauche qui sont pertinents pour mener une analyse compréhensive, plus que la mesure de grands basculements idéologiques collectifs, qui concernent principalement les élites sociales et politiques.

Bibliographie

Audigier F. & Schwindt F. (dir.) (2009), *Gaullisme et Gaullistes dans la France de l'Est sous la IVe République*, Rennes, Presses universitaires de Rennes.
Avanza M. (2009), « Les femmes padanes militantes dans la ligue du nord, un parti qui "l'a dure" », *in* Fillieule O. & Roux P. (dir.), *Le Sexe du militantisme*, Paris, Presses de Sciences Po, p. 143-165.
Beaumont A., Challier R. & Lejeune G. (2018), « En bas à droite. Travail, visions du monde et prises de position politiques dans le quart en bas à droite de l'espace social », *Politix*, n° 122, p. 9-31.
Bizeul D. (2003), *Avec ceux du FN. Un sociologue au Front national*, Paris, La Découverte.
Braconnier C. & Dormagen J.-Y. (2010), « Le vote des cités est-il structuré par un clivage ethnique ? », *Revue française de science politique*, vol. 60, n° 4, p. 663-689.
Challier R. (2021), *Simples militants. Comment les partis démobilisent les classes populaires*, Paris, Puf.
Collectif SPEL (Sociologie politique des élections) (2016), *Les Sens du vote : une enquête sociologique, France, 2011-2014*, Rennes, Presses universitaires de Rennes.
Donegani J.-M. & Sadoun M. (1992), « Les droites au miroir des gauches », *in* Sirinelli J.-F. (dir.), *Histoire des droites en France – Tome 3 : Sensibilités*, Paris, Gallimard, p. 669-688.
Fillieule O. (2001), « Propositions pour une analyse processuelle de l'engagement individuel », *Revue française de science politique*, vol. 51, n° 1-2, p. 199-215.
Gaxie D. (1977), « Économie des partis et rétributions du militantisme », *Revue française de science politique*, vol. 27, n° 1, p. 123-154.
Gaxie D. (1978), *Le Cens caché, inégalités culturelles et ségrégation politique*, Paris, Seuil.
Girard V. (2017), *Le vote FN au village. Trajectoires de ménages populaires du périurbain*, Vulaines-sur-Seine, Éditions du Croquant.
Gougou F. (2015), « Les ouvriers et le vote Front National. Les logiques d'un réalignement électoral », *in* Crépon S., Dézé A. & Mayer N. (dir.), *Les Faux-semblants du Front national : sociologie d'un parti politique*, Paris, Presses de Sciences Po, p. 323-344.
Hochschild A. (2016), *Strangers in Their Own Land. Anger and Mourning on the American Right*, New York, The New Press.
Jarness V., Flemmen M. P. & Rosenlund L. (2019), « From Class Politics to Classed Politics », *Sociology*, vol. 53, n° 5, p. 879-899.
Latté S. & Hupfel S. (2018), « Des "ouvriers en costume-cravate" ? Mobilité économique et ancrage à droite des classes populaires frontalières », *Politix*, n° 122, p. 131-161.
Lazarsfeld P., Berelson B. & Gaudet H. (1944), *The People's Choice. How the Voter Makes Up His Mind in a Presidential Campaign*, New York, Duell Sloan and Pearce.
Marchand-Lagier C. (2017), *Le Vote FN : pour une sociologie localisée des électorats frontistes*, Louvain-la-Neuve, De Boeck supérieur.
Mauger G. (2017), « Un champ politique illisible », *Savoir/Agir*, n° 39, p. 102-108.
Mauger G. & Pelletier W. (dir.) (2017), *Les Classes populaires et le FN : explications de vote*, Vulaines-sur-Seine, Éditions du Croquant.
Mayer N. (1997), « Du vote lepéniste au vote frontiste », *Revue française de science politique*, vol. 47, n° 3-4, p. 438-453.
Mischi J. (2016), *Le Bourg et l'Atelier. Sociologie du combat syndical*, Marseille, Agone.
Rémond R. (1954), *Les Droites en France*, Paris, Aubier-Montaigne.
Schwartz O. (2009), « Vivons-nous encore dans une société de classes ? Trois remarques sur la société française contemporaine », *La Vie des idées*, septembre, https://laviedesidees.fr/Vivons-nous-encore-dans-une.html.
Sirinelli J.-F. (1992), « Les droites et l'histoire », *in* Sirinelli J.-F. (dir.), *Histoire des droites en France – Tome 3 : Sensibilités*, Paris, Gallimard, p. 669-688.
Terray E. (2012), *Penser à droite*, Paris, Galilée.
Vignon S. (2014), « Les élections municipales au village : un scrutin consensuel ? Quelques éléments à partir du département de la Somme », *Métropolitiques*, https://metropolitiques.eu/Les-elections-municipales-au.html.

For what it's worth : la droitisation « par en bas » n'a pas eu lieu

For what it's worth: The rightward-turn "from below" did not happen

par **Vincent Tiberj** *

Introduction : un paradoxe électoral

Pourquoi questionner la droitisation en France après l'élection présidentielle de 2022 ? L'extrême droite n'a jamais obtenu autant de voix au premier et au second tour : 23,2 % des voix pour Marine Le Pen, plus 7 % pour Éric Zemmour, et 41 % des suffrages au second tour. Pour la deuxième fois consécutive, la gauche était absente du second tour et son score cumulé au premier tour, 32 %, reste particulièrement faible. En 2012, elle pesait 43,8 % des suffrages. Enfin Emmanuel Macron a été réélu largement. Même si les législatives ont permis à la gauche réunie dans la NUPES de reprendre pied à l'Assemblée nationale avec 151 députés répartis dans quatre groupes, le RN compte désormais 89 députés et la coalition présidentielle reste de loin la mieux représentée.

La gauche d'en haut, celle qui recueille les voix, est minoritaire, mais est-ce le cas des valeurs de gauche ? Les demandes de redistribution, la tolérance, l'acceptation des minorités ont pourtant beaucoup progressé dans les dernières années. Notre thèse est que votes et valeurs diffèrent et que le tropisme vers la droite des premiers va à l'encontre des évolutions normatives de l'électorat. Les élections de 2022 sont donc une défaite « à contre-courant » pour la gauche qui doit être interrogée.

Les urnes ont effectivement parlé, mais se borner à ne comptabiliser que des noms sur un bulletin et en déduire des équilibres politiques stables est trompeur. La sociologie électorale a amplement démontré que les résultats des élections sont aussi des « artefacts » dépendants des contextes, de la campagne, des enjeux, des stratégies des acteurs et même des personnalités des candidats (pour une revue de littérature, voir Jacobson, 2015). D'autres campagnes présidentielles étaient possibles, mobilisant d'autres enjeux, faisant apparaître d'autres propositions politiques avec sans doute d'autres résultats. Aurait-on connu les mêmes conclusions si la campagne avait été plus intense ? Si l'on avait davantage parlé climat, pouvoir d'achat ou inégalités sociales ? On sait depuis longtemps que les campagnes sont à la fois des moments qui viennent remobiliser et réaligner les citoyens (Hansen & Pedersen, 2014 ; Tiberj *et al.*, 2013), mais aussi des moments où les différents acteurs vont tenter d'imposer les enjeux qui leur conviennent, d'éviter ceux qui leur sont défavorables (« *agenda effect* ») et d'imposer leurs manières de les problématiser, de les cadrer (« *framing effect* »).

Chaque campagne est unique et celle de 2022 a été particulièrement défavorable aux valeurs de gauche, notamment par l'agenda et les cadrages dominants. La crise sanitaire et l'invasion de l'Ukraine ont minoré la place médiatique qui était généralement consacrée à la présidentielle. Le président sortant a retardé le plus possible son entrée en campagne (comme François Mitterrand en 1988) et, ce faisant, a contribué à réduire l'espace médiatique de la campagne et de ses concurrents. Qui dit moins de temps d'antenne, dit aussi moins de possibilités de couvrir l'ensemble des enjeux et des programmes et donc moins de possibilités pour les électeurs de s'informer et de pouvoir relier valeurs et candidats qui y correspondent. On a également assisté à une mise à l'agenda particulièrement réussie autour des questions d'immigration, de « grand remplacement » et d'identité, au détriment pour-

* Professeur des Universités, Sciences Po Bordeaux, Centre Émile Durkheim
Science Po Bordeaux, 11 allée Ausone, 33607 Pessac CEDEX, France
v.tiberj@sciencespobordeaux.fr

SOCIOLOGIE, 2023, N° 1, vol. 14, 111-120

tant des demandes de l'électorat [1]. Cette mise à l'agenda s'est également accompagnée d'une centralisation de la campagne sur la candidature d'Éric Zemmour (Sécail, 2022 ; Hervé, 2022).

Mis bout à bout, ces différents éléments ont pesé sur les comportements électoraux, en mettant en avant certains débats plutôt que d'autres, certaines priorités plutôt que d'autres, certaines valeurs plutôt que d'autres. À propos des valeurs et des votes, Étienne Schweisguth avait proposé une métaphore « des cordes » : les candidats pouvaient jouer sur une dimension de valeurs (socio-économiques, culturelles, environnementales) ou sur une autre, faire vibrer une ou plusieurs dimensions et ainsi produire des résultats électoraux différents. L'important est ici de rappeler que votes et valeurs ne sont pas synonymes et que les votes ne reflètent donc pas forcément l'état normatif des électeurs.

Dans cet article, je ferai le point sur les évolutions des valeurs depuis les années 1970, avant de montrer comment les valeurs se sont traduites en votes en 2022. C'est ainsi que le hiatus entre valeurs et votes pourra être expliqué. Un retour préliminaire sur les notions de droitisation et de politisation des valeurs est néanmoins nécessaire pour expliquer comment se construit cette analyse.

Remarques sur les notions de droitisation par en bas et de politisation valeurs

Il va s'agir ici d'interroger et de réfuter la thèse de la droitisation par en bas. Néanmoins, il convient d'abord de définir cette notion. Le « par en bas » implique de se concentrer sur les citoyens, alors qu'on les laisse trop souvent au second plan. Par conséquent, je mettrai de côté les mécaniques à l'œuvre dans les partis et l'offre politique en général (voir sur ce point Lefevbre, 2022), ainsi que dans les sphères médiatiques et intellectuelles (Mattonti, 2021 ; Mahoudeau, 2022). Certes, une partie de ce qui se passe en haut pèse sur les dynamiques d'en bas, comme on le verra, mais les citoyens évoluent aussi de manière autonome, notamment avec la diffusion de nouvelles normes à travers la « socialisation inversée » des enfants vers leurs ascendants, par exemple.

Le terme le plus complexe reste celui de droitisation, qui ne provient pas de la sphère scientifique et relève souvent d'une logique de justification de la part des acteurs politiques et médiatiques. La droitisation serait la « tendance à faire prévaloir les idées de droite » (dictionnaire *Larousse*, 2022). Mais dire que « les Français se sont droitisés » est une phrase ambiguë : elle peut être le constat d'un mouvement vers du conservatisme, mais aussi être une affirmation que certains acteurs espèrent autoréalisatrice, ou même une justification pour un candidat ou un parti afin d'expliquer leurs évolutions programmatiques. Se pose aussi la question de ce qu'on mesure : des voix exprimées, des positionnements sur un axe gauche/droite ou des valeurs.

Ici j'ai choisi de me centrer sur les valeurs. Ce choix permet de comprendre les évolutions électorales et de démontrer les décalages entre offre politique et positions des citoyens. Sur les votes, deux phénomènes peuvent interagir : des changements de valeurs ou des changements du lien entre offre politique et citoyens. Ainsi, la baisse d'influence de la gauche partisane et notamment du Parti Socialiste, peut alors s'expliquer de différentes manières : soit effectivement le programme défendu ne rencontre plus les priorités des électeurs devenus plus conservateurs ; soit les partis se sont eux-mêmes droitisés et dans ce cas leur perte d'influence tient à leur éloignement de leur base électorale ; soit enfin, c'est la capacité de ce camp à représenter les valeurs des électeurs qui est en cause. Autrement dit, on ne peut traiter de la droitisation sans interroger la connexion électorale, car celle-ci n'est pas une simple courroie de transmission entre les citoyens et l'offre politique.

Se pose aussi la question de ce que sont les valeurs de gauche (ou progressistes) et les valeurs de droite (ou conservatrices). Il est difficile d'essentialiser *a priori* une valeur comme « de gauche » ou « de droite », parce que le périmètre de ces valeurs a évolué dans le temps et s'avère l'enjeu de lutte de classements de la part des acteurs politiques eux-mêmes. Quand on reprend les définitions de la gauche et de la droite établies par André Siegfried (1913), les deux camps

1. D'après un sondage IPSOS SOPRA STERIA pour France Inter réalisé en janvier 2022, 51 % des répondants citaient, parmi leurs préoccupations principales, le pouvoir d'achat, 32 % le système de santé, 30 % l'environnement, 29 % l'immigration, 26 % l'épidémie de COVID, 24 % la délinquance et 22 % les inégalités sociales, ce qui ne reflète pas l'agenda médiatique.

s'opposent essentiellement sur la question du régime (république ou monarchie) et sur la religion (catholicisme contre sans-religion). La question sociale n'entrait pas dans l'équation. Cela pouvait expliquer pourquoi des petits propriétaires agricoles étaient considérés par l'auteur comme l'un des groupes sociaux les plus favorables à la gauche, quand leurs lointains descendants se sont illustrés tout au long de la cinquième République comme l'un des bastions du vote conservateur. Néanmoins sur la période qu'on couvre ici, on peut considérer que sont conservatrices les valeurs qui rejettent la diversité, promeuvent le maintien d'une société traditionnelle ainsi que le libéralisme économique ; et sont progressistes les valeurs inverses.

Certaines de ces valeurs pouvaient ne pas être reliées au positionnement politique des individus avant de le devenir par la suite, d'autres pourraient ne plus l'être. Ceci renvoie à la question des différentes dimensions de valeurs et de leur politisation. Autrement dit, il peut y avoir une droitisation sur certaines dimensions, mais pas sur toutes, et les conséquences politiques de cette droitisation peuvent être très différentes selon qu'il s'agit d'une dimension centrale pour structurer les votes ou d'une dimension secondaire. Cela renvoie ici aux fondations sur lesquelles sont structurés les votes et les placements politiques. Ronald Inglehart (1979) avait postulé l'obsolescence de la vieille politique fondée sur les valeurs et les enjeux matérialistes (notamment socio-économiques), et l'émergence d'une nouvelle politique fondée sur les valeurs « postmatérialistes » (centrées sur l'épanouissement de soi et l'identité des individus). Nous avons démontré à plusieurs reprises que les enjeux socio-économiques continuent de travailler les citoyens (Tiberj, 2012, 2017) et qu'au minimum on peut identifier deux dimensions de valeurs qui structurent les votes : cette dimension socio-économique et une dimension culturelle qui intègre les enjeux autour des questions d'immigration, de genre, d'autorité, suivant en cela les analyses de Gérard Grunberg et Étienne Schweisguth (1990). On peut s'interroger sur de nouvelles distinctions autour de la globalisation, ou de l'environnement (Gougou & Persico, 2017), mais on manque encore de recul et d'indicateurs pour pouvoir statuer sur ces nouvelles dimensions.

Les hauts et bas des valeurs de gauche

En matière de valeurs et de dynamiques de valeurs, les perceptions sont souvent trompeuses. Ici encore, les stratégies des acteurs sont déterminantes. Quand on annonce que les Français se seraient convertis au libéralisme économique, ce peut être pour le déplorer et essayer de les remobiliser, ou bien pour considérer que les « vraies questions » sont désormais ailleurs et ainsi éviter d'avoir à rendre des comptes sur l'abandon des questions sociales et économiques. De plus, ces perceptions sont aussi dictées par l'actualité et son traitement et, par conséquent, sont tributaires d'un biais présentiste ou de mise à l'agenda. Parler d'agressions xénophobes, homophobes ou de violences sexuelles et sexistes aujourd'hui ne signifie pas nécessairement que le phénomène est en progression ou qu'il n'existait pas avant.

Pour mesurer les évolutions de valeurs, il faut disposer des indicateurs appropriés. Nous manquons en France de grandes enquêtes longitudinales avec une culture des séries d'opinions à la différence des États-Unis par exemple. On dispose de quelques baromètres stables, comme celui de la Commission nationale consultative des droits de l'homme (CNCDH), à partir de 1990 ou celui de la Direction de la recherche, des études, de l'évaluation et des statistiques (DREES) sur la protection sociale à partir de 2000, alors qu'outre-Atlantique la *General Social Survey* existe depuis 1972. Heureusement, des solutions existent. Ici on s'appuie sur la méthode du « *mood* » élaborée par James Stimson (2018).

James Stimson, Cyrille Thiébaut et moi-même (2012) avons compilé des données de sondage relatives aux valeurs en France depuis les années 1970. Ont été sélectionnées toutes les questions répétées dans le temps à la condition qu'elles présentent une alternative normative claire (libérale/sociale, tolérante/intolérante par exemple) et qu'elles ne mentionnent pas dans leur libellé de parti ou de responsable politique. Cette compilation a pour but de créer ce que J. Stimson a baptisé un « *mood* » (une « humeur »). En France, nous parlons d'« indice longitudinal de préférence ». Ces indices sont une mesure synthétique des évolutions de l'opinion publique sur les dimensions qui intéressent les chercheurs. Cette méthode a un grand avantage : on n'a pas besoin de données exhaustives pour calculer sa valeur, il suffit d'avoir certaines séries. Au final, on obtient donc une note sur une échelle qui peut théoriquement évoluer de 0 à 100 : ainsi, 0 constitue un cas fictif où les citoyens français n'auraient que des demandes économiquement libérales, et 100 celui où chaque individu exprimerait des préférences sociales.

Pour cet article j'ai construit trois indices : un indice sur la dimension des valeurs socio-économiques et deux indices sur la dimension des valeurs culturelles (Figure 1). L'un traite des enjeux autour de la place des femmes et des rôles de genre, de l'acceptation des minorités sexuelles, de l'autorité et des questions sécuritaires, l'autre traite de la tolérance à l'endroit des immigrés, des minorités d'origines et de religion, du multiculturalisme. Ce dernier est très proche de l'indice longitudinal de tolérance (Stimson *et al.*, 2012) qui s'appuie uniquement sur le baromètre de la CNCDH, mais englobe d'autres années et d'autres enquêtes qui incluent ce type de questions.

L'indice longitudinal de préférences sociales couvre la période 1978-2022 et repose sur 108 séries de questions ainsi que sur 785 points de données. On trouve notamment des questions relatives à la place de l'État dans l'économie, au nombre de fonctionnaires, au montant du RMI puis du RSA. *L'indice longitudinal de préférences culturelles* se fonde sur 28 séries et 211 points de données sur la même période. Les questions portent sur la peine de mort, la sévérité des tribunaux, la place des femmes ou encore l'adoption par les couples homosexuels. Enfin, *l'indice longitudinal élargi de tolérance* agrège 98 séries de questions et 1016 points de données depuis 1984. On y retrouve des séries sur le nombre d'immigrés, sur leur place dans l'économie, sur les opinions à l'endroit des juifs ou des musulmans par exemple. Ces deux derniers indices sont très fortement corrélés (+0,82) alors que les liens avec l'indice longitudinal de préférences sociales sont beaucoup plus faibles (+0,25 avec celui de préférences culturelles et +0,24 avec l'indice de tolérance).

L'indice de préférences culturelles raconte une « révolution tranquille » en France, ce qui n'est pas forcément ainsi que les acteurs et associations qui ont permis ces changements perçoivent les années écoulées. Le niveau de l'indice était de 45 dans la décennie 1980 puis il a dépassé pour la première fois le seuil des 50 autour de 1994, pour ne plus jamais redescendre en dessous. Il a dépassé les 55 pour la première fois en 2000, puis a atteint les 60 en 2016. Pour l'heure, son maximum 68,5 a été atteint en 2021 et il est estimé à 66,5 en 2022. Une approximation linéaire, qui impliquerait une progression continue de l'indice, en serait un bon résumé puisque cette droite expliquerait 86 % de la variance de la courbe. Bien sûr, on constate des retours en arrière, synonymes de crispation des opinions, et ces retours correspondent à des périodes bien particulières de politisation de ces enjeux. Par exemple l'indice a chuté après l'élection de François Hollande, particulièrement en 2013 (-4 points en un an) et cette baisse n'a été résorbée définitivement qu'en 2016. Elle correspond aux débats autour du mariage pour tous et à la mobilisation des catholiques pour empêcher l'adoption de la loi Taubira. On retrouve la même évolution de l'indice au moment du PACS. Mais sur le long terme, les conceptions de la place des femmes et l'acceptation des minorités sexuelles ont considérablement évolué. On a régulièrement demandé si « l'homosexualité est une manière acceptable de vivre sa sexualité » : en 1981 la proportion de réponses positives était de 29 %, alors qu'en 1995 elle atteint 62,5 %, puis 80 % en 2005 et dépasse 90 % dans les années 2010. L'adoption par les couples homosexuels était acceptée par 32 % des répondants en 2000, c'est désormais 66,5 % des répondants en 2021. On retrouve ce type de progression dans l'opposition à la peine de mort : les anti-peine capitale pesaient 36,5 % en 1988 ; en mars 2022, ils sont 63,5 %.

Les évolutions sont plus contrastées pour l'indice longitudinal élargi de tolérance. Une approximation linéaire n'explique plus que 64 % de la variance, ce qui dénote bien une évolution globale vers plus d'ouverture à l'immigration, mais aussi des ruptures qui marquent des moments de crispation ou de forte progression de la tolérance. Pour se rendre compte de la progression de la tolérance sur le long terme, on peut reprendre certaines questions anciennes. Le soutien au droit de vote des étrangers était de 34 % en 1984, alors qu'en 2022 il est de 58 % (et a même atteint 66 % en novembre 2011, six mois avant l'élection de François Hollande). En 1992, 44 % des répondants considéraient que les immigrés sont une source d'enrichissement culturel ; en 2022, ils sont 76 % ; en 1988, 69 % des répondants considéraient qu'il y a trop d'immigrés en France ; ils ne sont plus que 53 % en 2022.

À partir du baromètre de la CNCDH, j'ai pu prouver que les préjugés xénophobes reculent grâce à plusieurs phénomènes de moyen terme, à commencer par le renouvellement générationnel et l'élévation du niveau de diplôme (Tiberj, 2020). S'opposer au mariage d'un de ces enfants avec une « personne noire » : 68 % des membres de la cohorte 1940-1955 trouvent cela grave en 2022, contre 75 % des individus nés entre 1956 et 1977, et 89 % des individus nés après. 54 % des membres de la cohorte 1940-1955 considèrent qu'ils ne se sentent plus chez eux en France. Dans la cohorte 1977 et après, ils sont 36 %. Mais, en vieillissant, les cohortes du

Figure 1 : Indices longitidinaux de préférences sociales, culturelles et de tolérance (1978-2002)

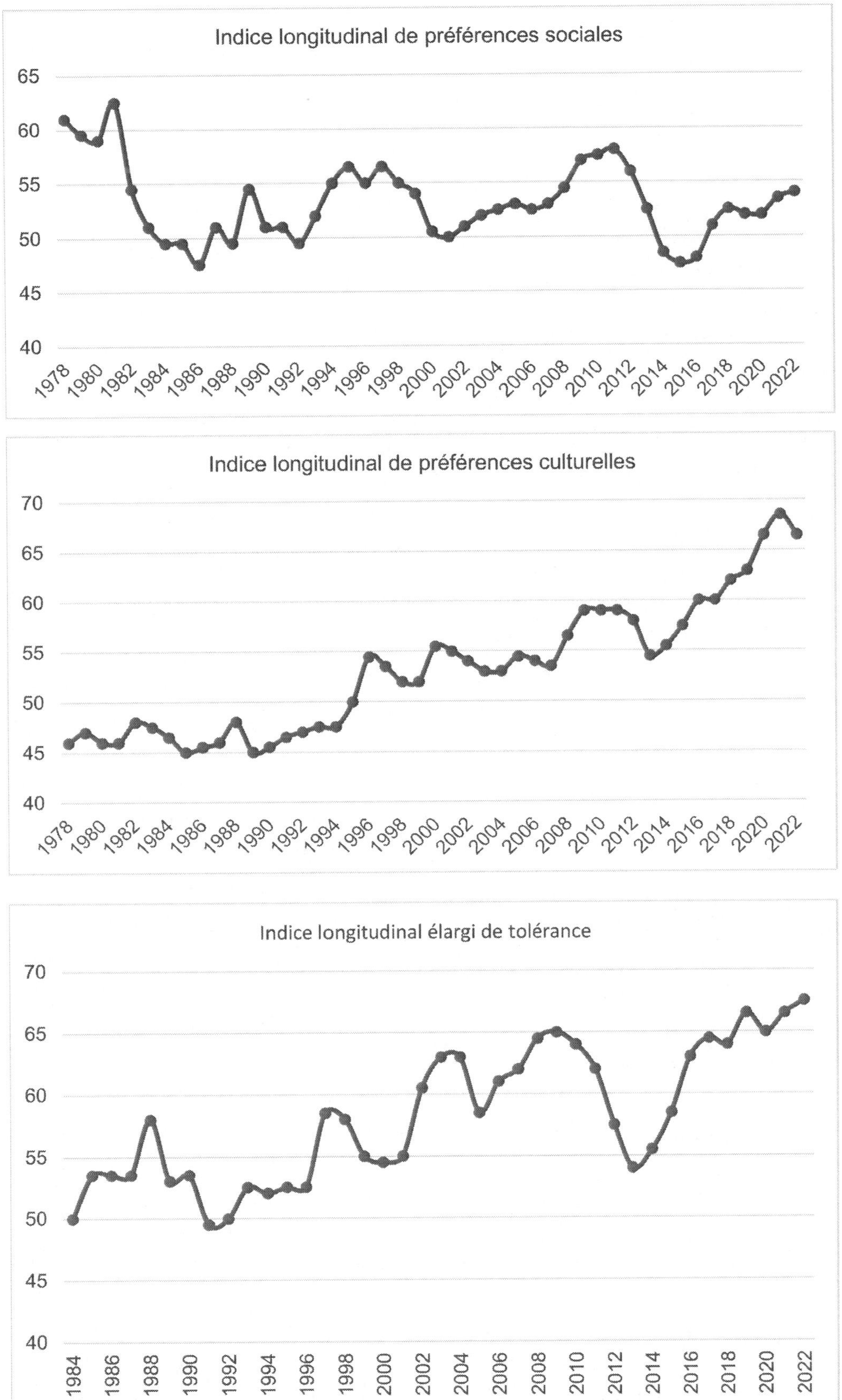

Sources : données compilées par James Stimson, Cyrille Thiébault et Vincent Tiberj. Calculs de l'auteur à partir du logiciel Wcalc.

Baby-Boom ne sont pas devenues plus xénophobes, au contraire : en 1999, 62 % ne se sentaient plus chez eux en France alors qu'ils avaient entre 44 ans et 59 ans. On retrouve aussi derrière les évolutions sur les questions de genre ou d'acceptation des LGBTQIA+.

À côté de ces mouvements de moyen terme, on constate toujours des variations, soit vers plus soit vers moins de tolérance, car ces attitudes dépendent des débats et des cadrages dominants au moment des enquêtes. Ce ne sont pas les évènements en tant que tels qui pèsent directement sur les opinions des individus, mais la manière dont ces évènements sont « interprétés » par les élites politiques, sociales et médiatiques. Leurs responsabilités sont donc particulièrement importantes pour créer un récit dominant. Par exemple, lors des violences urbaines de 2005, la focale autour « d'émeutes musulmanes » a été particulièrement présente dans les débats français, au détriment d'autres manières de couvrir et d'interpréter ces évènements, en termes d'inégalités sociales ou de relégation urbaine par exemple (Tiberj, 2008). Ce « prisme musulman » a eu des conséquences majeures sur la montée de l'islamophobie et de la xénophobie dans certaines strates de l'opinion publique puisqu'il a abouti à une baisse de l'Indice longitudinal de tolérance de six points. À l'inverse, les attentats de janvier 2015 ont été l'occasion de « sortir par en haut », grâce notamment aux manifestants « *Je suis Charlie* », qui prônaient la tolérance, le refus des amalgames et l'attachement à la liberté d'expression, et non le rejet de l'islam et des immigrés (Mayer & Tiberj, 2016). Les citoyens, quelles que soient leurs caractéristiques sociales et politiques, sont ambivalents sur ces questions, comme l'a montré Paul Kellstedt (2003) pour les Américains. En chacun de nous coexistent des dispositions à l'ouverture aux autres et à la fermeture. La domination des unes sur les autres dépend du contexte dans lequel évoluent les individus, de leur voisinage, de leurs réseaux interpersonnels et des discussions qui s'y déroulent, mais aussi de la manière dont les élites politiques, médiatiques et sociales racontent l'immigration et la diversité.

Les variations de l'indice s'expliquent aussi par la couleur politique du gouvernement, selon « l'effet thermostatique » (Wlezien, 1995). Quand la droite est au pouvoir (par exemple entre 1993 et 1997 et entre 2002 et 2012), la tolérance progresse, tandis qu'un gouvernement de gauche induit une baisse de la tolérance (par exemple avant 1993 ou entre 1997 et 2002 et surtout lors des premières années du mandat Hollande). Plusieurs mécanismes peuvent expliquer ce phénomène : le gouvernement fait des mécontents et donc l'impopularité de ses politiques progressent tandis que la parole de l'opposition gagne en crédibilité, d'autant plus quand elle est soutenue par des mouvements sociaux (soit pro-immigration, soit anti-migrant) et par des prises de paroles médiatiques. Que penser du premier mandat d'Emmanuel Macron de ce point de vue ? Si on prend le point 2016, les évolutions de l'indice (+4) amènent à le considérer de droite.

L'indice des préférences sociales n'indique aucune tendance linéaire dans le temps. Une telle approximation explique seulement 5 % de la variance. Cela n'implique pas que ces valeurs n'évoluent pas ou qu'elles ne sont plus pertinentes. Bien au contraire, ces questions continuent à cliver fortement entre les répondants. Si on avait effectivement assisté à une acceptation de plus en plus large des logiques de marché par exemple, l'indice aurait alors dû suivre une tendance à la baisse, ce qui n'est clairement pas avéré.

L'indice social se caractérise par des fluctuations. Elles n'ont que peu à voir avec les indicateurs macro-économiques français, mais suivent bien la logique thermostatique : quand la gauche dirige, l'indice décroît, et inversement quand la droite est au pouvoir. Avec l'élection de F. Mitterrand, la chute des demandes sociales a été particulièrement forte (-7 points entre 1981 et 1986) et même si elles ont réaugmenté entre 1986 et 1987, elles sont restées jusqu'au milieu des années 1990 relativement basses (entre 46 et 48). L'élection de François Hollande arrive après une remontée de l'indice particulièrement forte depuis 2001 : on passe alors de 50 à 58 en 2011. Il y avait bien de fortes demandes sociales au moment de la présidentielle de 2012, avec un niveau qui n'avait plus été atteint depuis les années 1970. La chute de l'indice entre 2011 et 2016 est alors d'autant plus étonnante que le bilan en termes de politiques publiques de François Hollande n'a pas grand-chose de comparable avec celui de François Mitterrand. En revanche, les évolutions de l'indice social pendant le premier mandat d'Emmanuel Macron sont celles qu'on observe avec des gouvernements de droite. En 2016, les demandes de redistributions étaient particulièrement basses (48), et très proches du minimum historique de 1986 (47,5). En 2021, elles sont remontées de 5,5 points pour retrouver un niveau qui n'avait plus été atteint depuis 2008.

Alors, droitisation par en bas ? Au vu des trois indices, la réponse est négative, surtout si on prend la précédente présidentielle comme point de comparaison. Par rapport à 2016, l'indice de préférences culturelles a progressé de 8,5 points, l'indice élargi de tolérance de 3,5 points et celui de préférences sociales de 5,5 points. Si on prend comme point de comparaison 2011, seul l'indice social est en recul (–4,5 points), mais sur les deux autres indices culturel et de tolérance, la situation est plus favorable pour les valeurs « de gauche » à la fin du mandat d'Emmanuel Macron qu'à la fin de celui de Nicolas Sarkozy.

Connecter les valeurs au vote : la « politique des deux axes »

Dans cette situation, pourquoi la gauche partisane est-elle aussi faible ? Il y a bien sûr une multitude de réponses y compris des facteurs de court terme qui tiennent aux différentes candidatures, aux tactiques politiques, aux différents effets d'agenda et de cadrage ainsi qu'aux évolutions du système médiatique français. Il y a aussi des effets de plus long terme qui tiennent notamment à la politisation des valeurs (on retrouve l'analogie des cordes évoquée précédemment). Certaines valeurs, si elles sont « jouées » pourront peser, au détriment d'autres qui sonnent moins fort ou en mode mineure. Ce lien entre votes et valeurs est maintenant l'objet sur lequel on va se pencher.

On va pouvoir comprendre comment ces positionnements ont pesé sur les choix électoraux, mais également comment certaines valeurs pèsent plus que d'autres en fonction des candidatures. On a décidé de présenter ici uniquement deux dimensions de valeurs, socio-économiques et culturelles, et donc de rassembler les valeurs autour de l'autorité, du genre, des minorités sexuelles et de l'immigration (Figure 2). Cela se justifie par les fortes associations entre ces questions qui avaient déjà été constatées dans les années 1980 à 2000 (Grunberg & Schweisguth, 1990), même si elles commencent à se disjoindre avec le renouvellement générationnel[2]. Chacune de ces dimensions a été construite à partir d'une analyse en composantes principales de l'ensemble des questions traditionnelles disponibles dans l'enquête Youngelect 2022[3].

Une partie importante du hiatus entre valeurs plutôt « à gauche » et votes « plutôt à droite » tient bien à la manière dont les valeurs sont politisées et se reflètent dans les votes. D'abord, les votes de 2022 s'insèrent toujours dans la « politique des deux axes » (Tiberj, 2012). Les votes pour la plupart des candidats trouvent leurs sources à la fois dans les valeurs socio-économiques et les valeurs culturelles, ce qui avait débuté dans les années 1990. Encore en 1988, les votes de gauche et de droite se construisaient uniquement autour des enjeux socio-économiques, les positions sur les valeurs culturelles ne jouant qu'à la marge. En 2022, seul le vote pour Valérie Pécresse apparaît unidimensionnel. Dans son cas, seules les valeurs socio-économiques pèsent : son noyau dur électoral se situe parmi les libéraux (soc--) indépendamment de leurs positions culturelles.

Les noyaux durs électoraux des autres candidats sont des combinaisons de valeurs socio-économiques et culturelles. Ainsi, les chances de voter pour le président sortant progressent avec l'attachement aux libéralismes économique et culturel. Si on prend le troisième quintile culturel on passe ainsi d'une chance de voter pour le président sortant de 8 % chez les moins libéraux à 34 % chez les assez libéraux et 46 % chez les très libéraux. En cela le candidat LREM est bien « de droite » socio-économiquement parlant. Mais cela n'explique qu'imparfaitement ses logiques de vote. Ses meilleurs scores se retrouvent parmi les doublements « libéraux » alors qu'il peine à rassembler les « libéraux conservateurs » : les chances pour que les plus libéraux économiquement et les plus culturellement ouverts votent pour lui sont de 57 % (au premier tour), alors que la probabilité pour les plus libéraux économiquement et les plus conservateurs culturellement n'est plus que de 18 %. Ces derniers ont plus de chances de voter Marine Le Pen (32 %) et autant

2. Parmi les millénials, il y a désormais presque consensus sur la place des femmes dans la société et l'adoption pour les couples homosexuels alors que l'immigration continue de diviser (tout en étant plus accepté que chez leurs aînés). En revanche, chez les *baby-boomers*, le conservatisme culturel et la tolérance à l'immigration restent fortement liés. Accepter l'adoption pour les homosexuels et trouver qu'il n'y a pas trop d'immigrés sont associés à +0,33 (tau-b de Kendall) chez les seconds, contre +0,22 chez les premiers. Pour le lien entre considérer que la place des femmes n'est pas de rester à la maison et trouver qu'il n'y a pas trop d'immigrés les tau-b sont respectivement de +0,30 et +0,11.

3. Enquête coordonnée par Vincent Tiberj et Amaïa Courty (CED, Sciences Po Bordeaux), financée par l'INJEP, la Région Nouvelle-Aquitaine, le CEE de Sciences Po Paris et la Fondation Jean Jaurès et réalisée par Kantar en mai-juin 2022.

Figure 2 : Les logiques normatives du vote au premier tour des élections présidentielles françaises en 2022

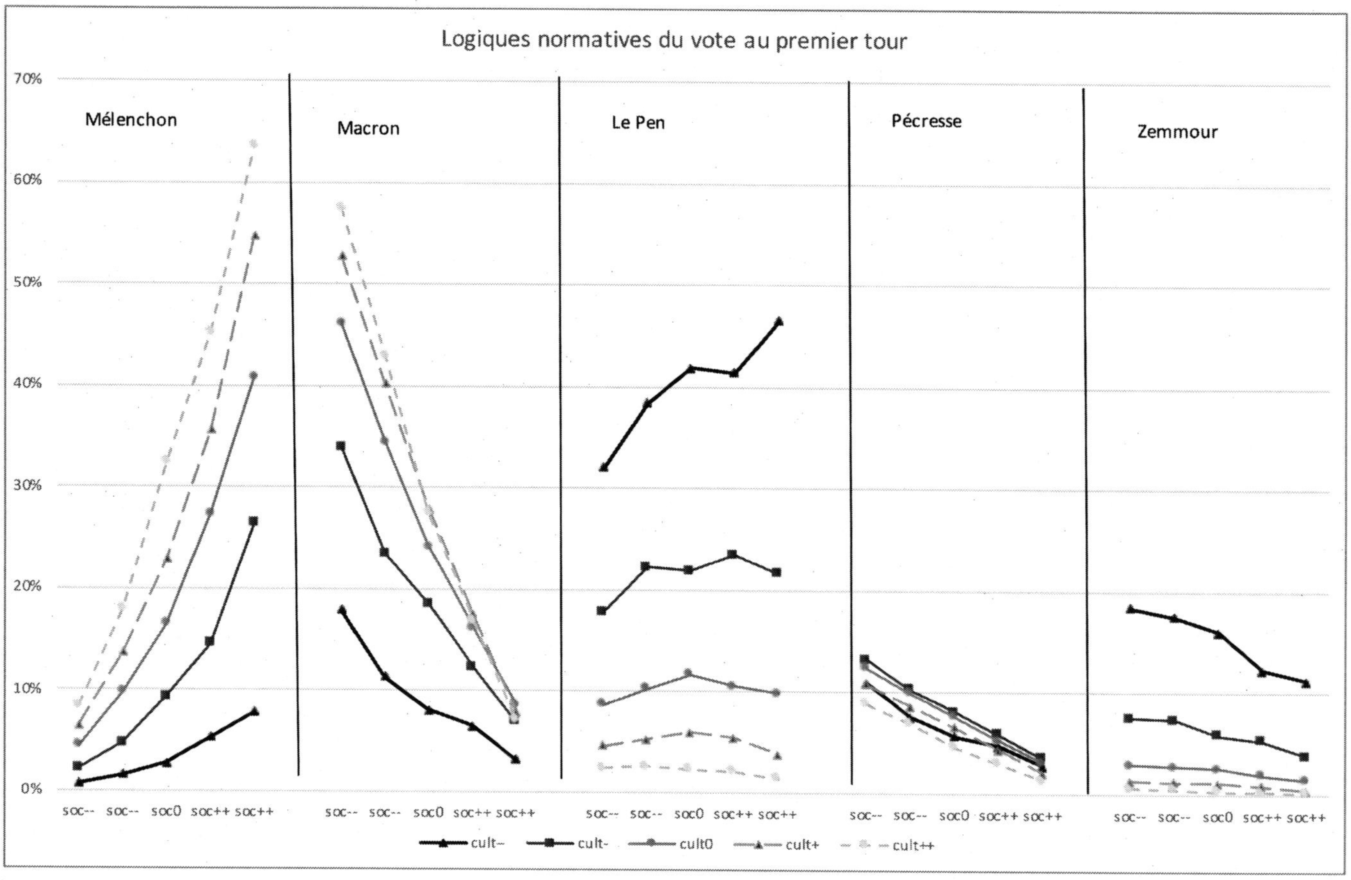

Sources : Enquête Youngelect. Lecture : chances de voter pour un candidat lors du premier tour de la présidentielle en fonction des valeurs socio-économiques et culturelles à partir d'un modèle de régression multinomiale incluant les deux dimensions de valeurs. Par souci de présentation, j'ai regroupé l'échantillon en quintile : des plus redistributeurs (soc++) aux plus libéraux économiquement (soc--) et des plus conservateurs culturellement (cult--) aux plus ouverts (cult++).

de chances de voter Éric Zemmour (18 %). D'ailleurs, Emmanuel Macron marque une différence avec l'ancien monde politique. Nicolas Sarkozy en 2007 et 2012 faisait ses meilleurs scores parmi les libéraux autoritaires (Tiberj, 2012), les libéraux libertaires préférant François Bayrou, mais aussi les candidats socialistes (Ségolène Royal ou François Hollande).

Jean-Luc Mélenchon « ressemble » aux candidats socialistes de 2007 et 2012. Il attire bien à gauche socio-économiquement, mais uniquement parmi ceux attachés à l'ouverture culturelle. Les interviewés très favorables à la redistribution ont une chance de voter pour le candidat insoumis de 64 % s'ils sont aussi parmi les plus ouverts. Mais elle n'est plus que de 8 % s'ils sont culturellement conservateurs. Pour ces derniers, le vote pour M. Le Pen est beaucoup plus probable (46 %).

Enfin, la comparaison entre les électorats de M. Le Pen et É. Zemmour est particulièrement intéressante : tous deux s'ancrent parmi les conservateurs culturels, mais pas les mêmes. Éric Zemmour fait ses meilleurs scores chez les « libéraux conservateurs » et peine à attirer les électeurs conservateurs favorables à la redistribution. Marine Le Pen fait mieux que lui chez les libéraux conservateurs (32 % contre 18 %), mais encore plus chez ceux que Herbert Kitschelt (1997) qualifie de « *welfare chauvinist* » : parmi eux, la probabilité de ce vote atteint 46 %.

Enfin, il y a bien un lien entre vote et enjeux culturels, mais il est faux de considérer que les débats autour de la redistribution, du rôle économique de l'État ou du libéralisme économique sont passés au second plan. Ces valeurs continuent de travailler les différents électorats. En cela, la tentative d'imposer un seul clivage autour des enjeux culturels entre LREM et le RN était déjà invalidée en 2017, et c'est toujours le cas en 2022.

Conclusion

La « politique des deux axes » est l'élément majeur qui permet de résoudre ce paradoxe entre valeurs à gauche et votes à droite, démontrant surtout l'importance de la politisation des valeurs. Depuis l'arrivée d'Emmanuel Macron, on se retrouve dans une situation où les trois acteurs majeurs se neutralisent sur cet espace à deux dimensions, et sans doute bientôt plus quand les oppositions sur l'environnement et le climat vont gagner en importance. En 2022, la gauche a perdu alors qu'en termes de valeurs, celle-ci était dans une situation favorable. Sur la dimension socio-économique, la gauche partisane ne fait pas le plein, parce que la polarisation autour des divisions culturelles la prive des électeurs conservateurs, et pourtant en faveur de la redistribution, qui choisissent Marine Le Pen. Sur la dimension culturelle, la gauche ne récupère pas non plus l'ensemble des électeurs culturellement progressistes, puisque les électeurs libéraux socio-économiques et ouverts se sont plutôt alignés sur Emmanuel Macron. C'est le cas de la gauche, mais également des deux autres pôles autour du Président et de Marine Le Pen. Eux aussi se trouvent limités dans leur capacité à attirer des électeurs. Au premier tour, le président n'attire pas tous les libéraux économiques et il lui manque les plus conservateurs. Quant à Marine Le Pen, elle ne récupère pas tous les conservateurs culturels : si on prend le deuxième quintile conservateur (cult-), elle est devancée par Emmanuel Macron chez les économiquement libéraux (18 % contre 33 %) et par Jean-Luc Mélenchon pour les plus redistributeurs d'entre eux (21 % contre 26 %).

On peut même se demander si ces difficultés à rassembler ne vont pas s'aggraver. Car il fut un temps où les seconds tours obligeaient les électeurs dont les candidats choisis au premier tour étaient éliminés de se reporter sur d'autres choix, même si ces derniers ne leur correspondaient qu'imparfaitement. Le second tour de la présidentielle de 2022 reste l'un de ces moments, même si déjà certains électeurs éloignés des positions du Président, notamment sur la redistribution, ont refusé de le soutenir. Or, les frontières entre les trois blocs se renforcent désormais, à tel point que les électeurs LREM ont souvent refusé de choisir entre NUPES et RN lors des élections législatives de 2022, tout comme les autres électeurs dont les candidats étaient exclus des seconds tours. On peut donc se demander si un ordre électoral tripolaire n'est pas en train de se structurer (Martin, 2017 ; Gougou & Persico, 2017). Mais il est fragile, car près d'un électeur sur deux s'est abstenu lors des législatives.

Il n'en reste pas moins que l'électorat ne s'est pas droitisé. Les valeurs de fermeture culturelle reculent fortement dans le temps, tandis que les demandes de redistribution restent fortes, bien qu'elles fluctuent. On a là une situation étonnante de disjonction entre les électeurs et l'offre politique qui est censée les représenter. Ceci laisse à penser que la « relative stabilité » des résultats électoraux est trompeuse et qu'il pourrait bien « y avoir du mouvement » et des reconfigurations politiques dans les années à venir. Mais on pourrait aussi aller vers une disjonction encore plus forte entre citoyens, d'une part, et résultats électoraux, d'autre part. Dans ce cas, on pourrait bien se demander « à quoi bon » servent ces évolutions normatives.

Bibliographie

Gougou F. & Persico S. (2017), « A New Party System in the Making? The 2017 French Presidential Election », *French Politics*, vol. 15, n° 3, p. 303-321.

Grunberg G. & Schweisguth É. (1990), « Libéralisme culturel, libéralisme économique », *in* CEVIPOF, *L'Électeur français en questions*, Paris, Presses de Sciences Po, p. 45-70.

Hansen K. M. & Pedersen R. T. (2014), « Campaigns Matter: How Voters Become Knowledgeable and Efficacious During Election Campaigns », *Political Communication*, vol. 31, n° 2, p. 303-324.

Hervé N. (2022), « Médiatisation des candidat·e·s à l'élection présidentielle », paper, https://www.herve.name/research/nherve_presidentielle_2022_v1.0.pdf

Inglehart R. (1979), *The Silent Revolution. Changing Values and Political Styles Among Western Publics*, Princeton, Princeton University Press.

Jacobson G. C. (2015), « How Do Campaigns matter? », *Annual Review of Political Science*, n° 18, p. 31-47.

Kellstedt P. (2003), *The Mass Media and the Dynamics of American Racial Attitudes*, Cambridge, Cambridge University Press.

Kitschelt H. (1997), *The Radical Right in Western Europe. A Comparative Analysis*, Ann Arbor, University of Michigan Press.

Lefebvre R. (2022), *Faut-il désespérer de la gauche ?*, Paris, Éditions Textuel.

Mahoudeau A. (2022), *La Panique woke*, Paris, Éditions Textuel.

Martin P. (2017), « Un séisme politique. L'élection présidentielle de 2017 », *Commentaire*, n° 158, p. 249-264.

Matonti F. (2021), *Comment sommes-nous devenus réacs?*, Paris, Fayard.

Mayer N. & Tiberj V. (2016), « Who Were the "Charlie" in the Streets? A Socio-Political Approach of the January 11 Rallies », *International Review of Social Psychology*, vol. 29, n° 1, p. 59-68.

Sécail C. (2022), « L'élection présidentielle 2022 vue par Cyril Hanouna. La pré-campagne (septembre-décembre 2021) », https://lesfocusdulcp.files.wordpress.com/2022/01/synthecc80setpmp-1.pdf

Siegfried A. (1913), *Tableau politique de la France de l'Ouest*, Paris, Armand Colin.

Stimson J. (2018), « The Dyad Ratios Algorithm for Estimating Latent Public Opinion. Estimation, Testing, and Comparison to Other Approaches », *Bulletin of Sociological Methodology/Bulletin de méthodologie sociologique*, n° 137-138, p. 201-218.

Stimson J. A., Thiébaut C. & Tiberj V. (2012), « The Evolution of Policy Attitudes in France », *European Union Politics*, vol. 13, n° 2, p. 293-316.

Tiberj V. (2008), *La Crispation hexagonale. France fermée contre France plurielle, 2001-2007*, Paris, Plon.

Tiberj V. (2012), « La politique des deux axes : variables sociologiques, valeurs et votes en France (1988-2007) », *Revue française de science politique*, vol. 62, n° 1, p. 71-108.

Tiberj V. (2017), *Les Citoyens qui viennent. Comment le renouvellement générationnel transforme la politique en France*, Paris, Puf.

Tiberj V. (2020), « Voter ne suffit plus. Renouvellement générationnel, rapport à l'élection et transformation de la participation politique », *Agora débats/jeunesses*, n° 86, p. 143-159.

Tiberj V., Denni B. & Mayer N. (2013), « Un choix, des logiques multiples. Préférences politiques, espace des possibles et votes en 2012 », *Revue française de science politique*, vol. 63, n° 2, p. 249-278.

Wlezien C. (1995), « The Public as Thermostat. Dynamics of Preferences for Spending », *American Journal of Political Science*, vol. 39, n° 4, p. 981-1000.

Anaïs Henneguelle et Arthur Jatteau, *Sociologie de la quantification*[*]

par **Anton Perdoncin**[**]

Qu'est-ce que quantifier ? À quoi servent les chiffres produits par les États, les entreprises et diverses institutions, ou les chercheurs, sur le monde social ? Quels sont leurs effets politiques ? Et quel est l'apport du courant de recherche – la sociohistoire de la quantification – fécondé notamment par l'œuvre d'Alain Desrosières ? C'est à l'ensemble de ces questions que répond ce manuel dans lequel Anaïs Henneguelle et Arthur Jatteau proposent une synthèse précise, complète et pédagogique des travaux de sociologie et d'histoire de la quantification.

La publication de ce manuel comble un manque : aucune synthèse de ce courant de recherche fondamental dans le développement des sciences sociales n'avait été jusqu'à présent proposée. Elle intervient aussi à un moment opportun alors que les évaluations quantitatives dictent ou légitiment les réformes de l'université et des métiers d'enseignants et de chercheurs, pour montrer que ces tendances s'inscrivent dans des dynamiques longues de « gouvernement par les chiffres » et d'extension du domaine de la quantification, et que nous ne sommes pas seuls dans le monde de l'enseignement et de la recherche à être aux prises avec une évaluation permanente et quantophrénique. Ce manuel est enfin utile afin d'étayer l'idée selon laquelle quantifier n'est pas premièrement ni prioritairement une affaire de connaissance, mais bien d'abord et avant tout une question de pratiques, de coordination, de contrôle et de domination et que les chiffres demeurent un des plus puissants outils de naturalisation du monde social et des rapports sociaux.

Le premier chapitre fournit une présentation synthétique des principaux acquis de la sociohistoire de la quantification. En s'appuyant notamment sur l'ouvrage séminal d'Alain Desrosières, *La Raison des grands nombres* (La Découverte, 1993), les auteurs explicitent la « double béquille » des chiffres. Béquille politique d'abord : les statistiques sont affaire d'État afin de compter, recenser et contrôler les individus, ou encore de percevoir les impôts. Certains moments politiques apparaissent comme des catalyseurs, de l'émergence des États-Nation au cours du XIXe siècle, à la gestion économique et sociale des effets de la crise des années 1930 ou aux nécessités de la planification économique de la fin de l'après-Deuxième Guerre mondiale. Béquille scientifique ensuite avec le développement de techniques et d'outils (calculs probabilistes, modélisation, nomenclatures, par exemple), qui permettent d'agréger et de traiter des volumes importants de données quantitatives. Les « tribulations » des concepts de moyenne, de représentativité et d'échantillonnage exemplifient la double dimension politique et scientifique de la quantification et constituent des cas d'étude bien connus de cette histoire de la « montée en généralité » que constitue la quantification selon A. Desrosières. La sociologie historique de la quantification fait ainsi l'histoire de l'avènement d'objets issues du calcul (une moyenne pondérée) et de leur réification dans le social (le PIB), avec lesquels on doit vivre, travailler et se coordonner.

Dans un deuxième chapitre, les auteurs étudient la « construction sociale des chiffres », c'est-à-dire le processus par lequel les conditions de leur production sont oubliées, ce qui contribue à les réifier, à les considérer comme allant de soi. Dévoiler les conditions de production des chiffres, dans une perspective métrologique constructiviste empruntée là encore à

* Anaïs Henneguelle et Arthur Jatteau (2021), *Sociologie de la quantification*, Paris, La Découverte, 128 p.

** Chargé de recherche au CNRS, Centre nantais de sociologie (UMR 6025)
CENS-UMR 6025, Bâtiment nouveau Tertre, Chemin de la Censive du Tertre, 44312 Nantes cedex 3, France
anton.perdoncin@ehess.fr

A. Desrosières, suppose alors de détailler les étapes de la chaîne de production des chiffres : catégoriser, classer (ou coder) puis compter. Catégoriser c'est « lister un ensemble de caractères communs à des individus en vue de leur regroupement » (p. 40). Cette opération de taxinomie – ou de création de « conventions d'équivalence » en langage desrosièrien –, qui comporte souvent une dimension hiérarchique, est « une des caractéristiques essentielles du pouvoir » (p. 41). Elle emporte aussi une dimension cognitive importante : produire un chiffre sur un phénomène ou un groupe social contribue à le faire exister, à façonner la perception que les acteurs sociaux en ont (des exemples classiques sont développés par les auteurs, des PCS à la question de l'invisibilisation des femmes dans les statistiques publiques, en passant par la catégorie « immigrés » et son émergence dans les grandes enquêtes à partir de la fin des années 1980). Coder c'est ensuite identifier quels individus doivent être affectés aux différentes catégories. Le travail de codage, souvent laissé dans l'ombre, n'est pas neutre et passe fréquemment par la réduction des inévitables cas ambigus ou limites (les « flous de chiffrement » étudiés notamment par Laurent Thévenot), redoublés lorsque l'enquête porte sur des populations mal connues et difficiles à circonscrire (les sans-abri, par exemple).

Les deux chapitres suivants distinguent deux ensembles de cas : d'une part, la quantification « de l'économie » (chapitre 3), avec l'analyse sociologique des indicateurs de production (le PIB et les indicateurs alternatifs), de prix et de chômage, d'autre part, la quantification « de la société » au travers de la genèse et de l'évolution des formes de recensements, de la mesure des flux démographiques et migratoires, de la délinquance et de l'opinion (chapitre 4). Ces deux chapitres sont l'occasion d'exemplifier le caractère indissociablement politique et scientifique des chiffres et des enjeux de quantification. Qu'il s'agisse du problème – brûlant – de l'évaluation de la présence immigrée en France, des diverses façons de saisir les actes délictueux (et de la critique des statistiques officielles tirées du travail des agents de l'institution judiciaire ou policière) ou encore des conditions d'élaboration et de diffusion des sondages d'opinion, les auteurs montrent bien à quel point la production et l'usage des chiffres sont des questions éminemment politiques : alors que des chiffres sont de plus en plus mobilisés dans des arguments politiques, il convient de prendre toujours garde à la façon dont les catégories sont construites et dont les individus sont agrégés. En ce sens, la sociologie de la quantification contribue à l'entreprise toujours renouvelée de dénaturalisation du monde social.

Cette question politique structure aussi le dernier chapitre et la conclusion générale. Dans le chapitre 5, les auteurs discutent la thèse selon laquelle les statistiques sont devenues un instrument primordial de gouvernement et de transformation du monde social. Ils reviennent d'abord sur les trois propriétés qui définissent la « valeur sociale et politique du chiffre » : véracité, neutralité et incontestabilité. Si le recours à des arguments chiffrés pour légitimer et faire accepter une politique n'est pas nouveau, il serait en augmentation depuis « la seconde moitié du XXe siècle » et se fonderait sur des batteries d'indicateurs de performance et de « *benchmarks* », qui s'étendent non seulement dans les entreprises, mais aussi les administrations (effet du *New public management*) : « L'usage de données quantifiées remplit non seulement une fonction de planification et de conduite des actions publiques, mais aussi une fonction de légitimation des politiques publiques et de justification des réformes à adopter » (p. 86). Afin d'étayer cette thèse, des exemples multiples sont convoqués : des indicateurs de dette publique à ceux développés pour quantifier et communiquer sur l'activité des policiers, en passant par les indicateurs de qualité de la justice. L'usage des *big data* renforcerait cette tendance quantophrénique, en mettant à disposition des données massives sur les individus, résultant de leurs activités, récoltés et manipulées de façon souvent invisible, et qui peuvent – comme dans le cas des *credit scores* utilisés par les banques pour accorder ou refuser des crédits – reproduire et amplifier des inégalités sociales d'accès à certains biens ou services.

La question de savoir si ces formes de quantification constituent nécessairement un ensemble d'instruments d'oppression ou s'ils peuvent être retournés et utilisés à des fins d'émancipation est posée, fort utilement, en conclusion. Le tableau pourrait en effet paraître bien sombre : l'empire des arguments chiffrés réduit les marges de la délibération démocratique en naturalisant les décisions politiques. Il renforcerait aussi une logique perverse de mise en concurrence et d'évaluation permanente, jusqu'à des formes aliénantes de « quantification de soi ». Les auteurs contrebalancent ce diagnostic en insistant sur les effets émancipateurs des chiffres. Toute quantification n'est pas une évaluation. Tout chiffre produit (même par un État) n'est pas nécessairement au service d'une politique néolibérale. Quantifier, c'est aussi rendre visible des questions et des problèmes sociaux. Sans chiffres, il aurait été encore plus difficile, par exemple, de démontrer les ravages de l'usage du chlordécone dans les Antilles. Sans les séries statistiques établies par Thomas Piketty et les économistes des inégalités, comment objectiver le formidable accroissement des inégalités de patrimoine ? Enfin, certains groupes sociaux peuvent aussi devenir producteurs de chiffres, afin de contester des politiques et de fournir des arguments aux forces progressistes (l'exemple du Radical Statistics Group fondé en 1975 au Royaume-Uni est donné par les auteurs).

Une annexe numérique, disponible *via* le site de la collection Repères détaille certains des « acteurs de la quantification » : États, chercheurs, entreprises, monde syndical et associatifs, médias. Ce complément est d'autant plus bienvenu que l'ensemble de l'ouvrage demeure fortement marqué par une sociologie de la quantification élaborée au sein des institutions de la statistique publique française, dont l'objet et le projet essentiel est de déconstruire la fabrique étatique des chiffres. Le monde de l'entreprise est certes étudié dans le chapitre 5, pour étudier la genèse de la mesure du temps de travail et les développements récent de nouvelles formes de chronométrage (pour les aides-soignants ou les coursiers à vélo par exemple), élément fondamental de l'exploitation du travail – salarié ou non – en régime capitaliste. Le management par objectif et les enjeux de comptabilité sont aussi évoqués.

Abordons pour conclure quelques prolongements et limites, qui ne diminuent en rien l'apport de cette synthèse dense, riche et précise, dans un format éditorial contraint. Une perspective est ébauchée par les auteurs en conclusion de l'ouvrage : l'étude de ce que les *big data* font à la dialectique oppression/émancipation. Anaïs Henneguelle et Arthur Jatteau envisagent de compléter la fameuse typologie d'A. Desrosières des types de gouvernement afin de prendre en considération l'État post-néolibéral adossé au *big data* et les effets aliénants des mesures du travail. Mais en ouvrant quels types de terrains ? Et pour dire quoi de l'évolution des modes de domination et de l'articulation entre quantification et transformations des régimes politiques de production ? On pourrait aussi confronter cette synthèse très « néo-desrosierienne » à un autre ouvrage récent cité par les auteurs mais sans le discuter. Dans *L'empire des chiffres* (Armand Colin, 2020), Olivier Martin propose d'élargir la focale de la sociologie de la quantification afin d'embrasser toutes les formes de quantification et pas seulement celles avec lesquelles nous sommes les plus à l'aise en sociologie et en histoire : les statistiques sur les populations. Chercher les traits communs entre toutes les formes de quantification revient alors à questionner la distinction, chère à A. Desrosières et reprise dans l'ouvrage, entre quantifier et mesurer, pour s'intéresser non seulement aux conventions, aux institutions et aux techniques d'enregistrement et de calcul (objets essentiels de la sociologie de la quantification telle que présentée dans l'ouvrage), mais aussi aux pratiques de mesure elles-mêmes et aux effets des mesures sur les individus et les rapports sociaux. En refermant ce manuel, on se prend enfin à souhaiter poursuivre la discussion, sous l'angle de la recherche, quant aux effets de la sociologie de la quantification sur les pratiques de quantification en sciences sociales. On ne quantifie sans doute plus de la même façon après A. Desrosières mais... au juste comment et en quoi ? Le cadre général de la chaîne de production du chiffre (catégoriser, classer, compter) est-il adapté à tous types de données et de démarches d'enquête sur le monde social, hors des grandes enquêtes de la statistique publique, matrice intellectuelle et institutionnelle de la sociologie historique de la quantification fondée par Alain Desrosières ?

Haude Rivoal, *La Fabrique des masculinités au travail*[*]

par **Margot Roisin-Jonquières**[**]

Que cachent les politiques d'égalité et l'apparente volonté d'inclusivité des grands groupes, quand les statistiques indiquent plutôt la perpétuation des inégalités homme-femme au travail ? C'est à cet apparent paradoxe que s'attelle le premier livre de Haude Rivoal, issu de la thèse qu'elle a soutenue en 2018 à l'université Paris 8 intitulée « Les hommes en bleu : une ethnographie des masculinités dans une entreprise de grande distribution ».

L'enquête se fonde sur une ethnographie de longue durée chez Transfrilog, une grande entreprise de plus de 15 000 salarié·es, spécialisée dans la distribution de produits frais et surgelés – un segment dont elle est *leader* européen – et classée comme quatrième prestataire logistique français. L'enquêtrice y a été embauchée en 2012, pour trois ans et à mi-temps comme « chargée d'égalité professionnelle homme/femme », dans le cadre d'un doctorat en convention industrielle de formation par la recherche (Cifre). Cette entrée dans l'entreprise qui emploie 80 % d'hommes (p. 10) et où son père a fait carrière a permis à l'enquêtrice de déployer une « observation participante transversale » (p. 12), du siège social parisien à de nombreux entrepôts régionaux. La sociologue a aussi été recrutée sur des postes ouvriers comme préparatrice de commandes dans trois entrepôts. Au total, l'enquête est déployée sur des observations dans huit espaces différents et comprend 63 entretiens. Ce dispositif d'enquête permet à la sociologue d'explorer la variation des masculinités selon différents échelons hiérarchiques, selon différentes organisations du travail et selon différents attributs de classe et de race.

Cette recherche met à l'épreuve de la scène du travail la conceptualisation de Raewyn Connell[1]. Il s'agit de comprendre comment la masculinité hégémonique se recompose malgré, ou plutôt avec, les transformations contemporaines du travail[2], en l'occurrence dans le secteur de la logistique. La thèse principale de l'ouvrage est établie en analogie avec la thèse de Luc Boltanski et Ève Chiapello sur le capitalisme[3] : « la force de la masculinité hégémonique, à l'image du capitalisme dont elle se nourrit, est *sa capacité à s'adapter en intégrant les résistances et les critiques qui lui sont adressées (discrimination de sexe et hyper-virilité), assurant la domination du groupe des hommes* » (p. 20). L'enjeu est de montrer la capacité de la masculinité hégémonique à s'adapter aux résistances qui lui sont opposées en se montrant plus inclusive. Si ce cadre général est posé dès l'introduction de l'ouvrage, d'autres soubassements théoriques sont exposés plus loin. Haude Rivoal revient d'abord sur la distinction entre virilité et masculinité (p. 36-40) et travaille dans sa première partie l'hypothèse de l'*hybridation* de la masculinité hégémonique (p. 69), formulée par Demetrakis Z. Demetriou dans

1. Raewyn Connell (2014), *Masculinités. Enjeux sociaux de l'hégémonie*, Paris, Amsterdam Éditions.

2. Voir à ce sujet le dossier co-dirigé : Haude Rivoal, Hélène Bretin & Arthur Vuattoux (dir.) (2019), « Transformations du travail, transformation des masculinités », *Cahiers du genre*, n° 67.

3. Luc Boltanski & Ève Chiapello (1999), *Le Nouvel Esprit du capitalisme*, Paris, Gallimard.

* Haude Rivoal (2021), *La Fabrique des masculinités au travail*, Paris, La Dispute, 280 p.

** Doctorante en sociologie, CMH-EHESS, Paris, affiliée à l'EUR GSST
CMH, ENS, 48 boulevard Jourdan, 75014 Paris, France
margot.roisinjonquieres@gmail.com

une relecture critique du concept de R. Connell[4]. Sur le plan formel, cette fragmentation du cadre théorique rend toutefois moins accessibles les propositions importantes que l'auteure a développé dans un article[5].

Délimité en trois parties et six chapitres, l'ouvrage revient d'abord sur les transformations de la masculinité hégémonique, examine ensuite la pluralité des masculinités populaires au travail et conclut sur les coûts de la masculinité hégémonique.

Le premier chapitre questionne la construction genrée de la culture d'entreprise de Transfrilog. Dans la perspective d'éclairer le genre du pouvoir et du management, l'auteure s'intéresse à la façon dont les pratiques organisationnelles des cadres de l'entreprise sont liées à la division sexuée du travail. En effet, l'enquête a lieu à un moment-clé de l'histoire de l'entreprise : celui d'un changement de direction qui matérialise un renouvellement des pratiques managériales. De l'entreprise familiale au capitalisme managérial, l'auteure s'intéresse à la façon dont la masculinité hégémonique se maintient dans la tension entre ces deux modèles. La socialisation des cadres à un rapport viril au travail et au pouvoir est prise en charge dès leur formation au sein d'un « cursus pépinière » mis en place par l'entreprise, fondé en grande partie sur des expériences de terrain dans les entrepôts. La construction d'un esprit « familial » dans l'entreprise repose sur un important investissement d'argent et de temps des *managers* qui rend plus difficile pour les femmes l'accès aux postes d'encadrement. La masculinité apparaît ainsi comme un « dispositif de mise au travail » (p. 57), une réponse aux injonctions productives dans l'entreprise à laquelle les hommes doivent prouver quotidiennement leur allégeance. En retour, l'appartenance des hommes employés à une même communauté masculine est pourvoyeuse de ressources, comme lorsque le DRH protège un cadre accusé de harcèlement sexuel (p. 58). Le deuxième chapitre analyse la tension entre un premier modèle de management plutôt traditionnel et marqué par l'autorité, la subordination hiérarchique et un engagement total dans le travail (p. 80), avec un second modèle incarné par de jeunes cadres plus diplômés qui condamnent le sexisme des plus anciens. On le voit particulièrement à l'œuvre dans l'exposition du cas de la passation de pouvoir entre Armand, directeur d'entrepôt dont le management « à l'ancienne » est marqué par son paternalisme à l'égard des secrétaires, et Louis, jeune cadre diplômé qui revendique une masculinité inclusive. Le modèle de masculinité hégémonique n'est plus désormais celui du plus viril, mais celui qui montre le plus sa capacité d'adaptation à de nouvelles normes, qu'il s'agisse des mobilités professionnelles dans la construction des carrières ou du rapport affiché à l'égalitarisme.

La deuxième partie de l'ouvrage vient éclairer la pluralité des masculinités et, particulièrement, au sein des classes populaires dont la masculinité agit parfois comme un stigmate, au travers de la figure du « beauf » ou du « cassos » (p. 66). On passe ici du siège social aux entrepôts et aux plateformes de logistique. Haude Rivoal montre d'abord comment les contraintes économiques et organisationnelles du marché de l'emploi produisent des masculinités différenciées selon les cultures de métier. Les conducteurs routiers, confrontés à une forte dégradation de leur autonomie professionnelle, mobilisent des représentations symboliques pour faire perdurer un certain prestige masculin. Dans les mondes ouvriers de la logistique, c'est l'organisation du travail et l'intensification des cadences, plus que le rapport à un idéal ouvrier, qui régulent les masculinités. Les contraintes du flux incitent les préparateurs de commandes à faire preuve d'endurance et de performance. Les agents de quai, en charge de la gestion des stocks, peuvent quant à eux investir une « masculinité de la rationalité et de la responsabilité » (p. 125). L'organisation du travail n'est pas le seul facteur de la différenciation des masculinités populaires, elles sont aussi le produit des rapports de classe et de race qui font l'objet du quatrième chapitre. Les hommes des classes populaires doivent en effet composer avec une masculinité stigmatisée. Face à cette marginalisation, une des stratégies consiste à redéfinir les contours d'une masculinité respectable. Il s'agit d'entretenir un nouveau rapport au corps, de marquer un intérêt plus grand pour la famille et de condamner explicitement les manifestations les plus visibles du sexisme et de l'homophobie de ses collègues. La respectabilité opère aussi par la marginalisation des ouvriers les moins établis et des hommes racisés, « vus au

4. Demetrakis Z. Demetriou (2001), « Connell's Concept of Hegemonic Masculinity: A Critique », *Theory and Society*, vol. 30, n° 3, p. 337-361.

5. Haude Rivoal (2017), « Virilité ou masculinité ? L'usage des concepts et leur portée théorique dans les analyses scientifiques des mondes masculins », *Travailler*, vol. 38, n° 2, p. 141-159.

prisme du muscle et de l'agressivité » par les *managers* et par les ouvriers blancs (p. 149).

La troisième partie « Échecs et mâles » vient finalement examiner les coûts de la conformation à la masculinité hégémonique, pour certains hommes et pour les femmes. Le cinquième chapitre vient d'abord éclairer les liens entre corps, travail et masculinité. L'ethnographie permet de nuancer l'association entre corps populaires et virilité et montre comment les conduites de préservation de soi des ouvriers se ménagent en rupture avec l'idéal d'un « honneur conquis dans l'effort physique » (p. 178). Par ailleurs, l'auteure relève que ce n'est pas le seul capital corporel qui est mis à l'épreuve par les cadences imposées par les flux, mais aussi des dispositions mentales, relatives à la gestion du stress et des émotions au travail. Le sixième et dernier chapitre, dont le fil problématique est selon nous plus difficile à identifier, vient finalement conclure sur l'échec des politiques d'égalité professionnelle et les résistances à la féminisation en entreprise. Loin des ambitions affichées des politiques d'égalité, les effectifs semblent même se « déféminiser » (p. 195). Cela est d'abord dû à un refus, parfois explicite, de recruter des femmes sur les postes ouvriers, notamment au nom du risque sanitaire. Ces dynamiques sont également le produit d'une très forte ségrégation sexuée des espaces, perpétuée aussi bien par l'absence de vestiaires femmes que par les blagues sexistes et homophobes qui fondent les sociabilités masculines. D'un autre côté, alors qu'elles sont brandies par la direction comme l'étendard de la modernisation de l'entreprise, les politiques d'égalité sont déconsidérées par certains responsables RH pour qui les rapports de sexe sont davantage un problème de société que le fruit de pratiques organisationnelles au travail. L'auteure revient finalement sur le poids que constituent ces dynamiques pour les femmes employées, dont la valeur professionnelle est jugée non seulement sur leur capacité à s'adapter à des pratiques organisationnelles forgées au masculin-neutre, mais également sur « leur aptitude à *négocier leur genre* » (p. 208). Les situations de harcèlement et de violences subies par les enquêtées mettent finalement en doute l'idée selon laquelle « il paraît que les hommes changent » (p. 7).

Revenons d'abord sur la contribution de l'ouvrage au champ des études critiques sur les masculinités. Un de ses grands apports, soutenu par l'enquête monographique, est sa lecture transversale des masculinités. L'examen fin de la masculinité des cadres, des *managers* et des chefs d'équipe permet de sortir d'une vision réductrice de la virilité traditionnellement associée aux classes populaires[6]. Cette démonstration est également permise par l'analyse intersectionnelle. La pluralité des masculinités apparaît à l'analyse de l'imbrication du rapport de genre avec d'autres rapports sociaux de classe et de race. Cette pluralité n'est pas le fruit de différences intrinsèques ni essentielles entre les hommes mais bien le produit de rapports de pouvoir qui les hiérarchisent. L'articulation entre les rapports intra-genre et les rapports inter-genre est bien amenée, autorisant à penser « l'*unicité* de la domination masculine parallèlement à l'existence d'une *pluralité* de masculinités » (p. 99).

Ce livre amène un autre questionnement portant sur la publication et l'adaptation éditoriale des productions scientifiques. On est sensible, à la lecture de cet ouvrage, à la volonté de diffuser la thèse de l'auteure au-delà de la communauté universitaire. Sur le plan formel, le livre emprunte quelques-uns des codes de l'essai. Cela s'inscrit dans la mobilisation de nombreux exemples issus de productions culturelles du cinéma, de la littérature (*Indiana Jones* et *Pascal Brutal*, p. 65) ou encore de la publicité (p. 67). En parallèle, l'auteure fait parfois appel à des ouvrages qui sont plutôt des essais que des comptes rendus d'enquête, comme l'idée de « virilité de façade » empruntée à un livre de Valérie Rey-Robert[7] (p. 105), ou le récit de Sheryl Sandberg *En avant toutes* (p. 43). Cette rupture avec certaines normes de l'écriture académique donne une certaine coloration à l'ouvrage et permet d'en soulever les enjeux politiques. Toutefois, l'ambition de portée générale du propos peut conduire à gommer certaines précisions sur les matériaux qui auraient pu être éclairantes. La présentation des enquêté·es est parfois assez succincte et ne permet pas toujours d'identifier clairement leurs propriétés et leurs trajectoires sociales, comme Noémie, présentée seulement comme « une cheffe d'équipe » (p. 104). Accorder une plus grande place aux cas ethnographiques aurait permis de consolider la hiérarchie des matériaux de première et de seconde main, bien présente dans la thèse. Par

6. On renvoie ici à l'article de François de Singly (1993), « Les habits neufs de la domination masculine », *Esprit*, novembre, p. 45-64 et à celui de Frédérique Rasera & Nicolas Renahy (2013), « Virilités : au-delà du populaire », *Travail, genre et sociétés*, n° 29, p. 169-173.

7. Valérie Rey-Robert (2020), *Le Sexisme, une affaire d'hommes*, Paris, Libertalia.

ailleurs, l'ouvrage dans son ensemble laisse peu apparaître les relations d'enquête [8], ce qui conduit à questionner en retour certains résultats : si certains hommes condamnent le sexisme de leurs collègues ou se disent ouverts et enthousiastes à la féminisation de certains corps professionnels, dans quelle mesure cela est-il dû à la transformation des masculinités plutôt qu'à des enjeux de présentation de soi devant une enquêtrice associée le plus souvent [9] au siège de l'entreprise ?

L'ouvrage constitue une contribution forte au champ français des études critiques sur les masculinités, un projet qui se lit aussi bien dans les résultats propres de l'enquête que dans son dialogue permanent avec les travaux anglophones [10]. On retiendra les apports majeurs de ce travail, qui appelle à d'autres enquêtes, tant pour la sociologie du genre que pour la sociologie du travail et des organisations.

8. Cette question a fait l'objet de plus importants développements dans un article : Haude Rivoal (2020), « Promouvoir l'égalité pour ethnographier les masculinités. Retour sur un dispositif d'enquête CIFRE en milieu populaire », *Sociétés contemporaines*, n° 120, p. 99-123.

9. Notons cependant qu'une partie de l'ethnographie dans les entrepôts a eu lieu à couvert.

10. En guise d'exemple, les travaux de Cynthia Cockburn (p. 117) et Tony Coles (p. 174).

Collectif Rosa Bonheur, *La Ville vue d'en bas. Travail et production de l'espace populaire*[*]

par **Eve Meuret-Campfort**[**]

La Ville vue d'en bas. Travail et production de l'espace populaire est un livre rafraîchissant tant dans sa démarche de recherche collective que dans ses développements empiriques et théoriques. Le collectif Rosa Bonheur propose une plongée dans les vies quotidiennes de franges précarisées des classes populaires vivant à Roubaix, commune de l'agglomération lilloise. La question de départ est simple : que font celles et ceux dont on dit qu'ils ne font rien ? Alors qu'on pense le plus souvent ces groupes sociaux sous l'angle « du manque, de la précarité et de la domination » et au travers les catégories d'« exclus », d'« assistés », de « ghetto », de « communautarisme », les auteur·es étudient ce que « ces travailleuses et travailleurs construisent, produisent et échangent » (p. 16).

Roubaix ne constitue pas seulement le décor du livre mais son cœur même : ville la plus pauvre de France, auparavant « cas exemplaire d'encadrement patronal et municipal de la classe ouvrière » (p. 20), elle a été touchée de plein fouet par la désindustrialisation, organisée par une bourgeoisie reconvertie dans le tertiaire, et apparaît dans les médias comme une ville « sous assistance », reléguée, déclassée. Pour renverser la focale, le collectif Rosa Bonheur (composé d'une petite dizaine de personnes aux engagements et statuts variables) est reparti de lieux et d'activités centraux pour les classes populaires de la ville, en particulier les groupes et ateliers organisés par les centres sociaux, la mécanique automobile et les travaux d'auto-réhabilitation des logements. Au cours d'une enquête immersive s'étalant sur cinq ans, l'équipe a mené de nombreuses observations directes (réunions au centre social, guichets dédiés à la réhabilitation de l'habitat, manifestations publiques, déambulations dans la rue, etc.), et des entretiens, pour la plupart informels, « sur le tas » dans le cadre de relations d'enquête construites sur plusieurs années. Ce matériau s'avère ainsi plus pertinent sur les pratiques que sur les subjectivités et les représentations, et ce de l'aveu même des auteur·es dans l'annexe méthodologique en fin d'ouvrage. Au final, 270 personnes ont été rencontrées, dont 195 de classes populaires, 127 femmes, deux tiers de personnes racisées, la moitié d'inactifs et deux tiers en dessous du seuil de pauvreté.

La démarche du collectif, défendue comme un « projet de résistance collective à l'individualisation des modes de recherche et d'évaluation » (p. 218), détone par rapport aux fonctionnements routiniers de la recherche et de la publication scientifique. Néanmoins, peu d'informations sont données aux lecteurs et lectrices, juste suffisamment pour objectiver les conditions de production des matériaux, notamment sur le fonctionnement concret d'enquête, d'analyse et d'écriture. Les individualités des chercheur·es s'effacent complètement dans la restitution, ce qui limite la compréhension des relations d'enquête, mais a le mérite de mettre uniquement en lumière les enquêté·es.

Le livre est organisé en quatre chapitres qui débutent tous par un portrait incarnant les enjeux qui sont ensuite déclinés autour du travail de subsistance (chapitre 1), de la centralité populaire (chapitre 2), de la morale qui organise la vie quotidienne (chapitre 3) et de la dispute qui oppose les habitant·es

* Collectif Rosa Bonheur (2019), *La Ville vue d'en bas. Travail et production de l'espace populaire*, Paris, Éditions Amsterdam, 240 p.

** Chargée de recherche au CNRS, Centre de recherches sociologiques et politiques de Paris (CRESPPA) – Équipe CSU
Cresppa-CSU, 59-61 rue Pouchet, 75849 Paris CEDEX 17, France
eve.meuret-campfort@cnrs.fr

aux classes moyennes et supérieures en charge de les « encadrer » (chapitre 4).

Le premier chapitre s'attache à décrire et analyser le travail de subsistance au quotidien. Comment ces familles parviennent-elles à (sur)vivre malgré leur exclusion du marché de l'emploi formel et la faiblesse de leurs ressources économiques ? À quoi ressemblent leurs journées ? Qui fait quoi ? Les réponses à ces questions ne peuvent être traitées à l'échelle individuelle. Le travail de subsistance s'ancre en effet dans un tissu dense de relations sociales avec la famille élargie et le voisinage, et dans des déplacements quotidiens dans différents lieux (les bonnes adresses qu'on s'échange pour acheter tel ou tel produit, la rue où l'on récupère des rebus à valoriser, les centres sociaux où l'on assiste à des ateliers plus ou moins obligatoires pour les bénéficiaires d'aides sociales, les garages à ciel ouvert où certains travaillent et d'autres viennent réparer leur voiture à moindre frais, le chantier d'un parent où l'on vient aider, etc.). Ce travail est multiple, navigue entre le formel et l'informel, le marchand et le non-marchand et est, par nature, instable. Les auteur·es le soulignent : « La vie dans les marges exige une acculturation à l'instabilité de la vie quotidienne et à une incertitude quant à l'avenir » (p. 63). Le travail est tellement encastré dans des relations sociales – on travaille avec et pour les autres – qu'il « a tendance à se confondre avec la vie même » (p. 63).

Le deuxième chapitre traite de l'importance du quartier, de sa centralité, pour les classes populaires. L'ancrage local est une ressource cruciale des groupes populaires depuis longtemps reconnue, ce d'autant plus dans un contexte d'exclusion du marché de l'emploi et d'abandon de cet espace par le capitalisme industriel. Ce processus aboutit notamment à un résultat étonnant : des pauvres propriétaires. Par la mobilisation familiale et l'investissement en temps et en énergie, des familles achètent et réhabilitent des logements dans le quartier pour eux-mêmes, pour leurs proches, voire pour les louer et s'assurer un revenu, ou pour monter un commerce (coiffure, alimentation générale, téléphonie, etc.). Ces pratiques participent au maintien d'une occupation populaire et immigrée de l'espace local tout en donnant accès à une voie de stabilisation, voire de promotion, économique. Des descriptions fines de l'espace public, comme celle page 87, approchant l'espace tel qu'il est « perçu, conçu et vécu » (p. 76), donnent accès au ressenti d'un espace occupé jusque dans ses moindres recoins où plusieurs groupes cohabitent. Les conflits d'usage sont d'ailleurs fréquents mais n'empêchent pas une entraide et une sociabilité fondée sur la reconnaissance mutuelle. Loin d'être un ghetto, Roubaix fonctionne plutôt comme un « nœud » (p. 99) marqué à la fois par de nombreuses circulations, favorisées par les liens extra-nationaux d'une partie des habitant·es, et un ancrage local entretenu et constamment mobilisé.

Le chapitre 3 traite de l'économie morale qui organise les vies et les échanges des personnes au cœur de ce livre. L'utilisation du concept d'économie morale en référence à Edward P. Thompson permet aux auteur·es de comprendre ce qui se recompose après la rupture du contrat moral fordiste et du sentiment d'injustice et d'abandon qui s'en suit. Les expériences de précarité économique, énergétique, de discrimination raciale et de genre et la fermeture des possibles conduisent à une quête de respectabilité, une « forme de contre-investissement symbolique » (p. 134) qui, paradoxalement, attache d'autant plus au groupe stigmatisé car c'est là, et nulle part ailleurs, qu'une place valorisante peut être trouvée. Sens du travail bien fait, honnêteté, fiabilité, autodidaxie sont autant de valeurs qui puisent dans une culture ouvrière ancienne. Mais, à la moulinette du capitalisme libéral, cette éthique du travail devient le support d'une auto-exploitation, sans filet de sécurité, sans protection autre que celle de la famille et de la « communauté ». L'importance accordée à ces dernières et le respect des règles de soutien mutuel qui les maintiennent sont autant de façons de donner sens à des solidarités nécessaires. On comprend aussi que l'économie morale qui les anime manifeste un rejet de l'État et des patrons : l'apathie politique de ces groupes populaires peut être ainsi lue comme un « rejet actif d'un pacte social qui n'est plus respecté par les dominants » (p. 211).

Le dernier chapitre vise à rendre compte de l'encadrement de ce travail et de cet espace populaire. C'est le seul chapitre où apparaissent clairement les professionnel·les de l'aide et de l'animation sociale, les aménageur·es, les élu·es locaux·les, tous les membres des classes moyennes et supérieures qui interviennent sur la vie des habitant·es. Ces relations sont marquées par une « dispute du territoire » (p. 190) tant les logiques des uns et des autres s'opposent. Il en va ainsi des logements que la ville veut réhabiliter, rénover, réagencer sans voir, ni concevoir, les investissements et réhabilitations réalisées par les Roubaisien·nes eux-mêmes. La ville attractive que les élu·es souhaitent construire n'est pas faite pour celles et ceux qui y vivent. Mise à part quelques portraits d'allié·es de l'intérieur, l'image qui se dégage est celle de professionnel·les qui perçoivent les membres des classes populaires comme d'éternel·les délinquants et/ou bénéficiaires, à qui on ne peut reconnaître un engagement positif dans la ville. Un homme ayant refait sa maison tout seul se retrouve ainsi encadré par un professionnel « qualifié » lors d'un atelier sur la réhabilitation des logements venu à Roubaix pour l'occasion. L'accent mis sur le point de vue des classes populaires et l'ordinaire du quotidien expliquent le peu de place faite à l'émergence de mobilisations – ce qui arrive de temps en temps – ou à la diversité des positions de ces professionnel·les de l'encadrement.

Les trois concepts qui structurent le livre – travail de subsistance, centralité populaire et économie morale – sont constamment articulés pour montrer à quel point tout est lié, d'une part, au travail qui, sous ses différentes formes, occupe beaucoup les classes populaires roubaisiennes et, d'autre part, à l'espace local où elles puisent ressources et ancrent leurs relations sociales. Il n'est pas possible ici de discuter l'ensemble de ces résultats. Nous nous centrerons sur la question du travail. Il nous faut souligner avant le grand intérêt de la notion de « centralité populaire » pour penser la ville « depuis les classes populaires », c'est-à-dire mettre le *focus* sur la ville telle qu'elle est, plutôt que sur sa mise en projet et les usages qu'elle attend. S'inspirant notamment de travaux sud-américains sur les villes du « Sud », le collectif Rosa Bonheur pense les réalités des classes populaires dans la ville à l'aune des évolutions les plus récentes du capitalisme. Les développements conclusifs sont particulièrement intéressants sur ce point quand ils évoquent les « centralités en concurrence » (p. 201) sous l'effet de la multiplicité des acteurs économiques qui fabriquent la ville qu'ils relèvent de l'économie informelle, du tissu commercial ou des activités de subsistance. Il aurait été vraiment intéressant de nourrir cette réflexion par une approche cartographique qui aurait permis de mieux comprendre les distances entre les lieux cités, les circulations des habitant·es, la centralité de certains lieux, l'espace concret dans lequel se déroule leur vie quotidienne et aussi de pallier le flou qui s'installe à la lecture entre la ville de Roubaix et le quartier spécifique étudié.

La notion de travail structure le propos du collectif tant la volonté de réhabiliter « celles et ceux dont on dit qu'ils ne font rien » en « travailleuses et travailleurs » (p. 215) constitue le projet même du livre. Cette démarche s'inscrit dans les nombreux travaux réfléchissant aux définitions et frontières du travail initiée par les sociologues féministes matérialistes à partir du travail domestique. La notion de « travail de subsistance », empruntée à Maria Mies, permet de penser dans un tout un ensemble d'activités disparates et pourtant toutes orientées vers la survie, économique, matérielle et morale, des familles. C'est un travail qui se pense à l'échelle collective et rappelle que le travail est une nécessité pour les classes populaires car « la pauvreté oblige » (p. 208). Pour autant, si tout le monde y participe, « la contribution de chacun et chacune à l'économie domestique [n'est pas] également visible et reconnue » (p. 41-42). Certaines activités sont pensées comme du travail – la mécanique automobile – quand d'autres ne le sont pas – s'occuper des tâches administratives de toute la famille, garder les enfants en bas âge, chercher les meilleures promotions, etc. Cette partition est éminemment genrée et les auteur·es y reviennent à de nombreuses reprises. La mise en lumière de tâches invisibilisées constitue bien l'intérêt de la notion de travail de subsistance mais elle a le défaut de ses qualités car on perd de vue parfois cette partition pourtant fondamentale entre ce qui se reconnaît comme travail et ce qui est exclu de ce statut.

Par ailleurs, si la force du livre est précisément de montrer la réalité des franges les plus précarisés des mondes populaires au-delà de leur exclusion du marché du travail, cette démonstration tend à faire disparaître le travail salarié. La mobilisation fréquente de la société fordiste comme un « avant » lointain invisibilise les continuités qui se voient pourtant dans l'espace, dans les biographies des plus âgé·es et dans la structuration des espoirs, malgré les expériences d'exclusion répétées et la rupture consommée du contrat moral avec le patronat, comme le témoignage du syndicaliste chapitre 4 l'exprime clairement. Si, comme le montrent bien les auteur·es, le travail de subsistance existait déjà au temps des usines – sous la forme du travail domestique et du travail « à côté » – le travail salarié continue aussi à forger les devenirs des classes populaires. De même, des continuités auraient pu être tissées à propos du travail indépendant et de sa réappropriation par des familles immigrées davantage exclues du marché de l'emploi que les autres, mais renouant ainsi avec une position sociale historiquement située dans le haut des classes populaires. Leur engagement permet ainsi de questionner la construction sociale de ces positions professionnelles dans un contexte néolibéral. Ces remarques ne visent qu'à inviter à un dialogue de ce livre avec une sociologie du travail plus classique qui tend, pour sa part, à laisser de côté toutes les autres formes de travail.

L'ouvrage du collectif Rosa Bonheur contribue très notablement à la déconstruction des images sociales, politiques et sociologiques des classes populaires les plus précarisées en proposant une compréhension fine de leurs ressources, réelles mais fragiles, de la privation économique et symbolique face à laquelle ils et elles « font face », de leurs dépendances multiples (entre eux et vis-à-vis de l'État et du marché) et de leurs marges d'autonomie, montrant ainsi que, si l'on prend la peine de l'analyser, la réalité sociale déborde largement des catégories de l'action publique et des médias.

SOCIO
LO
GIE

Liste des experts externes ayant évalué des articles pour la revue *Sociologie*

Année 2022

Thomas Aguilera
Anne-Marie Arborio
Pascal Barbier
Lucie Bargel
Sandrine Barrey
Gilles Bastin
Céline Béraud
Isabelle Berrebi-Hoffmann
Marianne Blanchard
Romuald Bodin
Géraldine Bois
Yves Bonny
Paul Bouffartigue
Marine Bourgeois
Julien Boyadjian
Marion Carrel
Florent Champy
Natacha Chetcuti-Osorovitz
Martine Court
Lise Demailly
Thomas Depecker
Marc-Olivier Déplaude
François-Xavier Devetter
Milena Doytcheva
Hélène Ducourant
Stéphane Dufoix
Mireille Eberhard
Jean-Marc Fontan
Lucie Forté
Laurent Gardin
Jacques-Antoine Gauthier
Stéphanie Guyon
Isabelle Hajek
Matthieu Hély
Marie Jacqué
Gilles Jeannot
Silyane Larcher
Nicolas Larchet
Sharman Levinson
Mathieu Lizotte
Philippe Longchamp
Séverine Louvel
Gérard Mauger
Harold Mazoyer
Pierre Merle
Christine Musselin
Jules Naudet
Sophie Némoz
Étienne Ollion
Sophie Orange
Pierre Périer
Aurelie Peyrin
Claude Poissenot
Jessica Pothet
Lionel Prouteau
Aude Rabaud
Catherine Rémy
Fanny Renard
Nicolas Robette
Olivier Roueff
Violaine Roussel
Lucile Ruault
Valérie Sala Pala
Nicolas Sallée
Guillaume Samson
Emilia Schijman
Elyamine Settoul
Camille Signoretto
Charles Soulié
Muriel Surdez
Federico Tarragoni
Christian Topalov
Caroline Touraut
Josselin Tricou
Bénédicte Zimmermann

DROIT DE RÉPONSE

Conformément à l'article 13 de la loi du 29 juillet 1881

La Revue *Sociologie* a fait paraître dans son dernier numéro un article d'Isabelle Clair, intitulé « Nos objets et nous-mêmes : connaissance biographique et réflexivité méthodologique », dans lequel il est écrit ceci : « *La revendication du monopole explicatif de la classe contre les théories intersectionnelles dans certains secteurs de la sociologie française contemporaine (i.e. Mauger, 2013 ; Beaud & Noiriel, 2021) est particulièrement portée par des hommes – blancs, hétérosexuels, etc. – qui perçoivent bien, mais sans parvenir à le thématiser tant l'épistémologie du point de vue situé – qu'ils ne lisent pas – leur fait horreur, que la critique à laquelle ils font face ne remet pas seulement en cause les résultats de leur recherche mais les raisons biographiques pour lesquelles ils défendent leurs propres angles morts – et les intérêts d'hommes d'autres groupes sociaux que les leurs.* »

Nous souscrivons sans réserve à la nécessité de la controverse scientifique dans nos disciplines, mais il nous paraît non moins évident qu'elle suppose le respect des règles élémentaires d'une discussion argumentée.

On peut admettre assurément qu'Isabelle Clair défende l'intérêt de ses propres objets de recherche en montrant qu'ils ont été négligés jusqu'à présent. Mais, sous couleur d'épistémologie, il s'agit ici d'une accumulation de propos insultants qui contreviennent, de manière flagrante, aux principes élémentaires du débat scientifique. Pour de multiples raisons :

1. *Accumulation de contre-vérités.* Isabelle Clair nous accuse, sans aucune preuve, de « revendiquer le monopole explicatif de la classe » dans nos travaux, ce qui prouve, à l'inverse, qu'elle ne les a jamais lus.

2. *Déformation flagrante de nos réflexions sur l'intersectionnalité.* Si elle les connaissait, même de loin, elle saurait que nous n'avons jamais prétendu rendre compte du monde social à l'aide d'une seule variable, ni même des trois seules variables qu'elle connaisse.

3. *Des imputations présentées comme des arguments.* Isabelle Clair nous prête une « horreur » de « l'épistémologie du point de vue situé » Pense-t-elle vraiment nous apprendre que toute recherche repose sur un point de vue ? Et croit-elle vraiment que nous avons cessé de lire depuis quelques décennies ?

4. *Des propos diffamatoires.* Isabelle Clair n'hésite pas à affirmer que l'aveuglement qu'elle nous prête trouve son principe dans des raisons « biographiques » qui nous conduiraient, selon elle, à méconnaître toute autre « cause » que celle des « hommes blancs hétérosexuels » (la nôtre). Voilà qui confirme son ignorance des travaux de ceux qu'elle vilipende, mais qui révèle implicitement la conviction naïve que la sociologie se devrait nécessairement de prendre fait et cause pour ceux (celles) qu'elle étudie.

En publiant ce genre de texte le comité de rédaction de la revue *Sociologie* apporte une caution scientifique à des « façons de faire » qui cherchent à discréditer sans preuves ni arguments des collègues qui pratiquent le même métier que l'accusatrice et, dans le cas de Gérard Noiriel, membre du même centre de recherches, sans avancer le moindre argument.

Ces accusations rompent délibérément avec les règles implicites du débat scientifique et même avec la « *common decency* ». Si nous avons demandé ce droit de réponse, ce n'est pas pour alimenter une polémique, mais parce que nous considérons que cet exemple négatif pose la question de ce que signifient pratiquement « la rigueur intellectuelle, la réflexivité éthique et le respect des principes de l'intégrité scientifique » qui font partie de l'engagement que doivent signer désormais les nouveaux docteurs en sciences sociales.

Nous espérons que le comité de rédaction de la revue *Sociologie* s'engagera dans une réflexion collective sur ce genre de manquements qui engagent l'avenir de notre discipline.

Stéphane Beaud, Professeur de science politique à Sciences Po Lille
Gérard Mauger, Directeur de recherches émérite au CNRS
Gérard Noiriel, Directeur d'études émérite à l'EHESS

Réponse de la revue *Sociologie*

Stéphane Beaud, Gérard Mauger et Gérard Noiriel ont demandé au comité de rédaction de la revue *Sociologie* de publier un droit de réponse à l'article d'Isabelle Clair. Le comité regrette que les trois auteurs du droit de réponse aient refusé la rencontre qui leur a été proposée. Respectueux du droit, il a accepté de publier le droit de réponse reçu. Pour autant, il tient à exprimer son désaccord avec la forme virulente de celui-ci ainsi qu'avec plusieurs éléments de fond. Le comité aurait préféré que les auteurs écrivent un véritable article scientifique qui démontre en quoi les analyses de l'article d'Isabelle Clair ne sont pas fondées.

Le droit de réponse qualifie le travail d'Isabelle Clair de « diffamatoire ». Le comité souligne que ce qualificatif n'est fondé sur aucune décision de justice et tient à exprimer son désaccord total avec l'usage de ce terme.

Le comité réfute tout manquement. Il souhaite confirmer son jugement sur la qualité de l'article d'Isabelle Clair, qui a conduit à accepter sa publication et rappeler le processus d'évaluation à travers lequel celui-ci est passé : la revue *Sociologie* a un processus d'évaluation exigeant puisqu'elle demande à quatre personnes d'examiner chaque article anonymisé, deux par le comité en interne, deux par des personnes extérieures.

Sur les quatre évaluations qui ont été faites de l'article d'Isabelle Clair, intitulé « Nos objets et nous-mêmes : connaissance biographique et réflexivité méthodologique », trois étaient favorables à sa publication sous réserve de modifications, une défavorable. À noter qu'aucune des quatre évaluations n'a jugé le passage incriminé problématique. Ces quelques lignes ne sont d'ailleurs pas centrales dans un article où Isabelle Clair adopte une posture réflexive sur son propre parcours. Le comité a estimé que cet article pouvait donc être publié sous réserve de modifications.

L'article a été longuement retravaillé par son auteure sur la base de ces évaluations qui avaient émis des critiques sur la tonalité et le positionnement de l'article vis-à-vis du champ de recherche concerné. Le comité a considéré que le travail effectué par l'auteure pour la deuxième version était important et dans le sens des remarques qui lui avaient été faites, il a pris la décision collective de le publier.

Sociologie n'est pas une revue d'école. Pluraliste, elle est ouverte à tous les courants théoriques et méthodologiques, son comité de rédaction, comme les articles qu'elle publie, sont l'expression de cette diversité.

Le comité estime que le débat scientifique, surtout lorsqu'il implique d'établir de nets désaccords, ne doit pas être entravé par des exigences de loyauté personnelle. Il regrette que certains de ses membres aient reçu des messages individuels de la part de l'un des trois auteurs du droit de réponse, leur reprochant – au nom de liens antérieurs – de faire partie d'un comité ayant publié un article les critiquant. Il juge également que le fait qu'Isabelle Clair appartienne au même laboratoire que l'un des trois auteurs n'implique aucunement qu'elle ne puisse prendre ses distances avec le travail de ce dernier.

ISBN 978-2-13-084410-5
ISSN 2108 8845
Dépôt légal : 1re édition : 2023, mars

170 bis, boulevard du Montparnasse, 75014 Paris

Cet ouvrage a été mis en pages par Pixellence
11 rue du Maréchal Foch
59100 Roubaix

Imprimé en France
par la Nouvelle Imprimerie Laballery
rue Louis Blériot 58500 Clamecy
Mars 2023 - N° d'impression : N171823

La Nouvelle Imprimerie Laballery est titulaire de la marque Imprim'Vert®